드로잉의 기초와

비디오 게임
아트

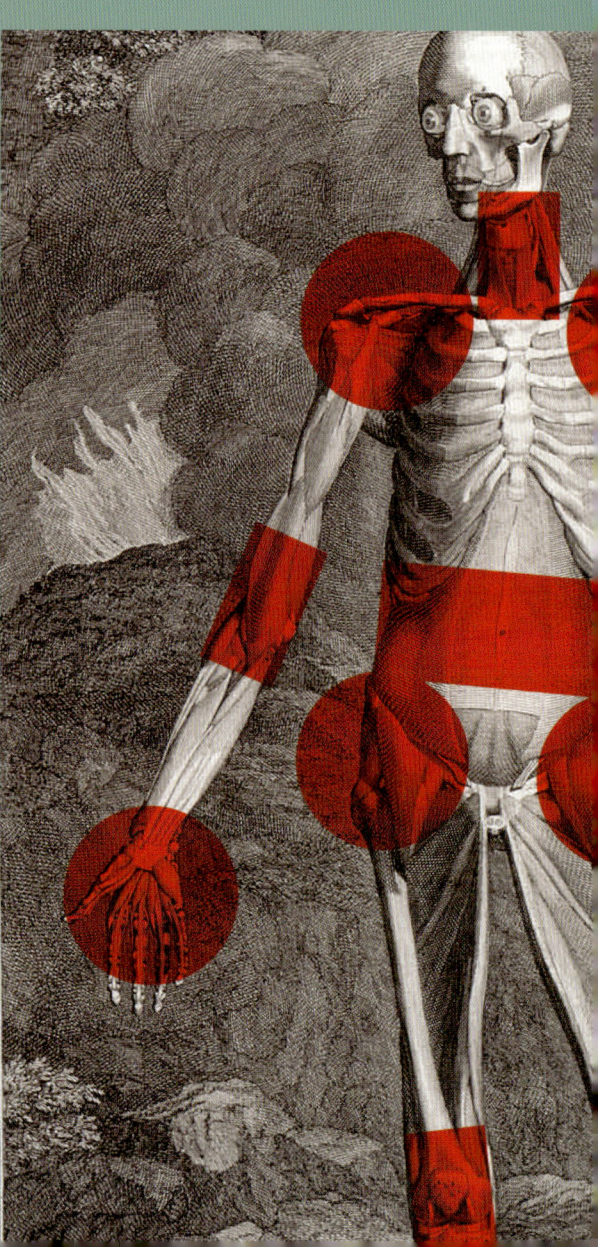

드로잉의 기초와

비디오 게임
아트

성공하는 비디오 게임 디자인을 위한
고전 기법부터 최신 아트 테크닉까지

크리스 솔라스키 지음
유안나 옮김

책을 쓰는 동안 나의 빈자리를 기꺼이 견뎌준
디디 마이어에게 이 책을 바친다.

"내게 보내준 사랑과 격려 고마워, 디디!"

ACKNOWLEDGMENTS

이 책을 완성하는 데 힘이 되어준 다음 모든 사람에게 진심으로 감사의 말을 전한다. 내 가족과 친구들, 그리고 내가 가마수트라(Gamasutra)에 쓴 글을 보고 책에 대한 기획을 떠올린 빅토리아 크레이브 슨 굽틸 편집장, 방대한 자료를 책에 구성할 수 있도록 인내와 성실함으로 도와준 이 책의 편집자 마사 모런, 해부학 부문을 검토하기 위해 귀중한 시간을 아낌없이 내어준 벤 피셔, 책에 대한 피드백과 도움을 함께 준 트리스탄 도노반, 알렉스 리어몬트, 밥 섬너 박사, 앤디 브랜든버거, 알렉스 폰스 카르덴존스, 마이클 루, 파스칼 밀러. 나에게 가장 큰 영향을 끼친 스승들이자 이 책에서 다룬 지식 대부분을 전수한 브랜든 켈리, 마이클 멘틀러, 조피아 글레이저. 방가(Gbanga)를 잠시 떠나있을 수 있도록 무한한 관대함을 보여준 방가의 공동창업자이자 대표인 마티아스 살라와, 역시 공동창업자이자 재무관리이사인 워너 살라, www.GameCulture.ch와 스위스 예술위원회를 통해 끊임없는 지원을 한 크리스틴 매티와 실비안 가델, 이 책의 근간이 된 온라인 원고를 실어준 가마수트라 편집자 크리스티안 너트, 게임 행사를 주최하여 대화의 자리를 마련한 살롱 데 쿤스테와 참석하여 지식을 나눈 유지니야 카레바, 마크 보드머, 세르게이 핑커스 그리고 율리히 가츠, 비디오 게임에 대한 광대한 지식을 공유해준 재니나 우즈와 카스파 만츠에게 감사를 표한다.

또한, 바쁜 일정에도 뛰어난 아트워크를 아낌없이 제공해 준 다음 모든 사람이 있었기에 무사히 이 책을 완성할 수 있었다. 슈퍼브라더스의 크레이그 애덤스와 조리 볼드윈, 2K 게임즈의 에밀리 브릿, 블리자드 엔터테인먼트의 조니 브라이언트, 퀀틱 드림의 기욤 드 폰다우미레, 에픽 게임즈의 크리스 페르나와 제이 윌버, 아타리 Inc.의 미르나 앤더슨, 이레이셔널 게임즈의 샘 우드워드와 그의 팀, SCEE의 루스 켈리와 엠마 타이첸, 마이클 에번스, SCEA의 브라이언 던과 클라우딘 리컨, 댓게임컴퍼니의 제노바 첸, 플레이데드의 안트 옌센, 라이온헤드 스튜디오의 캐시 캠포스와 이므라 엘마슬리, 마이크 맥가시, 타쿠 사이토, 시모고의 사이먼 플레서, 밸브 코퍼레이션의 모비 프랭키, 남코 반다이 게임즈의 자나 스미스, 미디어 몰큘의 마크 힐리와 앨리스 량, 루시 블랙, 최고의 그래픽 소프트웨어를 통해 나를 지원해준 코렐의 크리스 보바, 어도비의 알렉산더 홉스테인 이상 모든 사람에게 감사를 전한다.

CONTENTS

『기어 오브 워 2』

FOREWORD

우리는 종종 게임을 거품 속의 존재처럼 대하곤 한다. 게임을 하는 사람들과 하지 않는 사람들 모두 게임을 현실 속 사회, 문화와는 별개의 것으로, 어째서인지 동떨어진 것으로 생각한다. 하지만, 더 넓은 세계에 의해, 또한 전, 현대 예술가들이 수 세기 동안 발전시킨 시각적 요소들에 따라 이루어진 것이 바로 게임이다.

그러나 너무나 많은 게임 개발자들이 예술적 노하우가 집합된 이러한 보물 상자에 대해 알지 못하거나 활용하지 못하고 있다. 그저 비디오 게임이 탄생한 이후 기존의 톨킨식 판타지와 블레이드 러너의 SF, 그리고 일본 만화와 애니메이션을 시각적으로 답습하는데 그쳤을 뿐이다. 이러한 요소에 새로운 힘을 어떻게 불어넣을 수 있을지 고려하지 않은 채 말이다. 때로는 사실주의에 사로잡혀 세부 묘사를 위해 백 만개의 폴리곤을 추가로 쏟아 붓는 것을 곧 예술적 진보라고 여기기도 한다. 그것이 그저 플레이어의 머릿속에 전해질 또 하나의 정보에 지나지 않을 때조차 그렇다.

게임 아트는 반드시 사실적일 필요는 없다. 크리스 솔라스키의 이 책을 통해 명확하게 알 수 있다. 그는 게임 아티스트가 풍요로운 고전 미술을 토대로 비주얼 테크닉을 발전시킬 수 있다는 것을, 그를 통해 플레이어의 감성뿐 아니라 시각적 기억을 이끌어내고, 고조시키며, 재창조할 수 있다는 것을 명쾌하고 알기 쉽게 설명한다. 우리는 이 책을 통해 『레이지(RAGE)』가 미켈란젤로에게 어떤 영향을 받았는지, 『팀 포트리스 2(Team Fortress 2)』에서 틴토레토를 어떻게 연상할 수 있는지 확인할 수 있다. 또한, 형태에 대한 높은 이해도를 지닌 아티스트가 왜 마리오의 둥근 모습을 중요하게 여기는지 파악할 수 있다.

이 책은 미술사에 관해 학문적으로 논의하고 있지는 않다. 대신, 게임 개발자들이 일상에서 쓰는 도구를 사용해 한 단계 발전할 수 있는 법을 알려주는 대단히 실용적인 책이다. 이 책은 일부 게임의 상징적인 캐릭터나 배경이 왜 그토록 인상적으로 남게 되는지 분명하게 보여준다.

나처럼 게임 개발자가 아닌 사람에게도 솔라스키의 책은 미술의 시각적 효과와 게임이라는 서로 교감하는 매체를 이해하기 위한 아주 귀중한 지침서이다. 그뿐만 아니라 비주얼적인 '힘'을 갖는 게임과 그렇지 않은 게임이 어떻게 나뉘는지 명확하고 분명하게 전달하고 있다.

트리스탄 도노반, *"Replay: The History of Video Games"*의 저자
www.tristandonovan.com

PREFACE

나는 디지털 아트에 대한 지식을 바탕으로 비디오 게임 산업에 입문했다. 컴퓨터 애니메이션을 전공한 뒤, 운 좋게 소니 컴퓨터 엔터테인먼트 런던 스튜디오에 3D 배경 및 캐릭터 아티스트로 입사할 수 있었다.

콘셉트 아트(ConceptArt.org)가 주최한 워크샵(일러스트레이션, 영화, 게임 프로덕션을 위한 콘셉트 아트를 홍보하고, 발전시키며, 소개하는 공개 포럼)에 참석했을 때였다. 앤드류 존스 같은 아티스트들이 상상 속에서 튀어나와 살아 숨 쉬는 듯한 캐릭터를 창조하는 엄청난 능력을 발휘하는 것을 보자, 나는 내가 기존의 미술 교육을 적게 받은 게 아닌지 의문이 생겼다. 내가 보기에 그들이 개발 과정에서 캐릭터와 배경을 처음 시각화하는 멋진 자리에 앉을 수 있었던 것은 고전 미술의 원리에 대한 그들의 높은 이해 덕분이었다. 그들이 디자인하면 나와 같은 아티스트들이 그 디자인을 토대로 3D 모델과 질감을 제작하게 된다. 만약 내가 게임 디자인의 최고 단계까지 이르길 원한다면 보충해야 할 것이 아주 많았다.

게임 개발 분야에서 계속 일을 하면서 나는 수상경력이 있는 화가 브렌든 켈리에게 그림을 배우기 시작했다. 고전 미술을 배우면서 미술교육에 대한 열정도 함께 배울 수 있었는데, 어느 분야에서든 성공한 아티스트가 되려면 꼭 필요한 것이었다.

고전 미술에 대한 기초를 견고히 쌓은 후 나는 비디오 게임 개발을 완전히 제쳐놓고 그 후 2년간 폴란드에서 자기주도학습식 집중 프로그램에 집중했다. 그곳에서 바르샤바 예술학교와 조피아 글레이저 교수의 아틀리에에서 주기적으로 열린 드로잉 세션에 참석하였는데, 나의 경험을 나누는 동시에 아티스트인 마이클 멘틀러 교수가 만든 조형예술 모임(www.tsofa.com)의 온라인 드로잉 커뮤니티로부터 많은 것을 배울 수 있었다.

이 기간 동안 고전 미술 교육의 가치를 깨달았고, 거장의 기법을 익혀가면서 이 모든 것들에 대한 엄청난 중요성을 느꼈다. 대다수 비디오 게임 아티스트(나 역시)가 이를 간과하고 있었다는 사실 역시 깨달았다.

2008년 나는 방가(Gbanga: 모바일 전용 위치기반 게이밍 플랫폼 개발사)의 아트디렉터로서 게임 업계에 돌아왔고, 조형 드로잉 작업을 계속했다.

이후 스위스 예술위원회 프로 헬베티아(Pro Helvetia)가 고전 미술과 비디오 게임의 관련성에 대한 발표를 의뢰하면서 나를 제1회 게임문화 콘퍼런스에 초청했다. 그동안 두 분야의 관련성을 당연시했지만, 발표를 준비하면서 더 확실히 이해할 수 있었다. 비디오 게임은 고전 미술에서 자연스럽게 진화한 하나의 줄기로, 동일한 비주얼 요소와 기법 그리고 철학을 기반으로 한다. 고전 미술 기법을 비디오 게임에 적용한다면 아티스트는 게임 플레이어를 위한 좀 더 의미 있는 비주얼과 감성을 창조할 수 있을 것이라는 걸 느꼈다.

이 책은 지난 10년 동안 나의 비디오 게임 아트를 더 멋지게 만들어준, 그리고 내 경력을 더 견고히 쌓게 해준 특별한 경험과 통찰이 담긴 결과물이다. 누구나 직장을 떠나 몇 년 동안 미술학교에서 공부만 할 수 있는 것은 아니다. 나는 이 책이 여러분 개개인을 위한 미술학교가 되길 바라며 내용을 구성했다. 여기 나온 지식과 경험을 바탕으로 여러분의 작품이 더 높은 단계로 나아가길 바란다.

크리스 솔라스키

『스타크래프트 II : 자유의 날개』(블리자드 엔터테인먼트 제공)

시작하기:
고전 미술 VS. 비디오 게임

비디오 게임이란 미술사에서 혁명이 아니라 '진화'다. 종이나 캔버스, 컴퓨터 화면 등 어떤 매체이든 그것은 언제나 고정된 평면일 뿐이다. 따라서 아티스트는 평면 위 작품에 깊이감을 표현해야 하는 큰 숙제를 안게 된다. 여기서 깊이감은 살아 숨 쉬는 세계로 향하는 창과 같다.

오늘날의 게임 기술은 비주얼 아트를 새로운 방식으로 경험할 수 있게 한다. 이제 플레이어의 가벼운 엄지손가락 동작만으로 화면 속 세상과 교감할 수 있는 것이다. 그러나 이러한 교감을 배제하고 보면, 비주얼 아트워크 그 자체만 남게 된다. 그리고 이 비주얼 아트워크의 성공은 기존의 비주얼 요소(선, 형태, 입체감, 명도, 색)와 지난 이 천 년 동안 발전해온 고전 미술 기법의 활용 여부에 달렸다.

이 책은 교감하는 기술, 즉 음향, 특수효과, 애니메이션에 의존하지 않고 순수한 비주얼 용어만으로 게임 아트를 얼마나 더 발전시킬 수 있을지를 중점으로 한다. 사각형 하나만을 두고 비주얼 그래머(Visual Grammar)와 테크닉적 중요성, 그리고 기본 요소에 대해 연구한다면 비주얼 그래머를 어떻게 미술적으로 활용할 수 있을지 이해하게 될 것이다. 즉, 입체감, 구도, 중력, 움직임, 미술해부학 등의 기존 미술 이론을 통해 감성적 효과를 이끌어 내는 법을 알 수 있는 것이다. (따라서 이 책의 모든 드로잉 연습에는 바이오쇼크, 저니, ICO, 포탈2 등의 유명한 게임과 더불어 미켈란젤로, 틴토레토, 루벤스와 같은 거장의 작품도 함께 실었다.) 책의 후반부에는 이러한 주요기법을 게임 아트 제작에도 적용하여 창의력과 상상력, 캐릭터 디자인, 배경 디자인, 색 등을 위한 제작 과정도 함께 배울 수 있다. 또한, 전문가적 포트폴리오를 만드는 법 역시 확인할 수 있는데, 게임 업계에서 자리 매김하는 데 도움이 될 것이다.

다른 각도에서 보면 드로잉과 페인팅, 그리고 게임 이미지의 유사성이 좀 더 분명하게 나타난다. 각 작품 속 생동감과 깊이는 이차원적 고정된 평면 위에 표현되고 있다. 디지털 애니메이션과 상호작용의 효과가 없다면 비디오 게임 아티스트나 그 옛날 거장 모두 실감 나는 세계로 향하는 창을 구현하는 데 어려움을 느끼게 된다.

『*라오콘 군상 습작*』(1601) – 페테르 파울 루벤스 (1577–1640)

조각 작품인 『라오콘 군상』은 루벤스가 그림으로 옮기기 약 1600년 전인 기원전 25년경 제작된 것으로 추정된다. 루벤스뿐만 아니라 미켈란젤로와 틴토레토를 포함한 다른 거장들은 작업활동 내내 고대 그레코로만 시대 조각을 연구하였다.

이 책에는 익혀야 할 기법이 상당수 등장한다. 대부분 간단한 기법이지만, 인체와 같은 복잡한 대상을 구현하는 동안 여러 기법을 동시에 활용해야 할 경우 드로잉 작업이 점점 어렵게 느껴질 수도 있다. 따라서 드로잉 작업을 명확하고 구조적으로 유지하려면 반복적인 연습이 필요하다.

이를 위해 매일 드로잉을 해보는 것이 좋다. 가장 좋은 연습 방법은 존경하는 아티스트의 작품을 모사하는 것이다. 이 방법을 통해 아티스트의 아이디어를 흡수하고, 그와 동일한 작업 과정도 경험할 수 있으며, 자신의 작업에 적용해볼 수도 있다. 거장들 역시 그리스 로마시대의 조각들을 끊임없이 작품에 옮겨보면서 스스로의 기법을 연마하고 완벽하게 발전시켰다. 책의 과정 역시 이러한 모사 방법에 기초하고 있으며, 각각의 고전 미술과 게임 작품을 통해 드로잉을 배울 수 있다. (첨부된 글은 비주얼 요소와 기법을 설명한다.) 각 장에 소개된 작품을 빠르게 연구하면서 읽어나가는 동안 스케치북과 연필을 항상 곁에 두자. 이 간단한 도구로써 어떤 능력을 개선해야 하는지 쉽게 알 수 있고, 비디오 게임 아트를 제작할 때 필요한 기술과 미술 철학에 대한 이해를 더 높은 단계까지 끌어올릴 수 있다.

고전 미술가들은 자신의 습작과 사전 드로잉을 의도적으로 작게 그리곤 했는데, 그래야 관리하기 쉽고 완성도 빠르게 할 수 있기 때문이었다. 이 책에 실린 작품들은 스케치북에 따라 그리기 쉬운 크기로 조절했기 때문에 일부러 축소해서 그릴 필요가 없다.

여러분이 비디오 게임 업계로 진출하고 싶은 학생이든 이미 종사하는 베테랑이든 이 책은 창의성을 기르는 좋은 수단이 될 것이다. 그뿐만 아니라 새롭고 의미 있는 방법으로 플레이어에게 더 광범위한 감성을 전달하는 게임을 디자인하는 데 도움이 될 것이다.

그럼 시작해보자!

『인체의 집단』 – 루카 캄비아소 (1527–1585)

루카 캄비아소의 사전 스케치는 고전 미술 거장들이 복잡한 형태를 단순화하는 과정을 명쾌하게 보여준다. 캄비아소의 이 스케치에서 알 수 있듯, 그들은 대상을 기하학적인 형태로 개념화하여 머릿속 모습을 실감 나게 창조해내는 능력을 발휘할 수 있었다. 복잡한 형태를 단순하게 시각화하는 이러한 과정을 통해 구도를 자유롭게 잡고 깊이, 밝기, 구조, 비율 등 복합 요소를 결정한 뒤 운동 착시 효과를 이끌어냈던 것이다. 세부적으로 묘사하기 전까진 각 형태의 주제와 정체성을 어느 방향으로든 전개할 수 있었다.

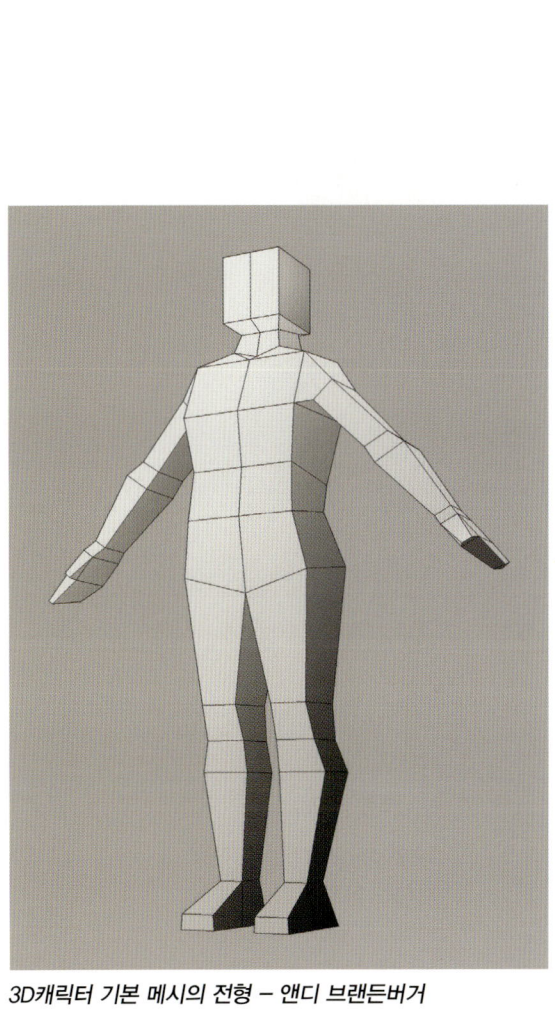

3D캐릭터 기본 메시의 전형 – 앤디 브랜든버거

게임 개발에서도 기존의 사전 단계 작업을 적용하는데, 모든 3D 모델은 별 특징 없는 기본 메시(Mesh)에서 시작된다. 기본 메시는 정제 단계로 넘어가기 전 보편적인 형태와 비율을 갖는다. 기존의 매체와는 달리, 컴퓨터는 투시와 빛에 대한 많은 기술적 문제들을 자동으로 결정한다.

『비너스와 아도니스』(1565-69) – 루카 캄비아소

루카 캄비아소는 머릿속의 구성을 화면에 옮기기도 했지만, 실제 모형을 이용해 사전 스케치를 구성하는 것을 즐겼다. 세부 요소 파악과 그림의 완성 단계에 더 효과적이기 때문이었다. 이후 초기 단계에서 설정한 구성과 입체감 위에 곧 세부 묘사를 덧입혔다.

『왕자와 에리카』 – 페르시아의 왕자, 2008 (유비소프트)

기본 메시를 형성한 후 아티스트는 초기 시각화 단계와 게임의 전체적 주제에 관련한 배경을 기반으로 얼굴모양, 질감, 애니메이션 등의 세부 요소를 결정할 수 있다. 우리가 이 책을 통해 알 수 있는 놀라운 사실은 관찰자와 플레이어의 감성적 경험이 세부 단계가 아닌 기본 메시 단계와 이미 관련이 있다는 점이다. 세부 요소는 더 넓은 개념에서 서서히 조정해 나가는 것에 불과하다.

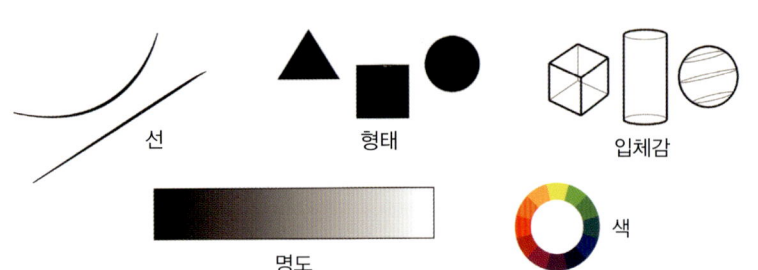

선　형태　입체감　명도　색

캐릭터와 게임 디자인에 복합적 감성을 어떤 방법으로 표현할 수 있을까? 그리고 비주얼 그래머(Visual Grammar)란 정확히 무엇인가? 해답은 뜻밖에 아주 간단하다. 바로, 선, 형태, 입체감, 명도, 그리고 색이다. 각 요소는 너무나도 간단하지만, 어떻게 조정하고, 늘리고, 결합하고, 대비를 주고, 변화시키느냐에 따라 표현 가능성이 무한해진다. 드로잉 연습을 통해 각 요소의 중요성에 대한 이해도를 높일 수 있다.

LEVEL 01 [드로잉의 기초

기본 기법: 이번 단계에서는 드로잉 매체와 도구를 이용하는 방법, 투시도법, 입체감, 빛, 그림자 등의 기본 개념, 기본 드로잉 과정에 대해 알아본다. 다음 모든 단계의 기초가 되는 단계이다. 기본 기법은 2장, 3장과 함께 기본 메시 단계에 해당한다. 다음 장으로 넘어가기 전 익숙해질 때까지 연습해보자. 다음 장에서는 점점 더 복잡해지는 대상을 이번 단계에서 배운 기법을 활용해 단순화하는 법에 대해 알아볼 것이다.

『팀 포트리스 2』(밸브 코퍼레이션 제공)

재료

고전 미술 기법을 연습하는 데 가장 좋은 도구는 종이와 연필이다. 이 간단한 재료로 드로잉 작업의 기본인 위치, 방향, 강약에 집중할 수 있기 때문이다.

이 책에 나온 모든 드로잉 연습을 위해 단 몇 가지의 도구만 있으면 된다. 바로 연필, 지우개, 자, 그리고 종이이다. (6장에서 다룰 리서치와 심화 단계를 위해서는 인터넷이 연결된 컴퓨터와 스캐너 역시 필요하다.)

퍼티 지우개(위), 3B 연필, 연필 깎기, 플라스틱 지우개(왼쪽), 자. 나는 3B 연필을 추천한다. 명암 처리를 할 때 어두운 곳을 비교적 쉽게 표현할 수 있지만, 매번 심을 깎을 필요는 없을 정도로 적당히 부드럽기 때문이다.

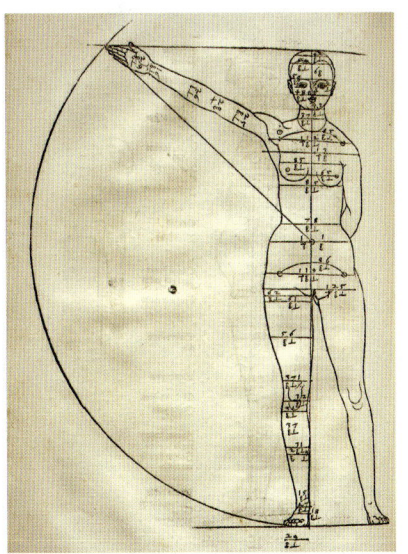

스케치 모음 (맨 위부터 시계방향으로) – 알브레히트 뒤러 (1471–1528), 렘브란트 반 레인(1606–1669), 존 싱어 사전트(1856–1925), 유진 들라크루아(1798–1863)

대부분 아티스트는 스튜디오나 작업공간이 아닌 곳에서 영감을 받거나 아이디어를 떠올리곤 한다. 따라서 일상생활과 아이디어를 담기 위한 비주얼 다이어리로서 스케치북을 항상 지니고 다니는 게 좋다. 뒤러의 비율 스케치부터 사전트의 움직임 표현까지 위 거장들의 스케치북을 보면 그 쓰임새를 확실히 알 수 있다. 잠에 들기 직전이나 깨어난 후가 일반적으로 가장 창의력이 높은 순간이다. 따라서 떠오른 생각을 잊기 전에 옮길 수 있도록 준비하자. 스케치북 종이는 기록 목적을 위한 중성지여야 하고 170g 정도의 무게가 좋다.

기본적인 연필 사용법

여러분이 경험 있는 아티스트일지라도 기본부터 거치는 것이 좋다. 연필을 잡는 법 등 당연시하게 되는 방법을 개선할 수 있을 것이다. 대부분은 드로잉할 때 본능적으로 글을 쓸 때와 마찬가지로 연필을 잡곤 한다. 손바닥 끝을 안정적으로 화지에 대고 엄지와 집게손가락을 연필심 가까이 잡는 것이다. 하지만, 드로잉을 할 땐 섬세하고 자유롭게 움직여야 하기 때문에 그와는 다른 방법이 필요하다. 지우개도 항상 옆에 두어야 하며 정확한 사용을 위해 수없이 연습해야 한다. 이제 기본적인 연필, 지우개, 음영 연습을 소개한다. 완벽한 실력을 갖추는 데 도움이 될 것이다.

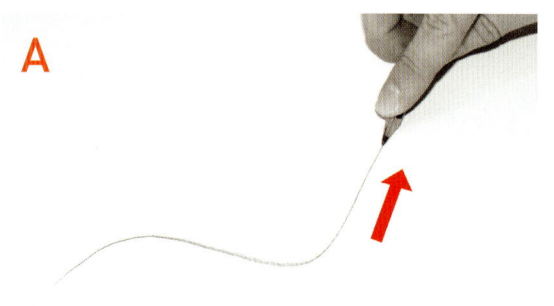

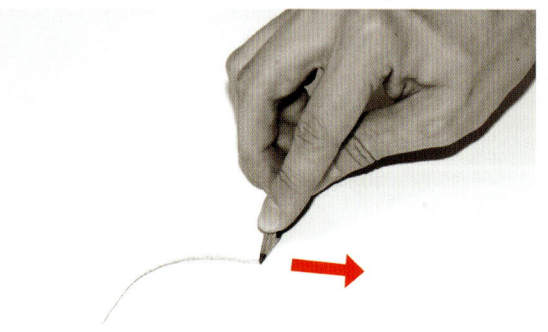

가장 보편적인 두 가지 방법이다. (A)는 검지가 위에서부터 연필을 눌러 잡는 방법이다. 어느 방향으로든 자유롭게 연필을 움직일 수 있기 때문에 일반적인 드로잉에 적합하다. 방향과 관련해 손목의 각도를 변경하면서 날카롭거나 부드럽게 다양한 선을 그어보자.

(B)는 투시 기준선처럼 가볍고 섬세한 선을 표현할 때 좋다. 연필을 좀 더 높게 잡으면 연필 끝에 압력이 적게 실리게 된다.

두 방법 모두 손바닥 끝이 화지에 닿지 않도록(글씨 쓸 때 닿는 것처럼) 하여 어깨를 사용해서 그릴 수 있게 한다. 중심축이 넓어져 더 길고 부드럽게 선을 그을 수 있다.

연필을 높게 또는 낮게 어떤 방법으로 잡는지에 따라 원하는 선의 표현이 끊임없이 다양해질 것이다.

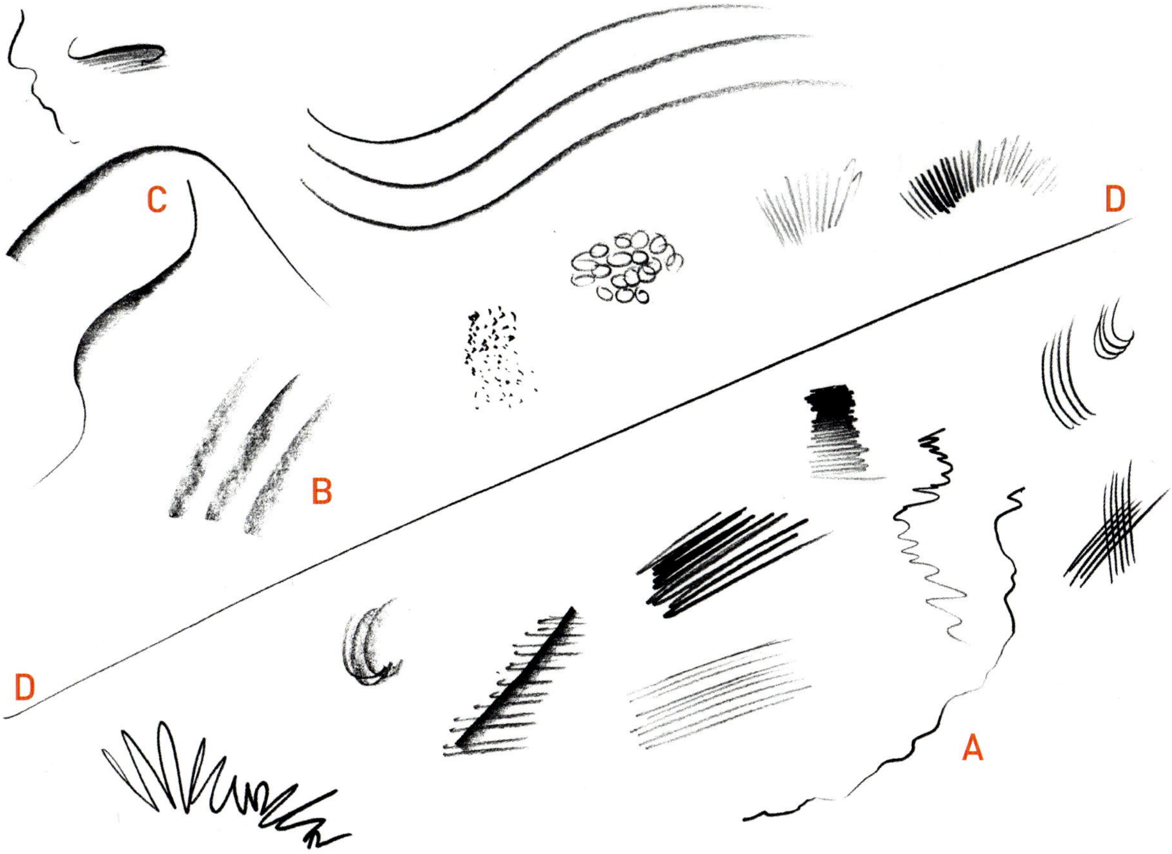

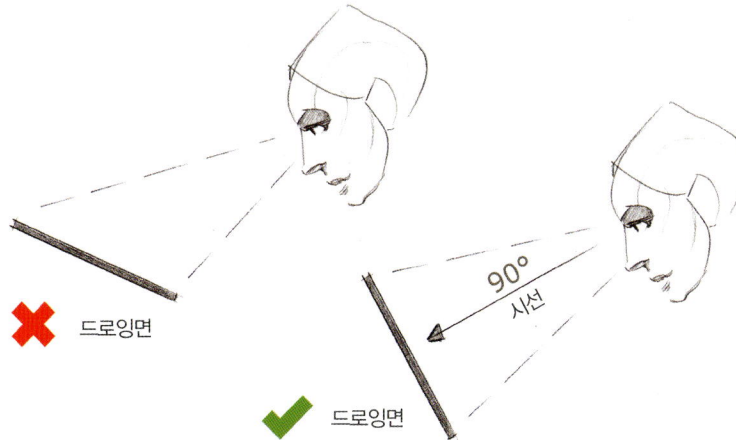

여러 방법으로 연필을 잡고 위의 예시처럼 다양하게 그려보자. 연필 끝을 잡고 가는 선을 그려보자(A). 그리고 연필을 눕혀 더 넓은 선을 그어보자(B). 한 선을 길게 그으면서 앞의 두 가지를 번갈아 표현해보자(C). 화지 전체를 가로지르는 직선도 길게 그어보자(D). 연필심이 부러질 때까지 얼마나 강한 힘을 가해야 하는지 적어도 한 번 이상 시도해보자.

항상 연필을 뽀족하게 유지하는 것이 중요하다. 계속 깎아줘야 하는 번거로움을 피하려면 필요한 연필을 길이에 따라 바꿔가며 사용하는 것도 좋은 방법이다.

단축법(Foreshortening)이란 멀리 있는 물체가 가까이 있는 물체보다 더 작아 보이는 투시도법과 관련된 착시 현상이다. 공간의 깊이를 표현할 때 유용한 효과다. 하지만, 너무 큰 크기로 작업하거나 적절치 않은 각도로 화면을 접하면 투시가 왜곡되고 단축법에 맞춰 불필요하게 과장된 형태로 이어진다. 이 같은 문제를 피하려면 화면을 항상 직각(90도)으로 바라보고 적당한 크기로 드로잉하라. 14.8×21cm 크기면 전신을 습작하기에 충분하다.

드로잉면

90°
사선

드로잉면

어느 미술 매체에서든 가장 기본적인 연습은 흑백 명도를 단계적으로 표현하는 것이다. 연필 잡는 법을 바꿔가면 전체 단계를 쉽게 표현할 수 있다는 점을 확인할 수 있을 것이다. 즉, 어두운 부분에는 연필 끝 가까이 잡고 밝은 부분으로 가면서 잡는 부분을 미묘하게 높여가면 된다.

가장 어두운 단계에는 검은색으로 짙게 표현하는 것이 아주 중요하다. 이러한 짙은 어둠은 드로잉에서 실질적인 명도 대비를 줄 때 필수적이기 때문이다. 만약 대비를 주는데 어려움을 느낀다면 다른 상표의 3B 연필을 쓰거나 더 부드러운 4B 연필로 바꿔 써보는 게 좋다. 대부분은 자신 있게 화지를 더 강하게 누르면 되는 때가 많다.

완벽한 연필 사용법을 익히려면 타원과 정사각형을 그린 후 각기 다른 명도의 음영을 주면서 채워보자. 이러한 연습으로 손과 눈의 협응력과 조절력을 향상시킬 수 있는데, 아이디어를 명확하고 빠르게 표현할 때 필수적인 능력이다. 선을 그릴 때 마지막 부분에서 연필을 들어보자. 각 선의 음영과 방향 조절이 수월해져 좀 더 강하고 기술적으로 음영을 처리할 수 있을 것이다. 지그재그 선으로 음영을 주면 드로잉에 불명확한 효과를 주게 되고 상대적으로 정밀도는 낮아진다.

타원의 윤곽선은 반드시 시작점과 끝점이 만나도록 그려야 한다. 만약 각 선의 시작점에서 끝점이 겹쳐지지 않았다면 손바닥을 화지에 댄 채 손목을 사용해 드로잉하게 되어 자유로운 움직임을 방해받기 때문이다. 원을 좀 더 단단하게 그리려면 빠른 동작으로 해보는 게 좋다. 음영 선이 외곽선의 경계를 벗어나지 않도록 연습해보자.

서로 다른 용도로 쓰이기 때문에 퍼티 지우개와 플라스틱 지우개가 모두 필요하다. 가장 흔히 접하는 플라스틱 지우개는 주로 음영의 넓은 부분을 지워 원래의 흰 종이로 돌아가게 할 때 사용한다.

퍼티 지우개(사진)는 드로잉에 좀 더 적합하며 연필과 결합하여 효과를 낼 수 있다. 퍼티 지우개를 흰색 표현 도구, 연필을 검은색 표현 도구로 생각해보자. 다양한 모양으로 반죽이 된 이 말랑말랑한 지우개로 다양한 효과를 낼 수 있을 뿐만 아니라 부드럽게 눌러서(A) 음영의 밝은 부분을 섬세하게 표현하거나 문질러서(B) 가장자리를 부드럽게 처리할 수도 있다. 연필로 작업하면서 지우개를 능숙히 사용할 수 있을 때까지 다양한 모양을 각기 다른 기법으로 계속 연습해보자.

연필을 이용한 일곱 가지 기본 표시와 획

일곱 개의 기본 표시와 획은 드로잉과 비주얼 커뮤니케이션의 바탕을 이룬다. 하나의 선, 한 번의 획은 그 무엇과도 연결될 수 있다는 점을 곧 확인해보자. 글을 배울 때 알파벳부터 시작하는 것처럼 이 역시 드로잉의 첫걸음과 같다. 아티스트로서의 삶에서 빠지지 않는 것이니 잘 익혀두자.

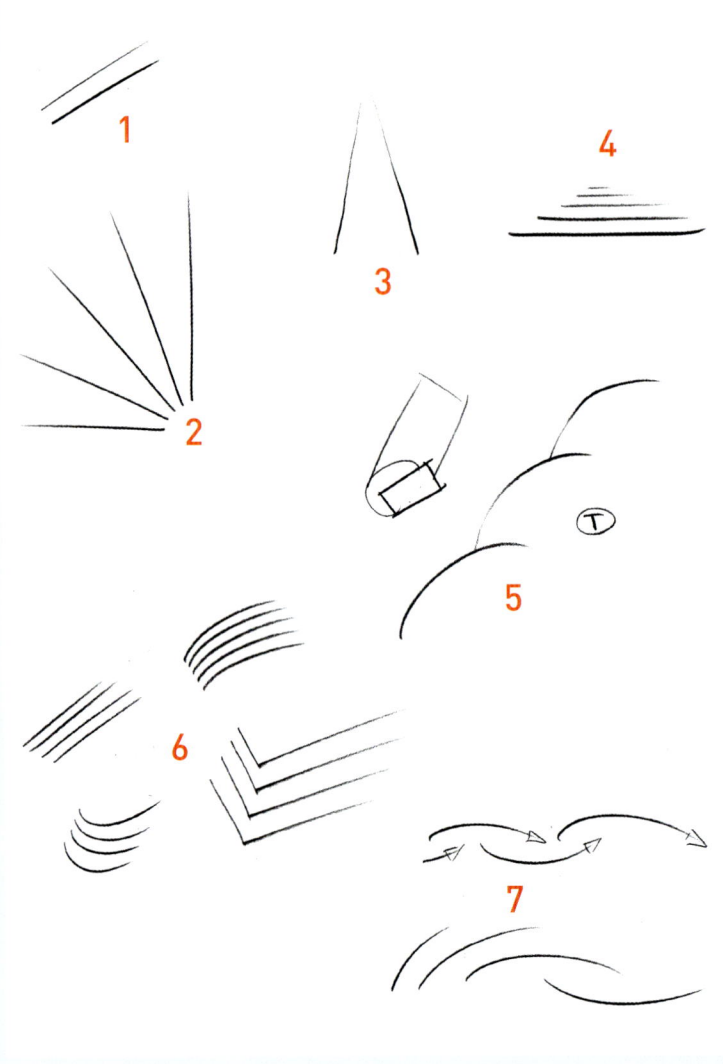

01 빛 명암을 나타내기 전 이미 윤곽선의 명도를 다르게 해서 물체의 음영을 표현할 수 있다. 형태를 묘사할 때 연필에 가하는 힘을 조절하여 윤곽선을 각각 밝거나 어둡게 그어보자. 해당 면이 주변 형태보다 더 많은 빛을 받는지 또는 그 반대인지 나타낼 수 있다.

02 방향 프레임 속 선의 각도로 공간에 있는 물체나 움직임의 방향을 표현할 수 있다. 수평선과 수직선은 정적 밸런스(정지 상태에서의 균형) 상태를 나타낸다. 사선은 공간 속 떨어지는 물체가 멈춘 것처럼 정지된 에너지의 착시 효과를 일으킬 수 있다.

03 깊이 선을 집중시키면 공간의 깊이를 표현할 수 있다. 또한, 선이 집중될수록 명도가 높아지면 대기 원근법(Atmospheric Perspective)에 의해 착시 효과를 갖는다. 대기 원근법은 53쪽에서 더 자세히 다루겠다.

04 비례 다양한 길이와 두께의 선을 그려 상대적인 비례 관계를 표현할 수 있다. 선의 분포 즉, 각 선의 멀고 가까운 간격 역시 깊이를 나타내기도 한다.

05 중복 깊이를 강조하려면 각 형태 사이의 공간적 관계를 인식하는 것이 중요하다. 앞뒤 형태가 서로 겹쳐지게 그리면 깊이 감을 강조하게 된다. 앞의 형태로 말미암아 뒤에 겹쳐진 형태가 불명확하게 보이기 때문이다. 이 기법은 T 법칙으로도 알려졌는데, T 역시 두 윤곽선이 만나는 교차점이 있어서이다.

06 형태 선의 각도와 굴곡률은 물체 면의 형태와 방향성을 나타낸다.

07 움직임 서로 반대로 번갈아 가며 곡선을 그리면 움직이는 것 같은 착시를 일으킨다. 관찰자의 시선 흐름을 이끄는 시각적 경로 역할을 하기 때문이다. 이러한 착시 효과의 역학은 2번에서 설명한 것과 유사한데, 먼저 수직 방향의 선으로 시작하여 점차 곡선으로 흐르면 앞으로 넘어지는 듯 보이게 된다. 이러한 선들의 연속으로 동작을 표현할 수 있다. 또한, 고정된 자세의 대상에 적용하면 생명감과 에너지를 부여하게 되는데, '4장 해부학'(74쪽)에서 살펴보도록 하자.

투시도법의 기초

투시도법은 이차원적인 평면 위에 삼차원적인 입체효과를 나타내는 중요한 장치다. 건물이나 풍경뿐 아니라 사물을 그릴 때도 적용되니 완전히 이해해야만 한다. 24쪽의 다섯 단계는 1점 투시도법, 2점 투시도법, 그리고 3점 투시도법을 적용한 육면체 형성의 기본을 다룬다. 정확한 선을 위해 자를 사용해보자.

1, 2점 투시도법과 3점 투시도법

숫자 1, 2, 3은 화면 속 소실점의 개수이다. 어떤 투시도법을 사용할지는 강조하고 싶은 대상에 따라 달라진다. 즉, 대상을 정면으로 볼 때에는 1점 투시도법을, 측면에서처럼 각도를 기울인 채 볼 때에는 2점 투시도법을, 매우 큰 대상을 위나 아래에서 볼 때에는 3점 투시도법을 사용한다.

사물이 수평면에 정확하게 나란히 위치하는 경우는 드물므로 1점 투시도법은 주로 연습 시작 단계에서 쓸 수 있다. 1점 투시에서 수평선과 수직선이 뚜렷하게 보이면 화면이 더욱 고정적인 상태로 보이게 된다.

2점 투시도법에서 쓰이는 사선은 실제 우리가 대상물을 바라보는 경향을 좀 더 명확히 나타낸다. 사선이 뚜렷하게 보이면 화면이 더욱 역동적으로 보이기 때문에 가장 일반적으로 쓰인다.

3점 투시도법은 오직 큰 규모를 강조하고 싶을 때에만 쓰는 것이 좋은데, 소실점을 추가할수록 드로잉이 복잡해지기 때문이다. 드로잉은 그 자체만으로도 매우 어려우므로 가능하면 단순하게 유지하도록 하자.

단어 알기: 입체감(Volume)이란 물체가 존재하는 3차원적인 공간을 표현하는 것이고 형태(Form)란 이 물체의 외적인 모양을 의미한다. 따라서, 구는 구성에 따라 구의 입체감, 그리고 구의 형태를 모두 표현할 수 있다.

1, 2, 3점 투시도법의 기본 5단계

01 프레임(FRAME) 드로잉을 시작하기 전 항상 프레임을 먼저 그려보는 습관을 갖자. 프레임의 크기와 모양은 모든 단계만큼 중요한데, 무엇을 그려 넣든 처음 그린 이 4개의 선과 항상 관련이 있기 때문이다.

02 수평선(HORIZON LINE, HL) 수평선은 관찰자의 눈높이를 나타낸다. 수평선의 위치는 관찰자의 시점에 따라 즉, 대상을 올려다보는지 내려다보는지에 따라 프레임 속에서 변화한다.

03 소실점(VANISHING POINT, VP1, VP2, VP3) 물체의 연장선을 길게 이었을 때 수평선상에서 만나는 점이다. 수평선과 평행한 선은 해당하지 않는다. 길게 뻗은 기차선로 역시 수평선상에 있는 소실점으로 집중되어 보이고 선로 밑 받침목도 역시 같게 보인다. 수평선과 소실점의 각도와 위치는 상상 속 화면을 구성하는 데 기초가 된다. 제작하는 물체들이 한 공간 안에 존재하는 것처럼 보이려면 반드시 이러한 요소를 포함해야 한다. 아티스트들은 이를 보통 HL과 VP라고 줄여 쓴다. 이후에 연필 선을 덧그려도 잘 확인할 수 있게 HL을 지워지지 않는 펜으로 강조한다.

04 기준선(GUIDELINE) 기준선은 360도 반경 이내 각 소실점에서부터 출발하며, 물체의 연장선이 소실점으로 집중되는 것을 보여주는 기준이 된다. 손으로 드로잉할 때 몸에서 자유롭게 획을 그을수록 길고 곧은 선을 긋기가 쉬워진다. 따라서 필요하면 종이를 돌려가며 그어보자. 기준선은 옅게 그리도록 하자. 참고할 수 있을 정도면 된다. 너무 진하게 그렸으면 퍼티 지우개를 사용해 옅게 유지하자. 불명확한 선은 알아보기 어려우므로 각 선은 분명하고 정확해야 한다. 기준선을 그리기 전 종이에 닿지 않게 동작을 먼저 해본 다음 자신 있게 하나의 획으로 그리도록 하자.

05 상자 구성(BOX CONSTRUCTION) 상자 형태는 모든 아티스트에게 필수적인 요소이다. 거의 모든 물체는 형태를 세밀하게 묘사하기 전 먼저 이렇게 상자의 형태로 단순화할 수 있기 때문이다. 상자는 여섯 개의 평면으로 구성된 것을 뜻하는데, 정면, 윗면, 아랫면, 양 측면, 그리고 뒷면이 있다. 이때 각 면이 관찰자에게 보이는 방향에 따라 이름을 정하게 된다. 예를 들어, 관찰자와 직면한 면이 정면이 된다. 사실상 뒷면은 보이지 않는 면이다. 그러나 삼차원적 입체감에 대한 개념을 확실히 구축하려면 상자 형태를 그릴 때 여섯 개 면을 모두 고려하는 것이 중요하다.

1점 투시도법에서는 정면에서부터 상자 형태를 그리기가 가장 쉬운데, 정면은 이 3D 화면에서 가장 가깝게 보이는 면이기도 하다. 정면의 수직선은 화면의 수평선(HL)과는 직각을, 정면의 수평선은 HL과 평행을 이루어야 한다.

2점 투시도법과 3점 투시도법을 이용해 상자 형태를 그릴 때에는 3D 공간 속 가장 가까이 보이는 수직선 모서리에서 시작하는 것이 가장 쉬운 방법이다. 연장선을 위나 아래 어느 쪽으로 그릴지는 상자의 위치가 수평선 위인지 아래인지에 따라 달라진다.

측면 – 상자 형태를 그릴 때 긋는 모든 선은 확실한 점에서 시작하고 끝나야 한다. 이 점들은 화면 속 모든 소실점을 잇는 기준선과 연결되어야 한다. 따라서 새로운 선을 그을 때마다 이 선의 시작점과 끝점이 화면 속 모든 소실점을 표시한 기준선 상에 있는지 확인하자.

남은 수직선을 그려 측면을 구분해보자. 이때 단축법을 계속 염두 해야 한다. 측면은 정면보다 좁게 그려서 관찰자로부터 더 멀리 보이게끔 착시 효과를 주어야 한다.

뒷면 – 각 물체의 뒷면을 나타내는 습관을 가지도록 하자. 이를 통해 이차원적 모습이 아닌 3D 입체 형태에 대한 이해를 높일 수 있다. 그뿐만 아니라 실존하는 듯한 물체를 만들 수 있어 관찰자에게 손을 뻗으면 만지고 느낄 수 있을 것 같은 효과를 준다.

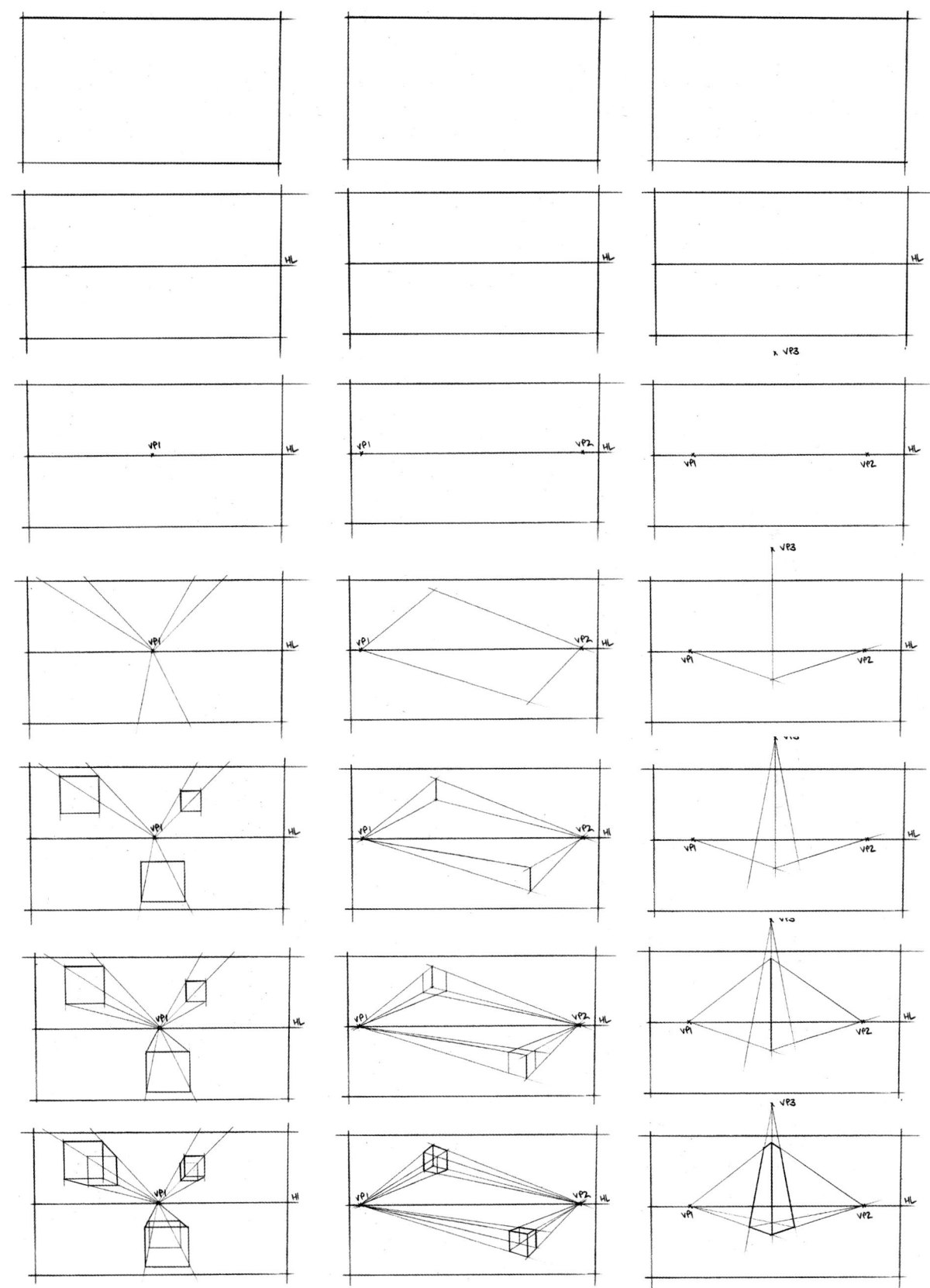

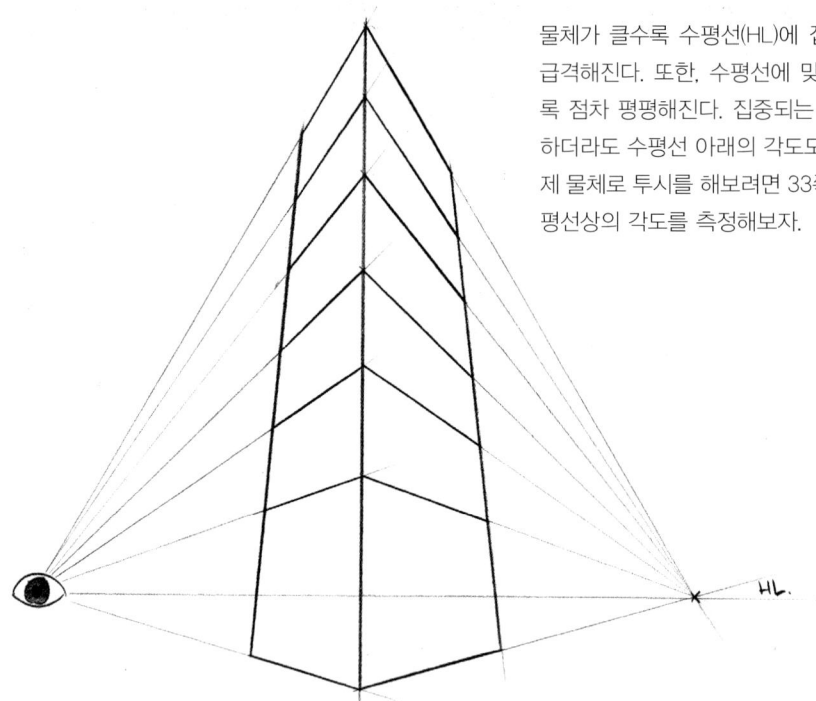

물체가 클수록 수평선(HL)에 집중되는 연장선의 각도가 더 급격해진다. 또한, 수평선에 맞춰 지면과 더 가까운 선일수록 점차 평평해진다. 집중되는 선이 아래가 아니라 위를 향하더라도 수평선 아래의 각도도 이를 반영해서 나타난다. 실제 물체로 투시를 해보려면 33쪽의 연필 측정법을 이용해 수평선상의 각도를 측정해보자.

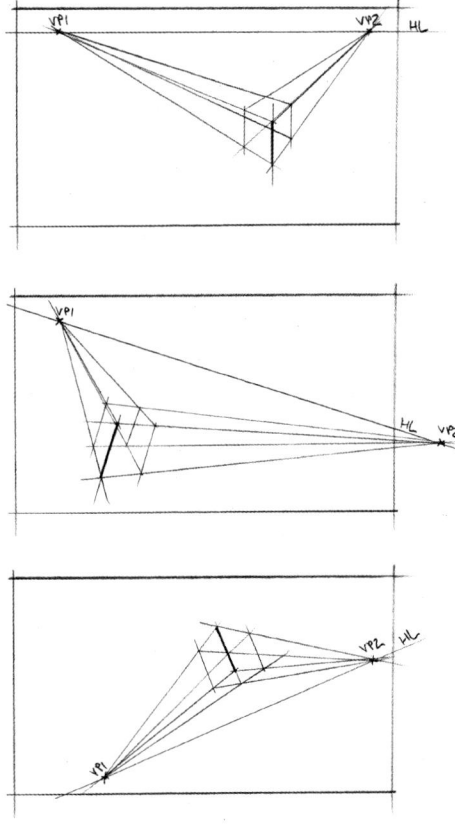

하늘과 바다가 만나는 지점이 수평선을 확인하기 좋은 가장 명확한 예이다. 수평선은 눈높이를 대신하므로 시점(앉았을 때, 서 있을 때, 또는 아주 높은 곳에서 내려다볼 때)은 프레임 속 수평선의 수직 위치에 영향을 미친다.

한가운데에 수평선이 위치하게 되면 프레임 속 선의 위아래 부분이 각각 동등하게 균형을 이루므로 중립 효과를 느낄 수 있다. 프레임 속에서 수평선을 위나 아래로 이동시키거나 불확실한 방향 감각을 주고자 사선으로 나타내면 화면을 더 역동적으로 구성할 수 있다. 수평선을 흔히 쓰이지 않는 각도로 구성하는 연습도 해보자. 투시도법의 기본 5단계(24쪽)의 순서를 따르는 것도 잊지 말자. 그렇지 않으면 이상 속의 세계가 한쪽으로 왜곡될 것이다. 1점 투시도법과 2점 투시도법에서는 수직선이 수평선과 항상 직각을 이루어야 한다. 즉, 수평선에 각도를 주면 이 수직선도 기울어져야 한다는 의미이다.

입체감의 기초

투시도법의 기본 5단계(24쪽)에서 알아보았듯이 거의 모든 물체는 형태를 세밀하게 묘사하기 전 먼저 상자 형태로 단순화할 수 있다.

1점 투시도법, 2점 투시도법, 3점 투시도법을 이용한 상자 그리기에 대해 이해했다면 이제 수평선과 소실점, 자 없이 자유롭게 그리는 방법을 연습해보자. 이를 통해 느낌으로 구조를 이해할 수 있는 감각을 기를 수 있다. 한 화면에 너무 많은 물체가 있을 때 각각의 소실점 구분이 어려운 많은 경우에 필요하다. 캐릭터나 배경 디자인과는 관련 없어 보일 수도 있지만, 거장의 드로잉을 연구할 때나 인체구조(74쪽)를 파악할 때 어떻게 도움이 되는지 알 수 있을 것이다.

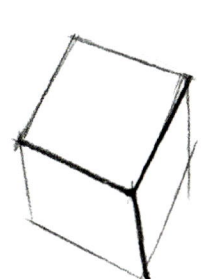 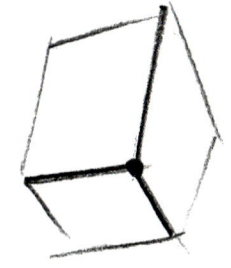 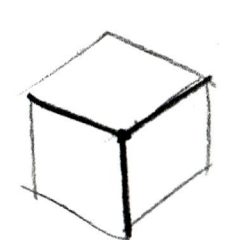 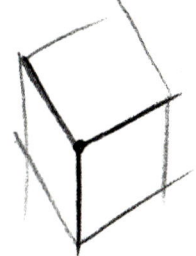 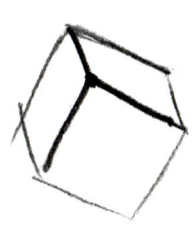

위의 상자 형태를 그대로 그려보거나 투시에 대한 이해를 확인하기 위해 비슷한 형태를 상상해서 그려보자. 각각의 물체에 가장 가깝게 보이는 모서리와 꼭짓점을 마치 손을 뻗으면 정말 만질 수 있을 것처럼 강조해서 표현해보도록 하자.

기억해야 할 가장 단순한 규칙은 평행선들이 한 점으로 집중되어야 한다는 것이다. 때에 따라 투시와 깊이를 강조하기 위해 집중된 점을 과장해서 표현하는 것이 유용하기도 하다.

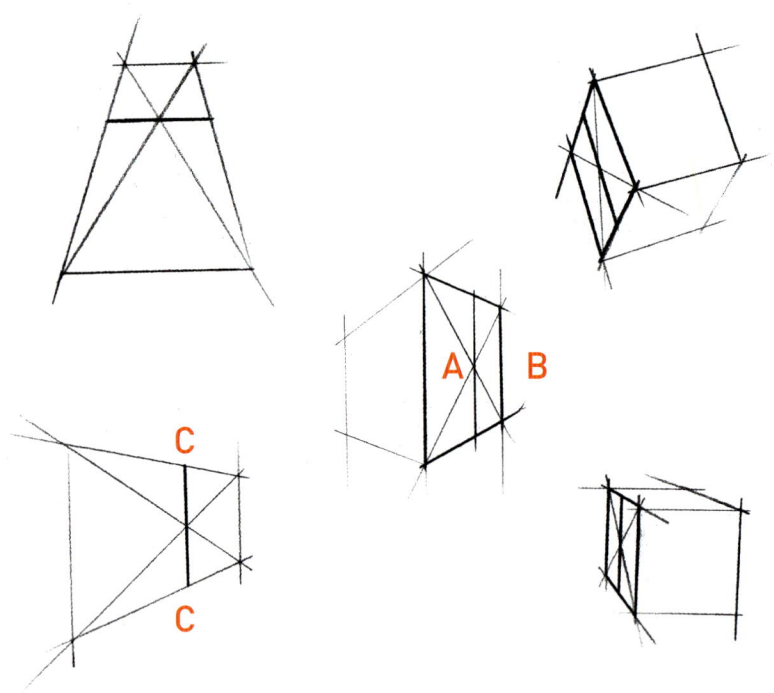

각 면의 중간에 수직으로 중심선을 그려보자. 단축법에 의해 더 가까운 선(A)이 뒤에 보이는 선(B)보다 길어야 한다는 점을 기억하자. 네 모서리를 잇는 대각선을 그리면 정확한 중심점을 구분할 수 있다. 두 대각선이 교차하는 지점이 그 면의 중심이 된다(C).

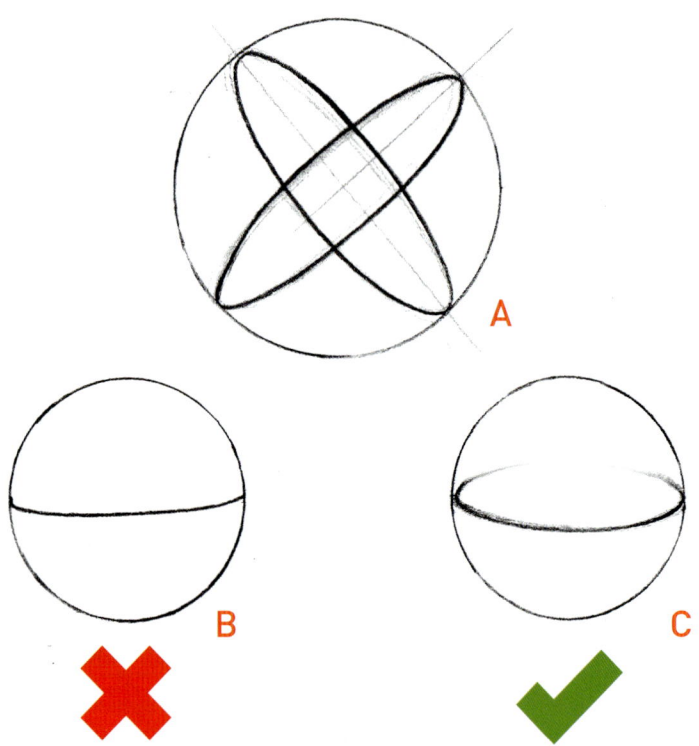

이번에는 구의 형태를 연습해보자. 단축법에 의해 구의 단면이 타원형으로 보이는 점에 주목하자(A).

18쪽의 (A)처럼 연필을 잡고 직접 그려보면 시작점과 끝점이 연결된 구를 그리는 데 도움이 된다. 구를 이등분하는 곡선이 가장자리에서 멈추는 것을 피하도록 하자(B). 곡선이 구의 뒤에서도 계속 이어지는 것처럼 연결해서 그려야 한다(C).

빛과 명도의 기초

비주얼 아티스트가 풀어야 할 가장 어려운 숙제 중 하나는 이차원 평면에서 삼차원 형태의 깊이감을 부여하는 것이다. 24~25쪽의 투시 연습을 통해 오직 선만으로 입체감(양감)과 깊이의 착시 효과를 이끌어 내는 방법을 알 수 있었다. 화면에 가상의 빛을 설정하면 빛과 그림자에 따른 입체감을 추가로 표현할 수 있다. 투시도법과 빛을 동시에 사용하면 삼차원적 입체감을 더욱 뚜렷하게 강조하게 된다. 복잡한 대상물로 넘어가기 전, 먼저 간단한 상자 형태를 통해 조명과 명암을 투시도법에 적용하여 입체감을 나타내보자. 궁극적으로 입체감과 깊이를 나타낼 때 옳고 그른 방법은 없다. 빛의 효과적인 사용에 대해 완벽하게 이해하는 한, 조명을 어떻게 쓸 것인지는 전적으로 아티스트의 선택이다. 또한, 플레이어에게 어떤 감성을 전달하고 싶은지에 따라서도 선택이 달라질 수 있다.

명암 2단계 빛을 만드는 첫 단계로서 명도를 단 2가지의 흑백 단계로 단순화하자. 종이의 면은 흰색, 연필의 음영은 검은색이다. 가상의 빛 방향을 설정한 후에는 육면체의 각 면에 빛을 어떻게 표현할지에 대한 2가지 선택만 남는다. 즉, 면을 점차 밝게(흰색으로) 할 것인지, 점차 어둡게(검은색으로) 할 것인지 이다.

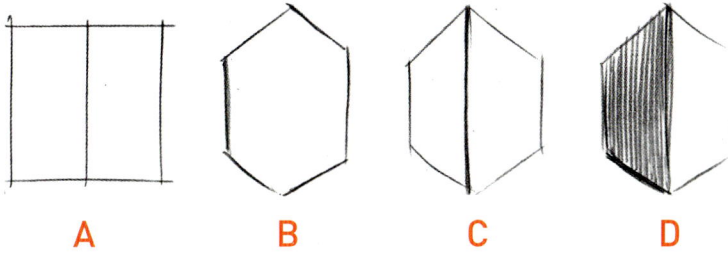

A　　　B　　　C　　　D

투시도법과 빛을 함께 사용하여 형태를 표현하는 법을 알아보자. 상자 (A)는 집중되는 선과 명도가 없기 때문에 상자 형태처럼 보이지는 않는다. 집중선을 그려 넣으면(B) 깊이와 입체감이 생긴다. 상자 형태(C)는 양 면 사이에 선을 하나 그려 넣어 훨씬 상자처럼 보인다.

상자 형태(D)는 오른쪽에서 빛을 받는데, 보이는 면 두 개를 보면 빛의 영향을 받는 것을 알 수 있다. 집중선과 명도가 상자의 면을 확실하게 나누기 때문에 결과적으로 상자의 형태가 더욱 강조된다.

『팀 포트리스 2』: 더스트보울 맵(밸브 코퍼레이션 제공)

『팀 포트리스 2』는 조명으로 게임 속 3D와 입체감을 강조한 최고 수준의 예이다. 더스트보울에서는 조명 설정을 통해 배경 속 빛을 받은 면과 음영이 생긴 면이 극명하게 드러난다. 이런 방식으로 형태를 강조하려면 조명을 한쪽 방향으로 비추게끔 제한하는 것이 가장 좋은 방법이다.

『헤비 레인』(퀀틱 드림 제공)

『팀 포트리스 2』와 『헤비 레인』의 스크린 샷을 비교해보자. 『헤비 레인』에서는 조명이 흩어져 있어 형태의 착시 효과가 덜하다. 특히 거리 건너편 집들에서 두드러지는데, 앞면과 측면의 명암이 비슷하게 나타났다. 『헤비 레인』의 조명은 게임 속 어둡고 우울한 분위기를 강조하는 데 적합하다.

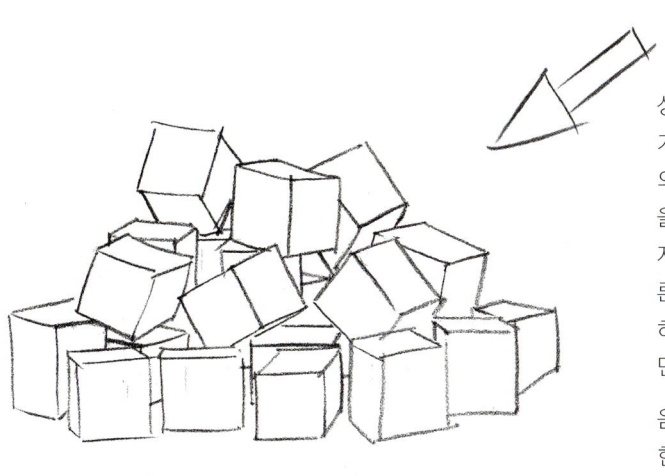

상자 형태로 연습하면 상상해서 그린 물체에 음영을 주기가 쉬워진다. 각 면이 정확히 구분되어 있기 때문이다. 상자의 입체감과 명암은 표현하기 간단해서 다른 방향에서 온 빛을 나타내고 그에 따른 음영을 주기가 수월하다. 앞장의 상자 더미는 왼쪽에서 빛을 받고 있었다. 이제 같은 더미에 오른쪽 위 편에서 빛을 받는 경우를 표현해보자. 명암을 간단하게 유지하자. 즉 빛을 받는 위쪽 면과 받지 못하는 아래쪽 면을 구분해보자.

음영이 정확하게 파악되지는 않더라도, 해치 라인(명암을 표현하기 위한 일정한 간격의 선)만큼은 정확하게 그어줘야 하는데, 면이 위치하는 방향에 맞춰 표현하여야 한다.

비주얼 측정 방법

우리의 일상생활에는 연필과 종이를 들고 자리에 앉아야만 처음으로 확인할 수 있는 불필요한 비주얼 정보가 너무나도 많다. 이러한 정보는 분석해야 할 세부 요소가 너무 많기 때문에 드로잉 능력을 키우는데 걸림돌이 되기도 한다. 대상을 어떻게 분석할 것인지에 대한 정확한 방법은 아티스트에 따라 다를 수도 있다. 하지만, 여기서 설명할 비주얼 측정 방법은 모든 베테랑 아티스트들이 사용하는 것이며, 관련 없는 세부 요소를 걸러내는 데, 또한 복잡한 대상을 체계적으로 분석하여 조절하기 쉽게 하는 데 도움이 될 것이다.

『그랜드 데프트 오토 IV(Grand Theft Auto IV)』: 니코 벨릭

드로잉에서 세부 묘사(디테일)는 거의 중요하지 않다. 더 큰 실루엣을 이루는 특징적인 형태와 비율을 더 중요하게 인식하기 때문이다. 만약 약 90m 바깥에 친한 친구들을 차례로 세운다면 디테일은 포착하지 못하고 각자의 실루엣을 본 후에야 구별할 수 있을 것이다.

이미 『GTA IV』를 플레이해 본 사람은 니코 벨릭이라는 캐릭터가 친숙할 것이다. 니코의 티셔츠에 있는 파란 선이나 그의 눈동자와 같은 디테일은 저해상도나 먼 거리에서는 사실상 구별하기 어렵다. 하지만, 어떨 때건 니코라는 캐릭터를 구분하게 하는 것은 그의 특정한 실루엣뿐 아니라 헤어스타일, 베이지색 옷, 운동복의 색 같은 더욱 큰 요소들이다.

비주얼 측정을 위한 아홉 가지 방법

문제는 관련 없는 비주얼 정보에 주의를 빼앗기지 않고 어떻게 드로잉을 시작할 수 있을지이다. 다행히 이러한 문제는 다음 아홉 가지 방법을 통해 이미 오래전 해결되었다. 이는 사물과 풍경을 포함한 어떠한 드로잉에도 적용할 수 있는 방법이다.

각 방법은 이해하기 쉽지만 모두 결합하여 정확하게 사용하려면 확실한 이해와 연습이 필요하다. 계속해서 연습하면 측정 능력을 드로잉 기준선 없이도 대상물을 빠르게 분석할 수 있는 지점까지 끌어올릴 수 있을 것이다.

각 방법의 나열 순서는 일반적인 기준에 따랐는데, 대상물에 따라 다양하게 결합하여 사용될 때 가장 효과적이다. 34쪽의 프란스 할스(1580−1666)의 『웃고 있는 기사』처럼 디테일이 많은 대상을 접했을 때, 이 방법들을 드로잉 프로세스를 단순화하기 위해 어떻게 활용할 수 있을지 살펴보자.

각 방법을 결합하여 사용하기 전 하나씩 차례로 살펴보자. 대상물 하나를 두고 습작을 여러 개 그려보는 것이 좋다. 연습한 드로잉이 미술관에 걸릴 일은 아마 없을 것이니 기준선과 여러 설명을 덧붙이는 것을 주저하지 말자. 나중에 얼마든지 지울 수 있고 세부 묘사로 덮을 수도 있다.

측정 단위

연필 측정법 레슨을 시작하기 전 측정 테크닉을 먼저 연습해보자. 대상물과 각각의 배열 상태를 더욱 정확하게 측정할 수 있고 투시를 확인할 수 있다. 대상물을 측정하려면 수직이나 수평으로 연필을 든 손을 그 앞쪽으로 뻗어보자. 팔을 완전히 뻗고 팔꿈치도 펴야 한다. 팔을 든 채 마치 총을 겨눈 것처럼 연필 끝을 대상물 제일 위 혹은 측정하고 싶은 지점에 맞춘다. 이제 엄지손가락 끝을 측정하는 그 반대 끝에 맞춘다. 연필 끝과 엄지손가락 사이의 공간이 바로 각자의 측정 단위가 된다. 팔을 가능한 한 곧게 뻗고 같은 자세로 서야 하는 점을 기억하자. 작은 변화라도 측정에 엄청난 영향을 미치기 때문이다.

이 측정법은 구성 요소들 사이의 배열을 체크(35쪽)할 때나 투시 각도를 측정할 때 역시 도움이 된다.

『웃고 있는 기사』(1624) – 프란스 할스, 런던 월리스 컬렉션

01

01 실눈 뜨고 보기 물체가 흐릿하게 보일 때까지 눈을 반쯤 감고 보는 것은 가장 과소평가 되기는 하지만, 사실 시각적인 복잡함을 줄일 수 있는 좋은 방법이다. 이는 흩어져 있는 디테일을 빛과 그림자로 이루어진 단순한 형태로 보이게 한다. 실눈을 뜨고 보려면 많은 연습이 필요한데, 사람들은 본능적으로 눈을 크게 뜨고 모든 것을 상세하게 바라보는 성향이 있기 때문이다.

02

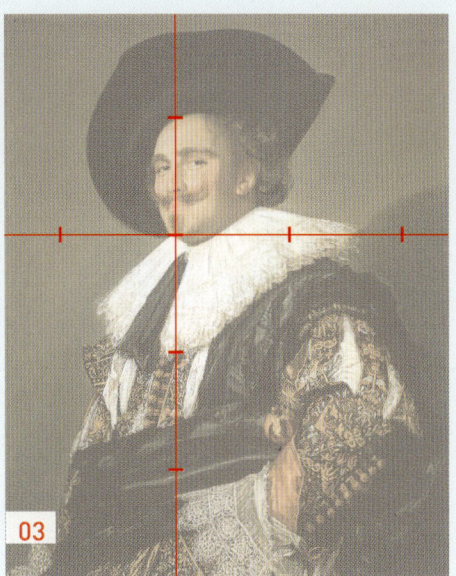

03

02 프레임 24쪽의 투시도법 연습 중 가장 첫 단계인 프레임을 고려하자면 이미지를 가능한 한 넓게 떠올려야 한다. 일단 복잡한 물체의 형태는 잠시 신경 쓰지 말고 먼저 사각 프레임의 폭과 길이를 알맞게 맞추자. 프레임은 구성의 핵심과도 같은데, 다음 단계의 모든 요소의 배치와 관련성에 영향을 미친다.

03 측정 단위 드로잉의 구성 요소 측정을 위해 단위를 설정하자. 예를 들어, 인체 드로잉에서는 주로 머리가 기준 단위이다. 풍경이나 다른 장르에서는 창틀의 수직선 등 개인적으로 더 편한 것을 선택하면 된다. 설정한 단위는 오직 수직, 수평으로만 사용하자. 사선은 같은 간격이나 단위로 측정하기가 어렵다. (33쪽 연필 측정법 참조)

04 배열 구성할 때 각 요소를 상대적으로 배열하면 크고 작은 범위를 설정하기 수월하다. 발의 위치를 참고하여 귀를 배열하거나 눈가와 입술이 적절한 위치에 있는지 확인할 수 있다.

05 삼각 측정법 가상의 점을 연결하여 형태를 나타내는 위치가 적절한지 확인한다. 서로 멀리 떨어져 있는 점들부터 삼각형을 이루어 나가면 세부적인 기준을 잡아가기 전 먼저 큰 형태가 정확한지 확인할 수 있다.

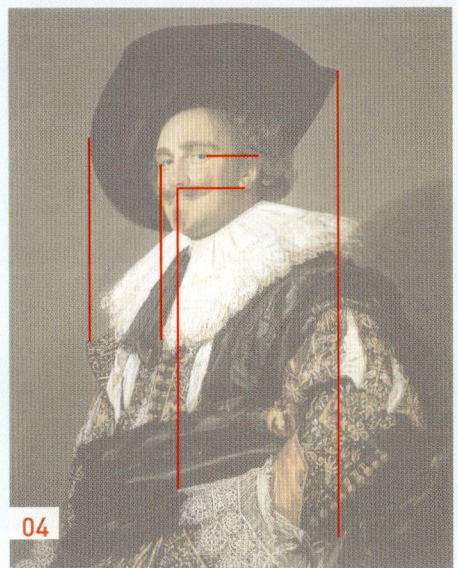

04

05

06 **가장자리 확인** 가장자리를 나타내면 윤곽과 디테일의 작은 변화보다는 좀 더 큰 덩어리에 집중하게 되어 대상물을 넓은 범위에서 확인할 수 있다. 이러한 개념은 3D 모델링 프로그램에서도 친숙한 개념이다. 프로그램 상에서는 '바운딩 박스'라고 불리는 기능이다.

07 **선의 단순화** 드로잉 초기 단계에서는 곡선의 사용을 피하자. 곡선으로 그린 형태는 시각적으로 분석하기 매우 어렵기 때문이다. 직선을 이용하면 형태가 정확한지 더 쉽게 파악할 수 있다. 정확한 형태를 확인하면 직선을 부드럽게 처리하여 모양을 잡아가기 수월해진다.

08 **형태의 음화** 드로잉의 정확성을 판단하기에 가장 효과적인 방법이라고 할 수 있다. 음화 형태는 한 가지 원칙을 따른다. 드로잉을 할 때 대상물 자체보다는 그 대상의 비어 있는 공간을 그려낸다는 것이다. 이렇게 되면 대상물은 디테일이 사라진 하나의 추상적 퍼즐처럼 보이게 된다. 이러한 드로잉 방법은 보통 인체의 독특한 실루엣을 묘사할 때 사용된다. 삼각 측정법과 선의 단순화와 함께 활용해보자. 형태가 정확한지 쉽게 판단할 수 있다.

09 **형태의 양화** 대상물의 디테일이 확연하게 드러날 수 있다는 점에서 까다로울 수도 있는 방법이다. 따라서 대상물의 형태를 원, 직사각형, 삼각형의 단순한 도형으로 구성해보자.

드로잉 프로세스

디지털 소프트웨어는 매우 너그러운 드로잉 매체라고 할 수 있다. 실행 취소(Undo) 기능을 이용해 실수하기 전으로 되돌릴 수 있기 때문이다. 기존의 매체로 작업할 때에는 이 같은 기능이 없지만, 드로잉 연습을 통해 체계적인 드로잉 프로세스를 익힐 수 있다. 이 같은 프로세스는 작업을 한 단계씩 해나가는 데 도움이 될 것이며, 따라서 실수를 하더라도 곧 알아차리고 정정할 수 있게 될 것이다. 다음의 드로잉 프로세스는 비주얼 측정 방법(33~36쪽)을 기초로 하므로, 확실하게 익혔는지 확인하고 시작하자. 여기서는 풍경을 연습해 보지만, 사물 드로잉에도 같은 프로세스를 적용할 수 있다.

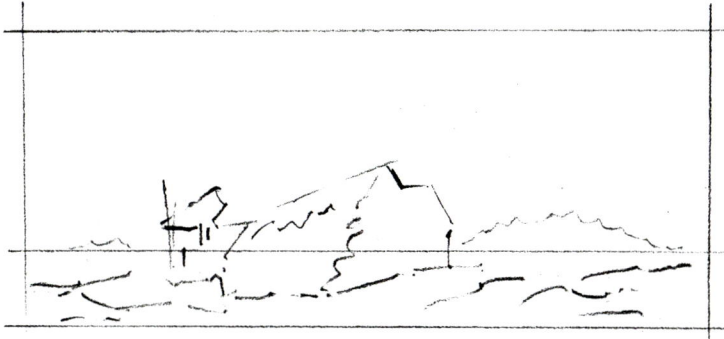

『작은 집과 헛간이 있는 풍경』(1640) – 렘브란트 반 레인 (1606–1669)

01 윤곽선 표현 첫 단계는 큰 덩어리의 윤곽선을 가볍게 그리는 것이다. 이 단계에서 형태선의 위치와 비율을 정확하게 하면 비주얼 측정 방법(33~36쪽)을 통해 수정할 때 더 수월해진다.

수평선 표시를 잊지 말자. 또한, 수평선 위의 모든 연장선은 아래쪽으로 집중되고 아래의 연장선은 위쪽으로 집중된다는 사실을 기억하자. 밝은 하늘을 어두운 지면과 구별하고자 가볍게 명도를 나타내도 된다.

02 기준점 간단한 선을 사용해 윤곽을 나타냈다면 이제 기준점을 결정할 차례이다. 기준점은 다음에 올 요소의 위치와 비율을 판단하는 기준이 되므로 정확하다고 느낄 때까지 계속 고쳐보는 게 중요하다. 정확하다고 느낀다 해도 한 번 더 확인해보자!

03 확장 이번에는 기준점 가까이 또는 덧입혀서 그리는 단계이다. 기준점을 이용해 다른 부분의 상대적인 모양과 비율을 판단하여 가능한 정확하게 형태를 고쳐보자. 기준점 아래 방향으로 점점 넓혀가며 그리자. 형태를 계속 확인하면서 가장 가까운 부분부터 차례로 그려나가자.

이 단계는 드로잉에서의 실행 취소 기능과 같다. 차례대로 구조를 세워나가므로 실수를 한 부분이 어디인지 정확히 짚어낼 수 있고 수정하기도 쉬워진다. 전체적인 형태를 모두 그린 후에는 이제 명암 처리를 확실히 해주고 세부 묘사를 더해나가자.

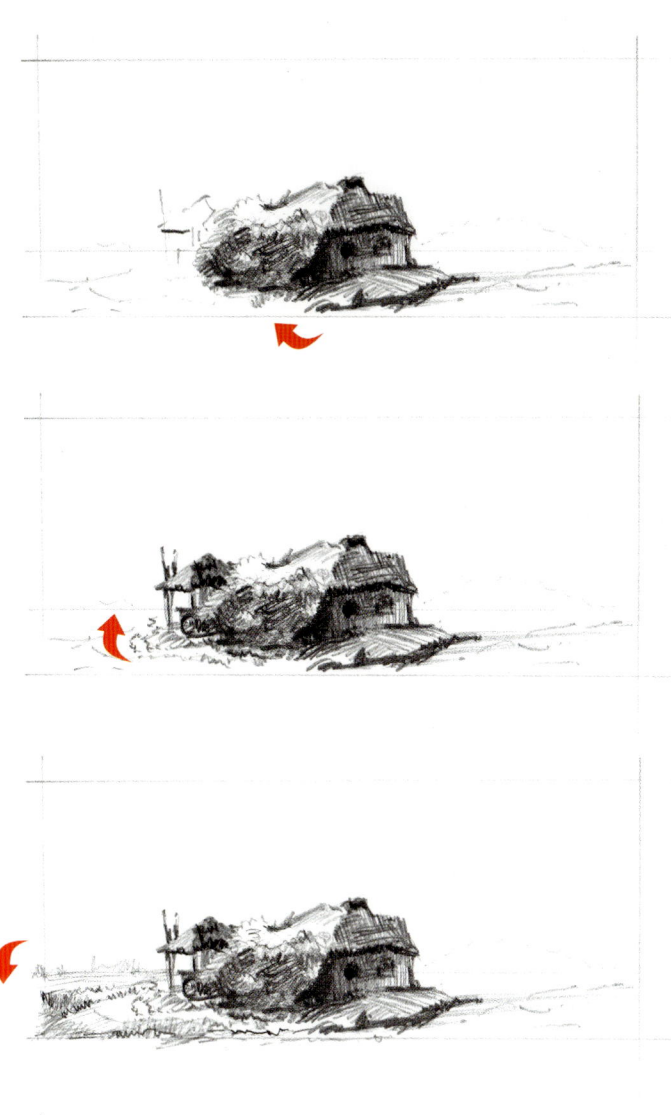

LEVEL UP!

마침내 1장의 과정이 끝났다. 지금까지 다룬 방법은 앞으로 드로잉을 할 때 직면할 모든 문제를 위한 기초 다지기였다. 이에 대한 완벽한 이해와 습득은 수 없는 연습에서 비롯된다는 것을 기억하자. 다음 장들에서는 이러한 방법을 어떻게 복잡한 형태와 드로잉에 적용할 수 있을지 다루게 된다. 또한, 비주얼 그래머의 중요성과 선, 형태, 입체감, 명도, 색을 비디오게임에 집약시켜 플레이어의 감성적 경험을 위한 디자인을 하는 방법을 알아보겠다.

LEVEL 02 [드로잉의 심화

1장에서 우리는 드로잉의 기초에 대해 알아보았고 관련된 연습을 통해 연필선, 빛, 그리고 투시도법을 익혔다. 또한, 드로잉과 관찰법의 적절한 과정에 대해서도 배웠다. 높은 집중도와 스스로의 연습을 요하지만, 드로잉을 좀 더 정확하고 쉽게 할 수 있는 과정이다. 2장에서는 입체감과 빛에 대해 좀 더 진화된 개념을 알아보겠다. 어떠한 주제를 다루든 간에 반드시 필요한 도구와 기법에 해당한다. 이번 장은 먼저 풍경 드로잉에 초점을 맞추지만, 곧 인체를 포함한 모든 물체가 이와 같은 형태와 입체감으로 표현할 수 있다는 걸 느낄 것이다. 이번 연습을 통해 풍경 드로잉의 기법을 배우는 동안, 스케치북과 연필을 들고 나가 실존하는 물체 역시 그려보기를 권한다.

『레이지』

투시도법과 입체의 심화

풍경이나 사물 드로잉을 할 때 모두 구를 투시도법을 통해 능숙하게 그리는 것이 필수적이다. 현실에서는 완벽한 원의 형태를 찾기가 거의 어렵기 때문이다. 원은 단축법의 효과 때문에 타원처럼 왜곡되어 보이는 경우가 많다. 42쪽의 연습은 상자 면의 중심점을 찾는 연습(28쪽)과 연계된다. 이러한 연습을 통해 원을 깊이감 있게 그릴 수 있을 것이다.

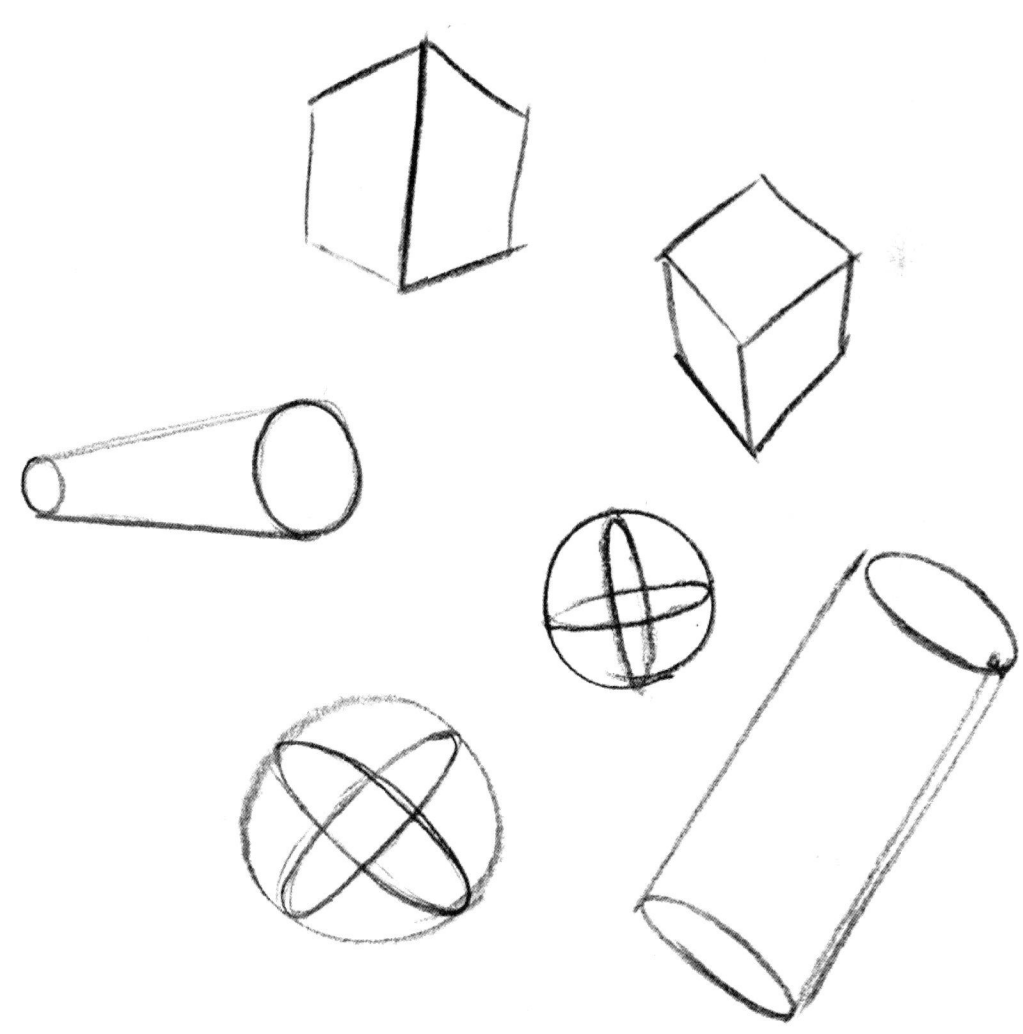

입체감 주기 이번 단계를 통해 상자, 구, 원통 등의 기본적인 입체 형태를 그리는 기법을 배울 수 있다. 그리는 과정이 손에 완전히 익을 때까지 다양한 각도로 입체감을 주는 연습을 계속 해보도록 하자.

투시도법을 이용한 원형 그리기 4단계

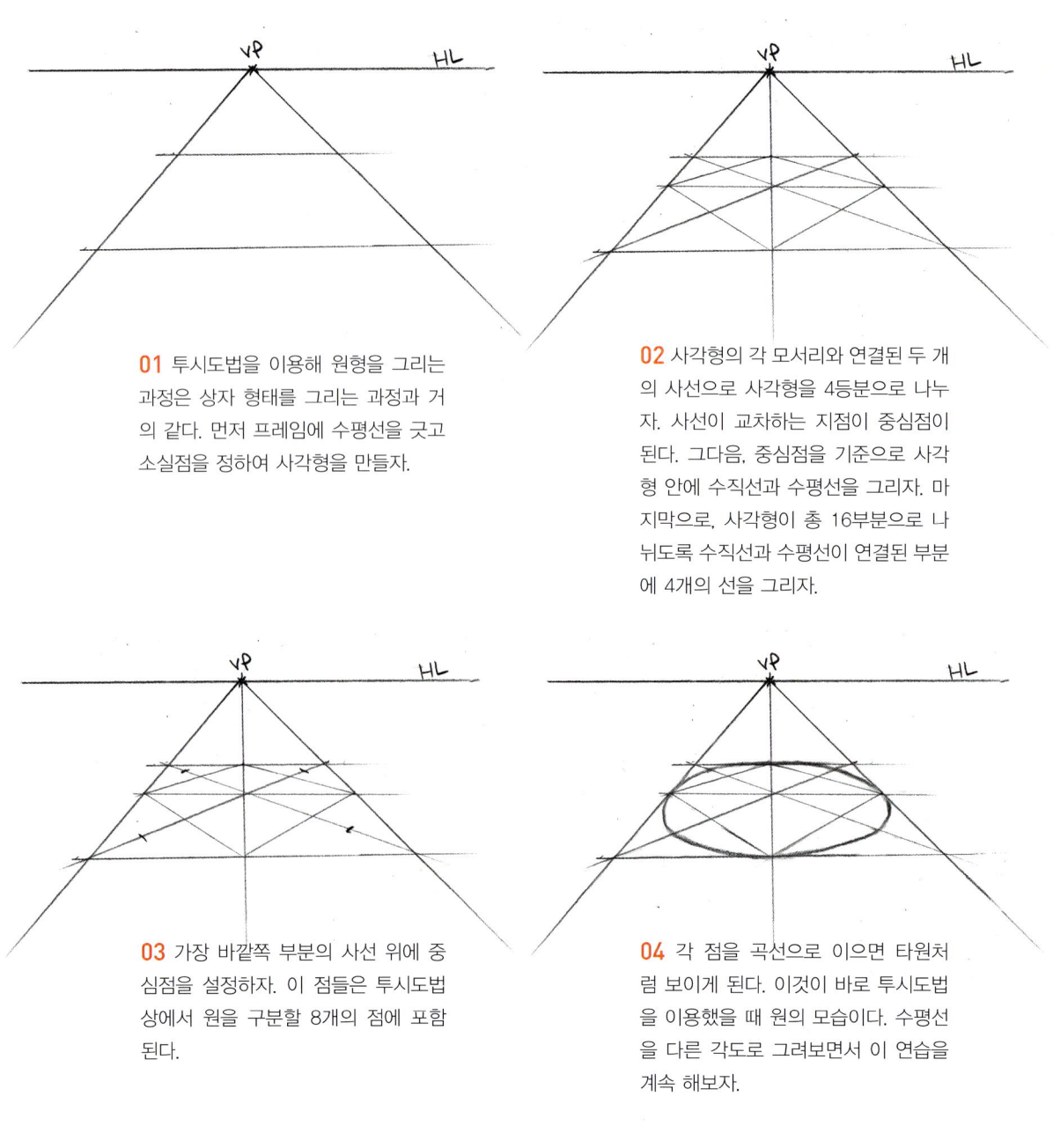

01 투시도법을 이용해 원형을 그리는 과정은 상자 형태를 그리는 과정과 거의 같다. 먼저 프레임에 수평선을 긋고 소실점을 정하여 사각형을 만들자.

02 사각형의 각 모서리와 연결된 두 개의 사선으로 사각형을 4등분으로 나누자. 사선이 교차하는 지점이 중심점이 된다. 그다음, 중심점을 기준으로 사각형 안에 수직선과 수평선을 그리자. 마지막으로, 사각형이 총 16부분으로 나뉘도록 수직선과 수평선이 연결된 부분에 4개의 선을 그리자.

03 가장 바깥쪽 부분의 사선 위에 중심점을 설정하자. 이 점들은 투시도법 상에서 원을 구분할 8개의 점에 포함된다.

04 각 점을 곡선으로 이으면 타원처럼 보이게 된다. 이것이 바로 투시도법을 이용했을 때 원의 모습이다. 수평선을 다른 각도로 그려보면서 이 연습을 계속 해보자.

위부터 시계방향으로: 빅 대디(『바이오쇼크』), 색보이/색걸 (『리틀 빅 플래닛』), 『저니』 캐릭터 (이래이셔널 게임즈 제공)

비디오 게임 산업에서 가장 상징적이고 기억할 만한 캐릭터 중 일부는 여러분이 지금까지 연습했던 입체 모양을 변형한 것이다. 위에 있는 각 캐릭터를 상자, 구, 원통, 삼각뿔 입체만을 이용하여 연필로 그려보자. 이를 통해 이들 입체 개념을 더 잘 이해할 수 있는 또 다른 캐릭터 형태를 발견할지도 모른다. 캐릭터의 입체 개념을 알게 되면 1장에서 다루었던 투시도법을 자유자재로 이용하여 어떠한 각도에서도 이를 다시 그릴 수 있을 것이다.

빛과 명도의 심화

이미 '빛과 명도의 기초'(29쪽)에서 빛이 형태에 비추는 방식에 대해 알아보았다. 하지만, 실물을 그릴 때에는 입체감과 조명의 상태가 더욱 다양하기 때문에 한층 더 깊은 개념 이해가 필요하다.

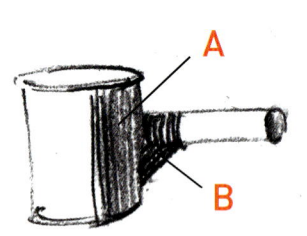

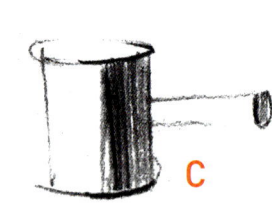

왼쪽 위 두 개의 원통은 형태에 그림자가 진 것과 그림자를 드리우는 것의 차이를 묘사하고 있다. 서 있는 원통(A)은 그림자 때문에 면이 가상의 빛으로부터 천천히 돌아서는 것처럼 보이며, 형태가 잘 드러난다. 또한, 그림자를 드리워서(B) 뒤의 누운 원통에 빛이 잘 닿지 않도록 막는다. 이러한 현상을 '주 그림자(Cast Shadow)'라고 한다.

(C)에 묘사되어 있듯 주 그림자는 물체 사이의 공간적 관계를 나타낸다. 만약 두 원통 사이에 이 현상이 없었다면 상대적인 비율을 구분하기 어려울뿐더러 같은 공간에 있는지조차 느낄 수 없다.

1장에서는 주 그림자에 대해 언급하지 않았다. 형태를 구현하는데 종종 시각적인 혼란을 일으키거나 평면적으로 보이게 할 때도 있기 때문이다. 우리의 가장 중요한 목표 중 하나는 깊이감을 주는 것이다. 따라서 그림자는 적절하게 사용해야만 한다. 원통(D)의 그림자 때문에 중간 원통의 형태가 가려지고, 따라서 깊이감이 없어 보이는 것에 주목하자. 이런 이유 때문에 거장들은 그림자를 이용할 때 신중을 기했고 완화하거나 아예 없앤 뒤 깊이감을 강조하였다.

명암 5단계 오른쪽에서 왼쪽으로, (0) 종이의 흰색 또는 빛, (1) 가장 밝은 곳(하이라이트), (2) 중간 톤, (3) 가장 어두운 곳 (코어 셰도), (4) 주 그림자(캐스트 셰도) 이다.

단순한 상자 형태에는 2단계면 충분하지만, 더 복잡하고 둥근 형태일수록 그림자뿐 아니라 명도의 단계도 확장해야 한다. 아티스트들은 일반적으로 10단계를 사용하지만, 사실 5단계면 충분할 뿐 아니라 드로잉 할 때 고려해야 할 요소들도 줄일 수 있다. 물론 제한적으로 보일 수도 있다. 하지만, 5단계는 개념을 단순화시킨 것임을 기억하자. 드로잉을 시작하고 이후의 연습을 통해 명도를 혼합할 수 있다면 명도의 미묘한 변화가 자연스럽게 나타날 것이다.

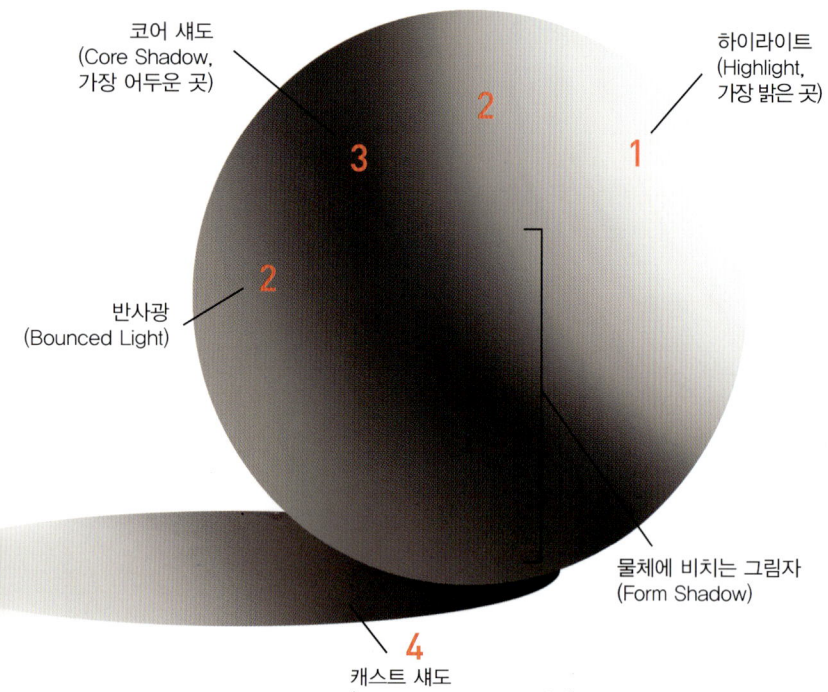

코어 셰도
(Core Shadow,
가장 어두운 곳)

하이라이트
(Highlight,
가장 밝은 곳)

반사광
(Bounced Light)

물체에 비치는 그림자
(Form Shadow)

캐스트 셰도
(Cast Shadow, 주 그림자)

명암 5단계 이 그림은 명암의 5단계로 어떻게 구 형태를 표현할 수 있는지 보여주고 있다. 여기 나온 단계는 1-2-3-2-4의 순서이며, 1~3단계는 물체에 비치는 음영, 4단계는 바닥에 생기는 주 그림자이다.

물체의 가장 어두운 곳은 '코어 셰도' 또는 '터미네이터'라고 불리는데, 빛을 90도로 등지며 그림자를 만드는 부분이기도 하다. 빛에서 가장 먼 부분이 아닌데도 가장 어두운 이유는 가장 등진 면들은 테이블과 같은 배경에 반사되는 반사광을 받기 때문이다.

주 그림자(4)의 특성은 물체의 가장 어두운 곳(3)보다 한 단계 더 어둡다는 점이다. 주 그림자의 경계는 일반적으로 물체 표면 어두운 부분의 경계보다는 분명하게 보인다.

주 그림자는 물체에서 멀어질수록 더 밝아지고 경계도 부드러워진다. 그림자 부분이 물체에서 멀어지고 경계에 가까워질수록 주변 환경으로부터 빛을 점점 더 은은하게 받게 되기 때문이다.

반사광 반사광을 고려하지 않으면 물체는 입체감을 잃게 된다. 위쪽 구의 모습은 입체감이 잘 느껴진다. 왼쪽에 있는 구 역시 같은 조명 상태에 있지만, 반사광이 표현되지 않았다. 반사광은 공간에 실존하는 듯한 착시 효과를 위해 필수적인 요소이다.

하지만, 사진에는 반사광이 잘 드러나 보이지 않을 때도 있는데, 카메라로 포착하기에 명도가 너무 미묘한 경우가 종종 있기 때문이다. 따라서 이런 점을 기억하고 참고 자료로 사진을 볼 때 반사광이 보이지 않더라도 그림으로 옮길 때엔 반드시 표현하자.

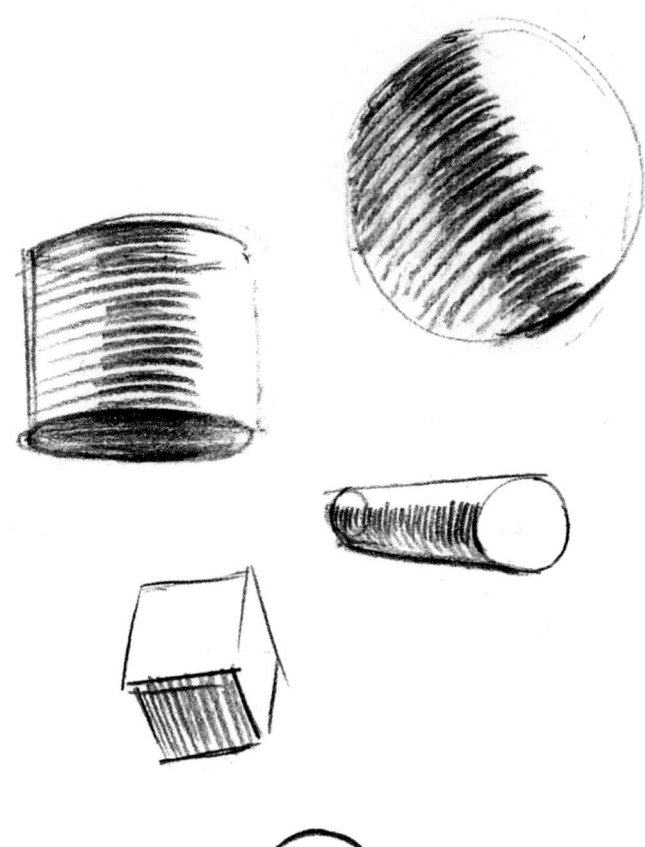

해치 라인 명암 5단계에 따라 음영을 줄 때 연필 선을 가능한 한 분명하게 그어주자. 상자 형태의 평면 방향과 각도는 직선으로 표현하는 것이 좋다. 둥근 형태는 곡선으로 처리하자. 구의 형태에 직선으로 음영을 넣게 되면 형태감이 깨지게 된다. 상자 형태를 곡선으로 하는 경우도 마찬가지이다.

해치 라인의 각도와 휘어진 정도를 결정할 때에는 원근감을 고려해야 한다. 예를 들어, 원통형 물체는 원근감을 강조하기 위해 해치 라인이 아래 방향으로 표현되어야 한다.

또한, 밝은 부분에서 어두운 부분으로 변화할 때 경계가 부드러울 때와 급격할 때의 차이도 알아보자. 형태에 따라 다른데, 둥근 형태일수록 부드럽고 완만하게 표현한다. 명암의 변화가 빠르면 밝은 부분과 어두운 부분의 경계가 더 급격히 변하는 것처럼 보인다.

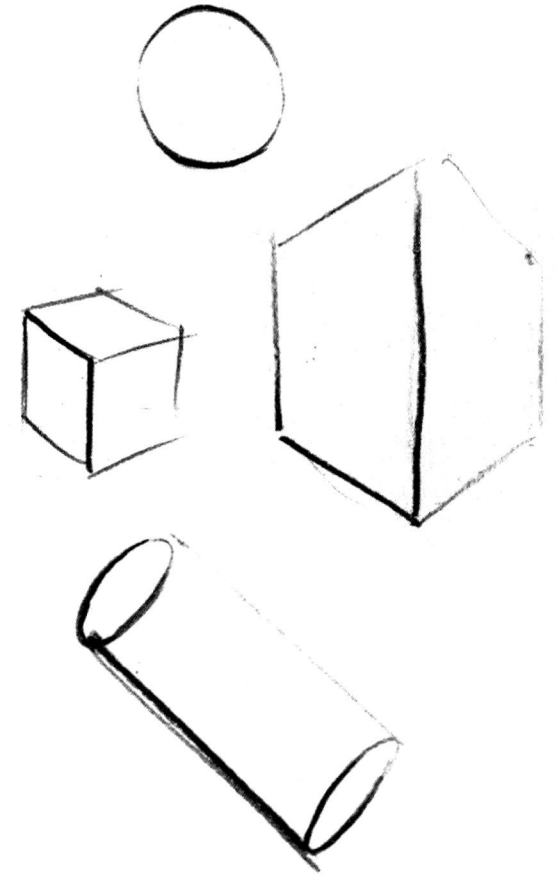

윤곽 표현 선의 밝기를 조절하면 명암만으로도 윤곽을 표현할 수 있다. 빛을 받는 면을 표현할 때에는 윤곽선을 옅게 그리고 어두운 면을 표현할 때에는 선을 두껍고 진하게 그리자. 만화에서 흔히 쓰이듯 형태 전체를 진한 선으로 표현하는 것은 피하도록 하자. 형태의 입체감이 제대로 드러나지 않게 된다.

『리틀 빅 플래닛 2』

그림자를 이용해 화면 밖에 있는 물체를 표현할 수도 있다. 『리틀 빅 플래닛 2』에서는 그림자가 생기는 물체가 분명하게 나오지 않을 때도 있다. 이로 말미암아 화면 밖에도 배경 일부가 존재한다는 착시 효과를 일으켜서 사실감을 주고 게임에 대한 몰입감을 선사한다.

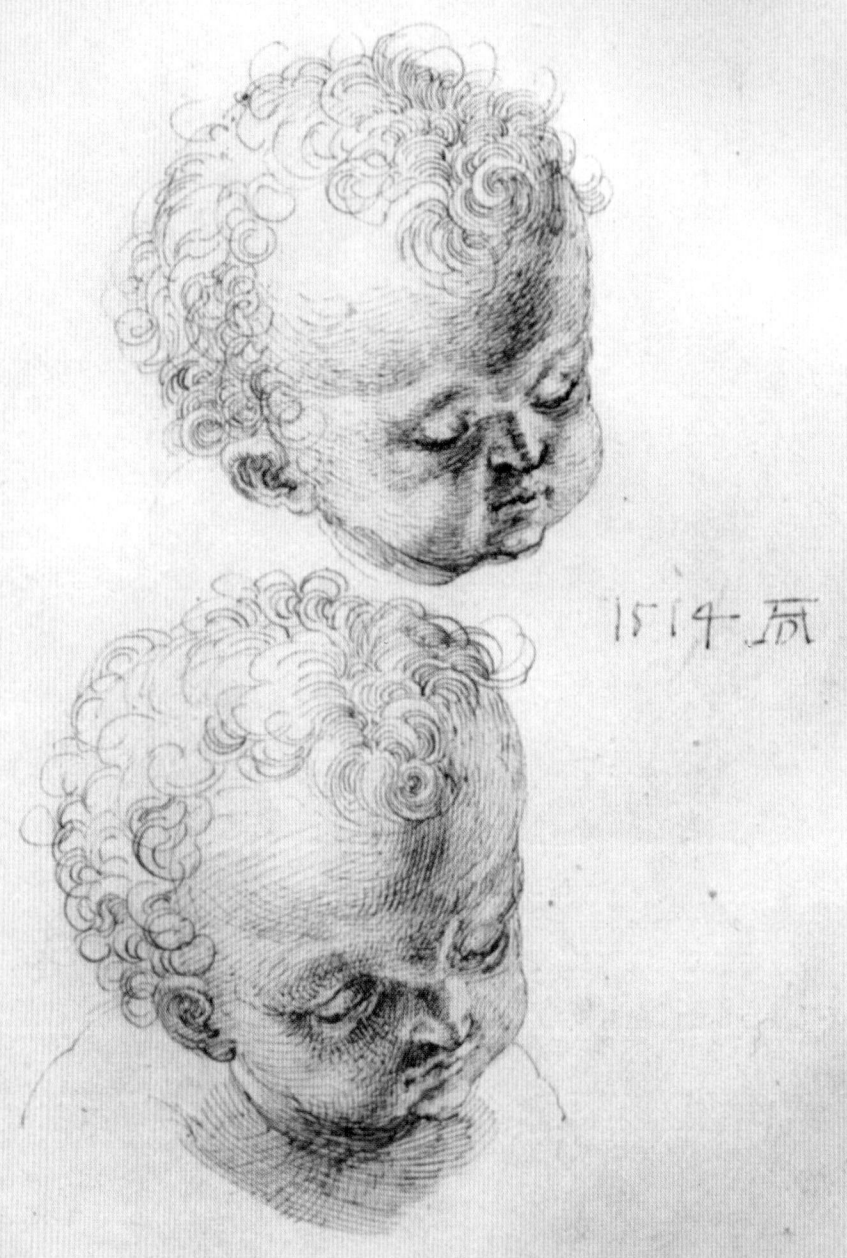

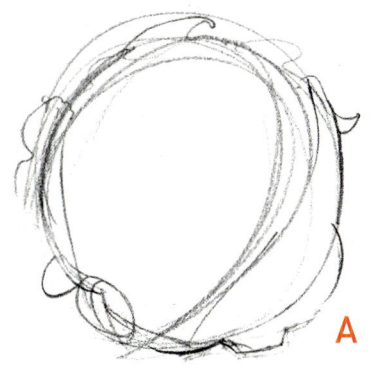

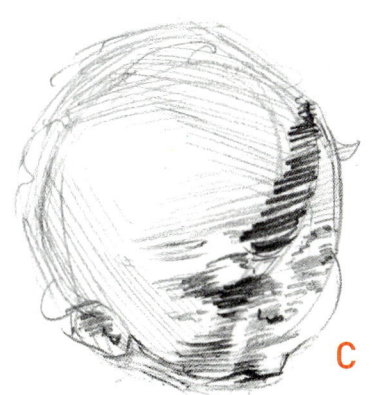

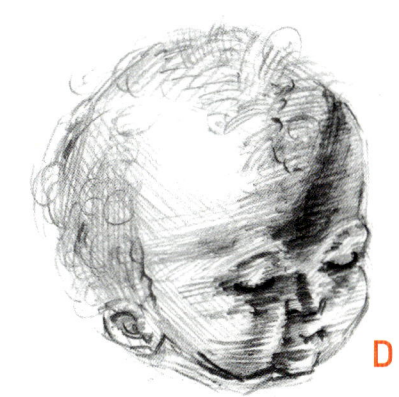

뒤러의 드로잉을 살펴보자. 먼저 원을 그린 후(A), 머리의 윤곽을 표현한다. 다음은 코어 셰도(가장 어두운 부분)를 표현하는 단계이다(B). 코어 셰도로 인해 빛이 있는 듯한 착시 효과를 주고 머리의 둥근 형태가 잘 드러나고 있다. 그다음 다른 부분에도 음영을 나타내어 어둡게 처리해보자(C). 마지막으로 디테일을 더해주면 된다(D).

뒤러가 하이라이트 부분의 디테일을 적게 표현해서 빛을 강조한 것에 주목하자. 컴퓨터 그래픽에서는 이러한 효과를 '라이트 블룸(Light Bloom)'이라고 부른다. 현실에서의 명암 단계를 드로잉에 완벽하게 옮길 수는 없기 때문에 이러한 방법을 써서 오히려 더욱 강조하는 것이다.

앞장 『아이의 머리』 – 알브레히트 뒤러

거장들은 형태를 표현하고자 할 때 항상 빛과 명암의 기본적인 개념을 활용했다. 뒤러는 이 아이의 머리 스케치를 통해 그가 생각한 구의 형태를 뚜렷하게 표현할 수 있었다.

『언덕 위의 남자와 여자』(1688) – 안토니 워털루(1609–1690)

코어 섀도와 반사광을 이용해 기본적인 명암을 주면 대상물의 깊이와 형태를 표현하는 데 아주 효과적이다. 그래서 고전 미술가들은 대상물의 개념을 표현하기 위해 이를 반복적으로 이용했다. 심지어 워털루의 이 동판화 속 나무들처럼 고체로 생각되지 않는 대상에도 마찬가지였다. 워털루는 나무형태를 주로 빈 공간 속에 나뭇잎을 겹겹이 쌓아 표현하였지만, 전체적인 나무의 덩어리는 하나의 커다란 구체처럼 개념화한 후 그에 따라 빛을 나타내었다.

이 작품은 디테일이 복잡하게 묘사되어 이러한 개념을 파악하기가 쉽지 않다. 실눈을 뜨고 보면 덩어리에 빛이 덜 느껴져 단순한 형태로 보인다. 이때 작가의 빛에 대한 개념을 느낄 수 있다.

대기 원근법

실제 풍경을 그려보는 것은 이 책에서 지금까지 다룬 다양한 개념을 얼마나 잘 이해했는지 알 수 있는 첫 번째 테스트라고 할 수 있다. 야외에서는 끊임없이 변화하는 빛과 날씨는 말할 것도 없고, 집중을 방해하는 요소가 말 그대로 수백만 가지나 된다. 풍경 드로잉을 진행해보면 스스로 얼마나 발전했는지 판단할 수 있다. 계속 변화하는 환경 속에서 더 크고 단순한 형태를 그리는 데 집중하고 있다면 제대로 접근하고 있는 것이다. 대부분은 게임 제작 시간이 짧아서 직접 조사하는 일이 항상 가능하지는 않다. 풍경에 관한 고전 미술의 개념을 잘 이해하면 실제 배경을 비디오 게임 속 가상의 배경에 적용하는 능력을 키울 수 있을 것이다.

『레이지』

풍경 드로잉을 통해 거리감과 깊이 표현을 발전시킬 수 있다. 대기 원근법은 깊이에 대한 착시 효과를 불러 일으키며 고전 미술가들도 자주 활용한 방법이다. 이것은 마치 수증기가 증발하는 것처럼 보이는 효과이며 이를 통해 멀리 있는 형태가 희미해지고 대비 효과도 줄어들게 된다.

이러한 대기 원근법의 개념은 『레이지』의 배경에서 완벽하게 표현되고 있다. 가장 근접하게 보이는 산과 가장 멀리 있는 산을 비교해보면 하늘과 산들이 맨 끝에서 합쳐져 보일 때까지 점점 밝아지는 것을 알 수 있다. 또한, 멀리 있는 배경은 경계가 좀 더 불분명하고 디테일이 더 적게 나타난다. 미켈란젤로의 『카시나의 전투 습작』(125쪽)과 같은 고전적인 구상 미술에서도 이러한 효과를 확인할 수 있는데, 배경에 있는 형태가 그 앞에 있는 형태보다 좀 더 밝게 표현되었다.

『뉴 슈퍼마리오 브라더스』

『뉴 슈퍼마리오 브라더스』에서는 대기 원근법이 추상적인 개념으로 쓰였는데, 이 게임의 고유한 스타일이 잘 드러난다. 또한, 깊이감을 표현하기 위해 물체를 서로 겹쳐지게 하였으며 전경에 있는 사물에는 명도를 높이고 또렷한 선을 사용하였다. 마리오의 머리나 빨간 의상이 그 예이다.

풍경 드로잉

이제 풍경 드로잉의 수준을 한 단계 높일 수 있는 충분한 기법에 대해 이해했을 것이다. 러시아
작가 알렉세이 사브라소프의 『풍경』(Landscape)을 통해 드로잉에서 연필과 함께 퍼티 지우개를
사용하여 표현하는 법을 연습하도록 하자.

『풍경』 – 알렉세이 사브라소프(1830–1897)

이 그림을 연습할 때 깊이감 표현을 위한 사용 기법에 대해
배운 것을 기억하자. 지금까지 사물 사이의 깊이 표현을 위해
사물을 서로 겹치거나 교차시키는 법을 알아보았다. 또한, 대
기 원근법이 멀리 있는 사물에 주는 효과 즉, 대비 효과가 약
해지고 형태가 옅어진다는 것을 알 수 있었다.

풍경 드로잉에서는 화면에 존재하는 형태 위치를 각각 전경,
중간 배경, 배경으로 나누는 것이 유용하다. 전경에 위치한
형태는 강한 대비를 보이고 경계가 또렷하며 세부 묘사가 가
장 확실하게 드러나게 하자. 배경에 위치한 형태는 좀 더 불
분명하고 은은하게 처리하자. 또한, 그리는 순서는 일반적으
로 배경에서 전경으로 진행하는 것이다.

먼저 프레임을 그리고 원본의 비율 대로 가능한 정확하게 옮기자. 윤곽선을 그릴 때에는(37쪽 참조) 가장 큰 형태의 윤곽을 제일 먼저 그려야 한다. 따라서 수평선을 그리고 배경 나무들의 맨 위 가장자리 선을 그어 밝고 어두운 경계를 확실히 구분해주자.

가장 큰 형태를 표현하는데 계속 집중하자. 단계적으로 음영을 주면서 표현해보자. 사브라소프는 선 위를 손가락으로 문질러서 명암을 좀 더 겹겹이 나타내곤 했다. 멀리 보이는 나무들은 모서리가 날카로운 퍼티 지우개를 사용해서 표현하였다.

배경에 있는 형태를 은은하게 처리하였다면 이제 중간 배경과 전경에 있는 형태를 표현해주자. 사브라소프는 의도적으로 중심이 되는 길 양쪽에 나무를 각각 그렸는데, 소실점으로 집중되는 기준선에 맞춰 나란히 배치하였다. 이런 방식으로 깊이감을 더욱 효과적으로 표현할 수 있었다. 동일한 형태의 멀리 있는 나무들을 더 작게 그린 것 역시 깊이감을 보여주고 있다.

중간 배경과 전경을 그릴 땐 먼저 상대적으로 옅은 선으로 시작하자. 수정하기 쉬울 뿐 아니라 명암을 어둡게 처리하기 전 하이라이트 부분을 표시하기에도 좋다.

나뭇가지와 수풀은 덩어리로 가볍게 표현하며 세부 형태를 알기 쉽도록 외형 처리에 세심한 주의를 기울이자.

마지막 단계에서는 가장 어두운 부분을 나타내자. 사브라소프는 가장 강한 대비와 디테일 표현에 집중하였는데, 전경의 오른쪽에 위치한 나무에 중점을 두었다.

지면에는 수평선들을 추가하여 배경에서 수직으로 선 나무들과 구별하자. 마지막으로, 사브라소프가 서로 다른 질감 표현을 위해 사용한 다양한 연필 선을 따라 해보면서 자유롭게 표현해보자.

LIMBO

『림보』 (콘셉트 이미지 - 플레이데드 제공)

그래픽 부문 수상작이기도 한 『림보』는 개발자 안트 옌센의 손에서 탄생했다. 알렉세이 사브라소프의 드로잉보다는 더 일정한 양식을 띠지만, 깊이감 표현을 위해 같은 방법이 쓰였다는 점에서 두 작품은 공통점이 있다. 즉, 형태를 겹치고 점점 대비를 약하게 주며 멀리 있는 형태를 은은하게 표현하고 비슷한 형태를 반복 배치한 것이다.

외형을 나타내는 질감 처리만으로도 보는 이는 형태의 보이지 않는 내부를 상상하기에 충분한 정보를 얻을 수 있다. 옌센은 이러한 현상을 능숙하게 활용했다. 플레이어가 스스로 상상할 수 있도록 사물의 형태를 모호하게 처리한 것이다. 플레이어는 개인적인 느낌에 따라 이러한 형태에 각자 다른 의미를 부여하게 된다. 만약 옌센이 모든 디테일을 명확하게 묘사했다면 플레이어의 상상과 감성이 관여할 여지는 줄어들었을 것이다.

LEVEL UP!

1~2장 만으로도 깊이감과 입체감으로 이미지를 표현하는 방법에 대한 이해도가 한층 더 높아졌을 것이다. 차후 드로잉을 할 때 이러한 기법을 통해 거의 모든 대상을 충분히 표현할 수 있다. 이제 이에 대한 지식을 어떻게 더 발전시켜서 일상생활과 움직임에 적용할지, 또한 선과 형태, 입체감을 어떻게 더 높일 수 있을지 알아보도록 하자.

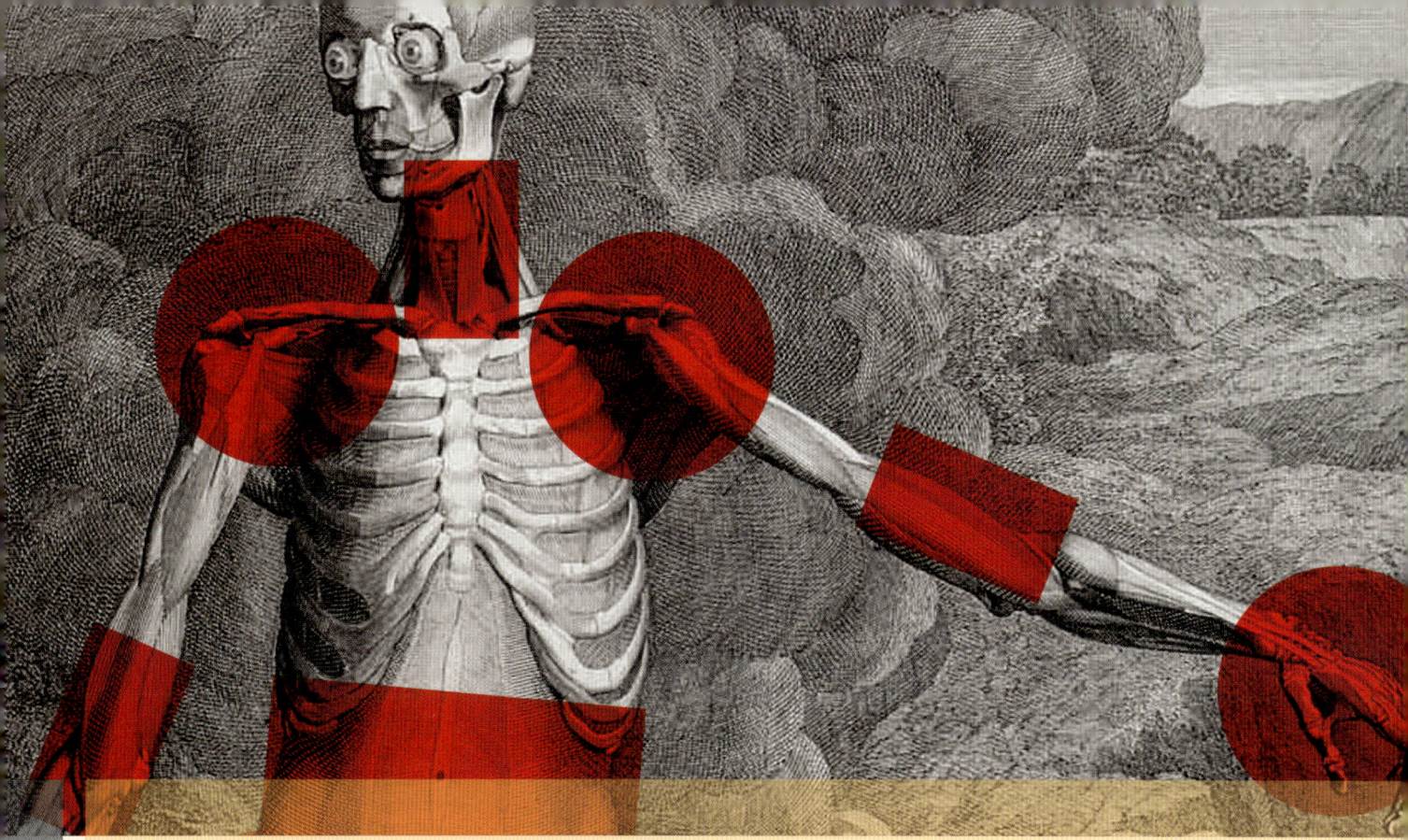

LEVEL 03 [인체

컴퓨터 모델링 프로그램을 통해 3D 캐릭터를 회전시켜보면 무게감이 느껴지지 않는다는 것을 알 수 있다. 간단한 마우스 클릭과 조절만으로 어느 축으로 회전시키든 캐릭터는 여전히 뻣뻣하게 보인다. 선과 형태를 능숙히 활용하는 아티스트만이 무게감과 움직임 표현을 통해 캐릭터에 생명을 불어넣을 수 있다.

이제 인간의 움직임과 관련된 물리적인 힘과 해부학의 기본적인 개념에 대해 알아볼 것이다. 이러한 개념을 통해 여러분의 캐릭터에 생명과 에너지를 부여할 수 있을 것이다. 또한, 가능하면 실물을 그려보는 것을 추천한다. 이는 인체를 이해하기 위한 최고의 방법이라고 할 수 있는데, 경험한 것을 직접 그려보는 것을 통해 가상현실 속 캐릭터를 좀 더 실감 나게 표현할 수 있기 때문이다.

『인간 신체의 골격과 근육에 대한 목록』
– 베르나르드 지그프리드 알비누스

중력과 움직임

인간을 각각 독립적인 개체로 구별할 수 있게 하는 것 중 하나는 육체의 무게, 즉 체중이다. 인체를 그릴 때 아티스트들은 중력이라는 보이지 않는 힘에 유념해야 한다. 이제, 지구 아래로 끌어당기는 이 힘에 대항하여 살 수 있게 하는 인간의 해부학적 메커니즘과 직립 자세로 설 수 있도록 상호작용하는 골격과 근육의 구조에 대해 알아보도록 하자.

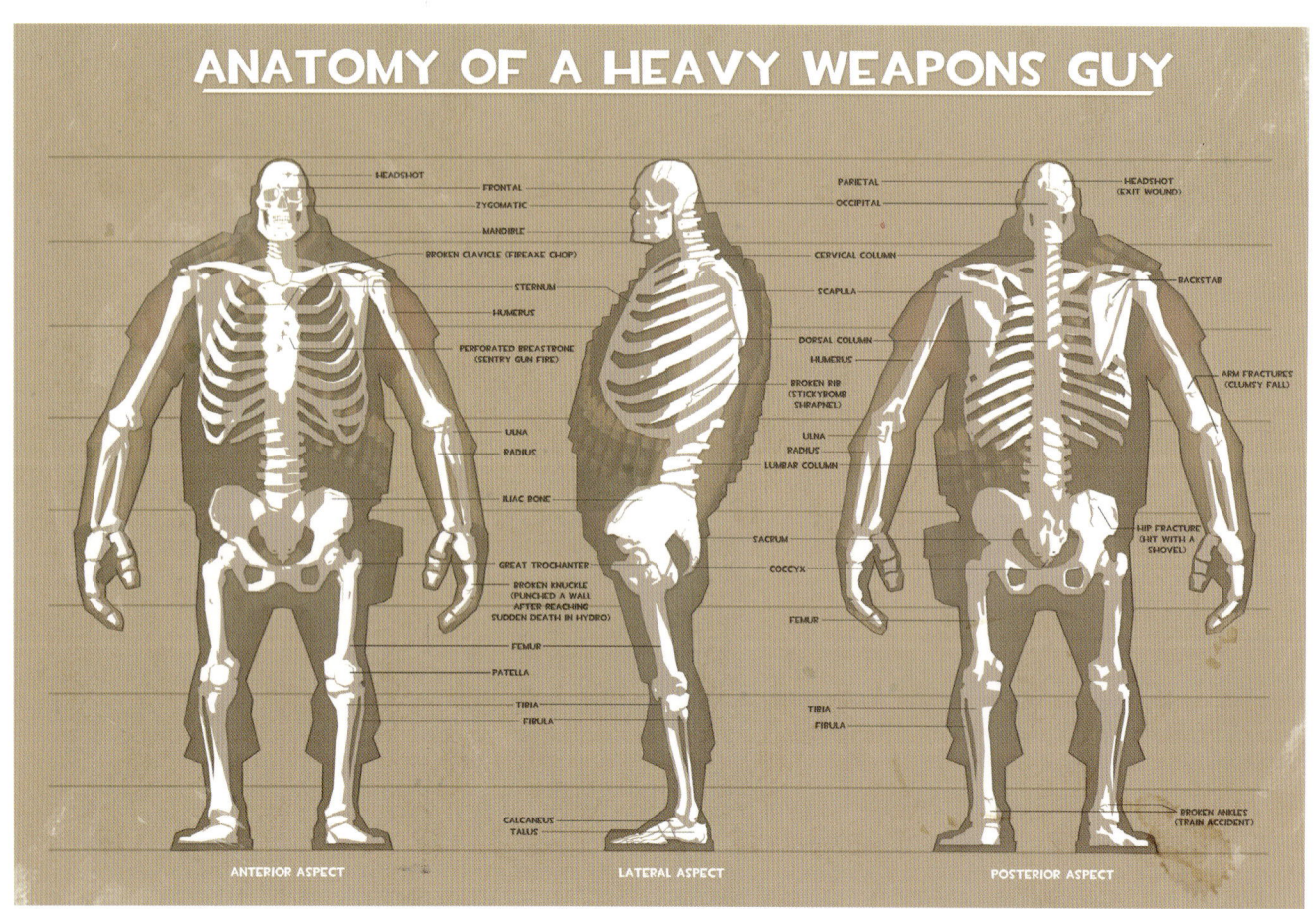

『**팀 포트리스 2**』: 헤비 웨폰 가이의 해부도(밸브 코퍼레이션 제공)

인체의 골격은 마치 건물의 골조와도 같다. 모든 건축 구조는 벽과 지붕을 구성하는 단단한 지지대를 중심으로 한다. 인체에서의 지지대는 골격이라고 할 수 있다. 인간은 뼈들로 구성된 구조물인 골격에 근육과 힘줄이 균형을 이루어 직립할 수 있게 된다.

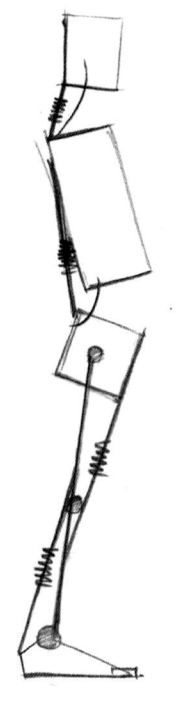 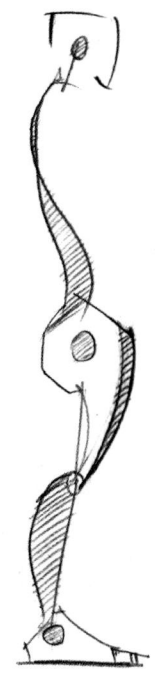

인간은 직립 자세로 설 수 있다. 항중력근(Antigravity Muscles)이라 불리는 근육들이 잘 발달하였기 때문이다. 이 근육들은 마치 금속 스프링과도 같은 역할을 하는데, 신체 부분 사이의 긴장을 유지한다. 또한, 발뒤꿈치에서 시작하여 위로 올라가면서 몸의 앞뒤로 번갈아 가며 곡선을 그리게 된다. 이 덕분에 중력에 맞서 똑바로 설 수 있는 것이다.

각 곡선의 반대 부분은 직선으로 이루어진다. 실제 인체는 직선으로 표현할 수 없지만, 아티스트들은 다리 위아래 부분의 곧은 뼈 부분처럼 직선을 이용하여 골격을 나타낸다. 그와는 대조적으로, 반대편 근육 부분은 곡선을 통해 몸 전체 근육의 흐름을 표현해서 움직임과 생동감을 주자. 이렇게 곡선과 직선의 활용을 토대로 더 실감 나는 캐릭터를 표현할 수 있다.

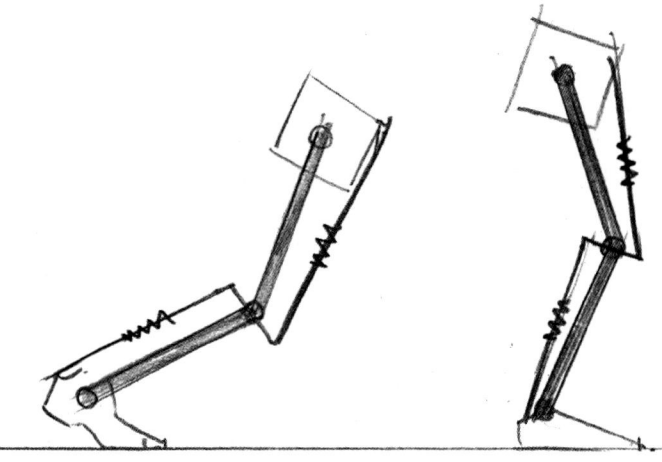

종아리 부분의 항중력근을 보면 발뒤꿈치부터 무릎 뒤쪽 윗부분까지 연결되어 있다. 허벅지 부분도 비슷하게 이루어졌는데, 골반부터 무릎뼈 아랫부분까지 연결되어 있다.

위아래 근육이 무릎에 접합점을 가지면서 우리의 두 다리는 직립자세를 유지하고, 걸을 때는 체중을 지탱해준다. 만약 이 근육들이 무릎에서 서로 겹쳐지지 않는다면 중력 때문에 다리 전체가 무너져 버릴 것이다.

곡선이 서로 번갈아 가며 나타나는 개념도 움직임에서 매우 중요한데, 항중력근이 이렇게 이루어지지 않는다면 걷는 행위도 불가능하기 때문이다.

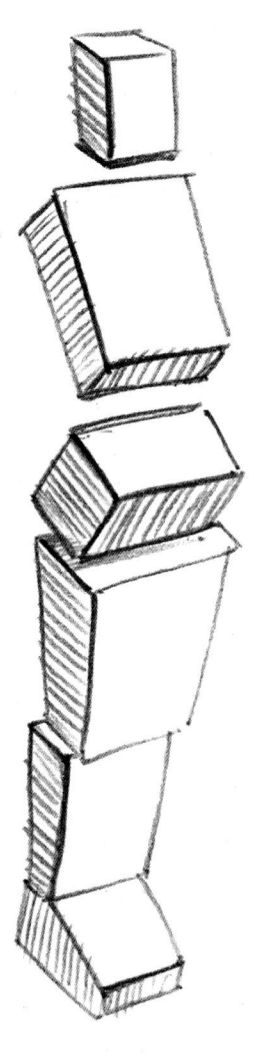

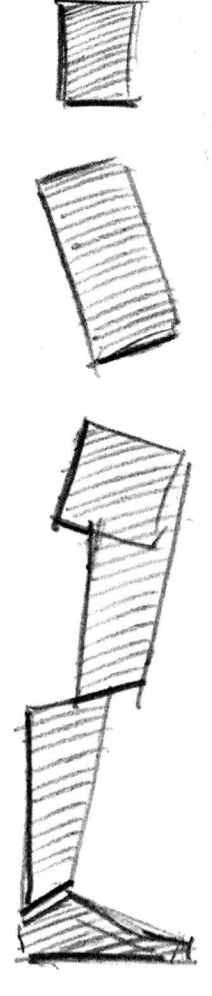

다리를 표현할 때 큰 덩어리와 무게가 다리를 통해 발까지 이동된다는 것을 기억하자. 인체에서 가장 크고 무거운 덩어리는 바로 흉곽이다. 몸의 앞쪽으로 흉곽이 치우치게 되면 균형을 잃어 체중이 발가락으로 실리게 되고 몸 전체가 앞쪽으로 넘어질 듯이 보인다. 다행스럽게도 항중력근 덕분에 이러한 상황을 피할 수 있다. 걸을 때 다리의 항중력근은 중력과 더불어 이렇게 앞으로 넘어질 듯한 몸의 불균형을 이용하게 되고 한발씩 내디딜 수 있게 한다.

몸의 균형을 유지하려면 흉곽의 형태가 뒤쪽으로 기울게 하자. 반면 골반은 상호 균형을 이루도록 앞쪽으로 기울여야 한다.

인간이 앞으로 걸어오는 모습을 관찰하면 흐름에 따라 번갈아 가며 생기는 곡선과 몸의 불균형을 확인할 수 있다. 한 걸음씩 걸을 때마다 체중이 어느 다리에 실리는지에 따라 골반이 기울어진다. 체중을 지탱하는 다리는 '스탠스 레그(Stance Leg)'라고 하며 앞쪽으로 내딛는 다리는 '스윙 레그(Swing Leg)'라고 한다. 그림에서 강조된 것처럼 한 다리에서 사용하는 근육과 다른 다리에서 사용하는 근육은 서로 반대 방향으로 보인다.

어깨는 골반의 움직임에 따라 동시에 반대방향으로 기울여서 인체가 한쪽으로 무너지지 않도록 유지한다. 거장들은 이러한 구도를 '콘트라포스토(Contrapposto)'라고 불렀다. 몸의 한쪽 부분은 올라가게 되고 한쪽 부분은 내려가게 되는데, 내려가는 부분에 무게중심이 실리게 된다. 이때 내딛는 발이 바깥쪽으로 너무 많이 향하지 않도록 근육은 긴장하게 된다.

『팀 포트리스 2』: 헤비

인체 드로잉을 할 때 수직으로 곧게 그리는 실수를 하는 경우가 많다. 하지만, 인체는 머리부터 발끝까지 고유의 리듬에 맞춰 번갈아 가며 곡선을 띤다. 이렇게 곡선을 통해 힘에 의한 에너지와 무게의 작용을 표현할 수 있으며 더 강한 굴곡으로 그러한 힘을 나타낼 수 있다.

헤비가 든 무거운 물체로 말미암아 중력의 방향과 불균형적인 모습이 나타나면서 곡선이 좀 더 강조되어 보인다.

또한, 직선을 사용하여 시각적인 대비 효과를 줄 수 있을 뿐 아니라 견고함과 지탱하는 힘을 강조할 수 있다. 예를 들어 헤비의 곧게 뻗은 왼쪽 팔에 주목하자. 무기의 무게를 지탱하는 힘을 느낄 수 있다.

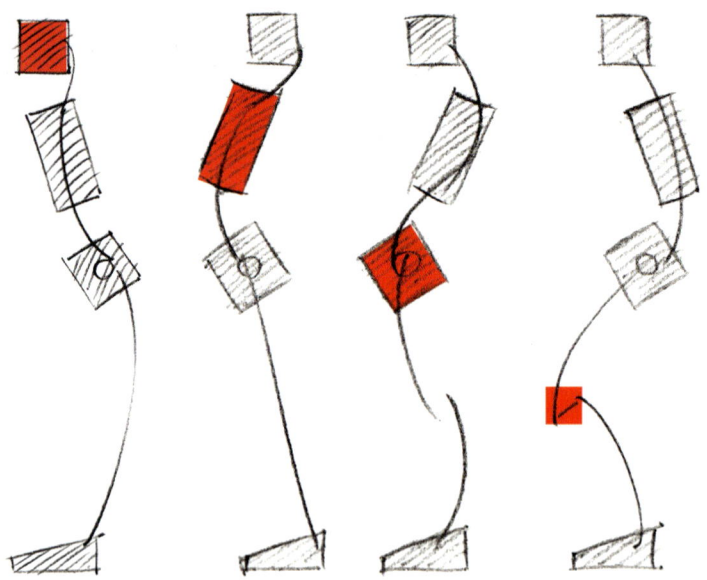

몸에 분포되는 힘은 개인에 따라 다르다. 유명한 콘셉트 아티스트인 이언 맥케이그(lain McCaig)는 무언극의 캐릭터를 참고하여 다양한 캐릭터를 분류하였는데, 신체의 어느 부분에 힘이 집중되는지를 기준으로 하였다. (왼쪽부터) 지략이 뛰어난 캐릭터는 머리, 영웅 캐릭터는 가슴, 게으른 캐릭터는 골반, 겁이 많은 캐릭터는 무릎에 각각 힘이 집중되었다.

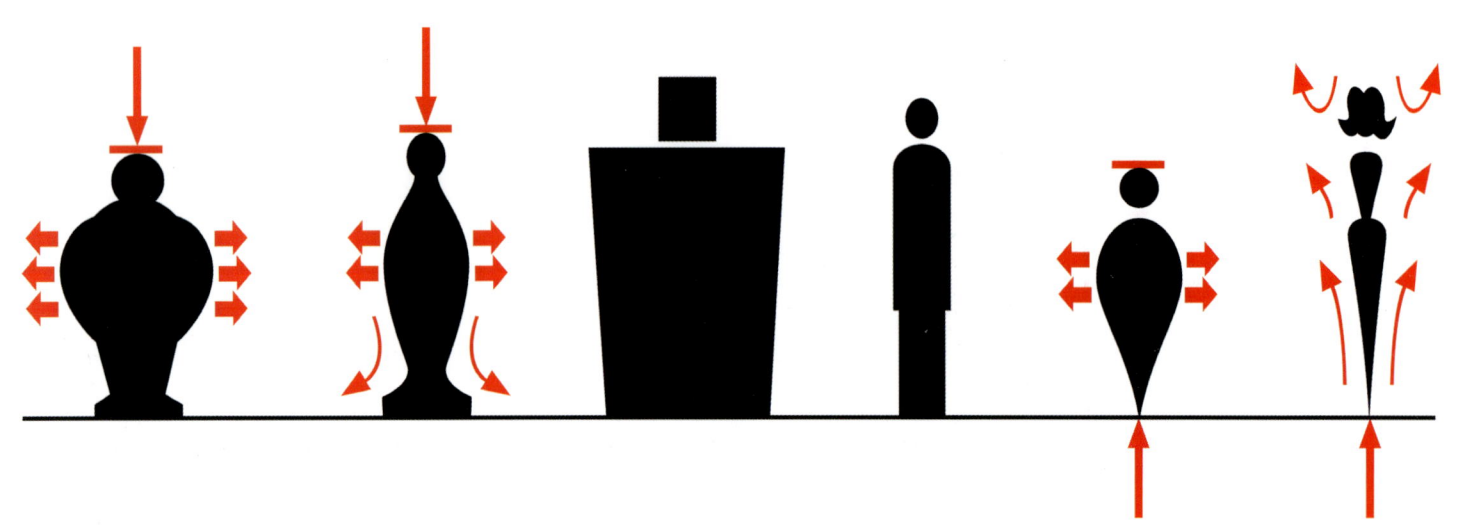

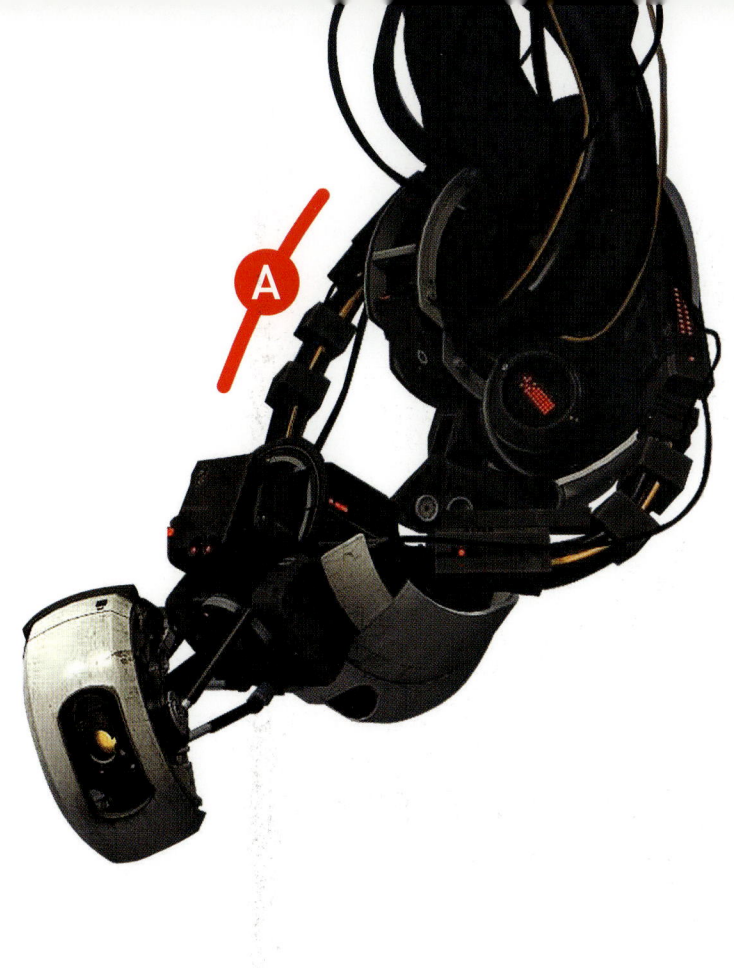

위 『포탈 2』: 글라도스(왼쪽)와 휘틀리(오른쪽)

『포탈 2』의 글라도스와 휘틀리 디자인에서 선을 이용해 에너지를 표현하는 효과를 흥미로운 방식으로 적용하였다.

글라도스의 머리와 몸통의 지나치게 확장된 자세는 번갈아 생기는 곡선 효과의 정점을 보여준다. 케이블 선(A)으로 시작되는 흐름은 이 각도에서는 직선처럼 보이며, 지탱하는 힘과 에너지가 확실하게 나타난다. 이로 말미암아 긴장감이 고조되며, 휘틀리와 비교했을 때 글라도스가 좀 더 강력하고 위협적으로 보이게 된다. 반면 휘틀리는 이러한 케이블 선의 흐름이 없어서 곧바로 긴장감이 사라지게 되며 상대적으로 더 가볍고 덜 위협적인 형태로 보인다.

앞장 캐릭터를 디자인할 때 에너지를 선으로 표현해야 한다는 점을 항상 기억하자. 도리아 양식 기둥(209쪽 참조)처럼, 선의 곡률을 조정하고 캐릭터와 지면의 접합 면을 넓혀서 더 무거워 보이는 캐릭터를 만들 수 있다. 또는 직선을 통해 에너지와 힘이 적게 표현할 수 있다.

비율과 무게에 대해 좀 더 다른 효과를 줄 수도 있다. 예를 들어, 해당 캐릭터가 둥근 실루엣을 가졌다고 해도 캐릭터와 지면의 접합 면이 작다면 더 가볍게 보이게 된다.

둥근 실루엣을 직선으로 바꾸면 무게감이 사라져 여성미를 표현할 수 있다. 아티스트 앨버트 로자노는 픽사 애니메이션 『UP』에서 캐릭터 앨리의 젊은 시절에 이러한 개념을 적용하였는데, 외형을 '느낌표와 비슷하게, 발이 가벼워서 위로 둥둥 떠오를 것'처럼 표현하였다.

디지털 공간에는 무게가 존재하지 않는다. 따라서 무게감이 있는 듯한 착시 효과를 주려면 일련의 시각적 장치를 이용해야 한다.

앞장 (왼쪽부터) 픽시(『인슬레이브드: 오디세이 투 더 웨스트』),
스티브(『마인크래프트』)

위 (왼쪽부터) 릴리(『철권』), 라라펠, 에레젠, 루가딘(『파이널 판
타지 14』)

위에 있는 캐릭터들을 검은 실루엣으로 처리하여 그려보자.
서로 다른 외형과 각 캐릭터와 지면의 접합점 크기에 따라
무게감이 다르게 느껴지는 점에 주목하자.

앞장의 『마인크래프트』 캐릭터는 외형을 직선으로 처리하여
무게감이 느껴지지 않는다. 이러한 디자인은 이 게임의 개
성 있는 스타일에는 적합하지만, 캐릭터에 생동감과 움직임
을 부여하고 싶다면 외형에 곡선을 추가하는 것이 중요하다.

비율

비율에 대한 연구는 측정 방법을 인체에 적용하기 위한 필수 과정이다. 인체구조는 복잡하기 때문에 역사를 통틀어 수많은 아티스트들이 관찰과 개인적인 기호에 따라 자신만의 측정 방법을 발전시켰다.

인체 측정을 위한 기본적인 단위는 머리부터 턱까지의 길이(등신법)이다. 평균적으로 성인은 7.5등신이지만 일부 아티스트들은 8등신을 기준으로 한다. 어떠한 단위를 사용하든 그 단위는 인체의 비율을 그릴 때 동일하게 적용되어야 한다. 실물이든 상상 속의 인물이든 마찬가지이다.

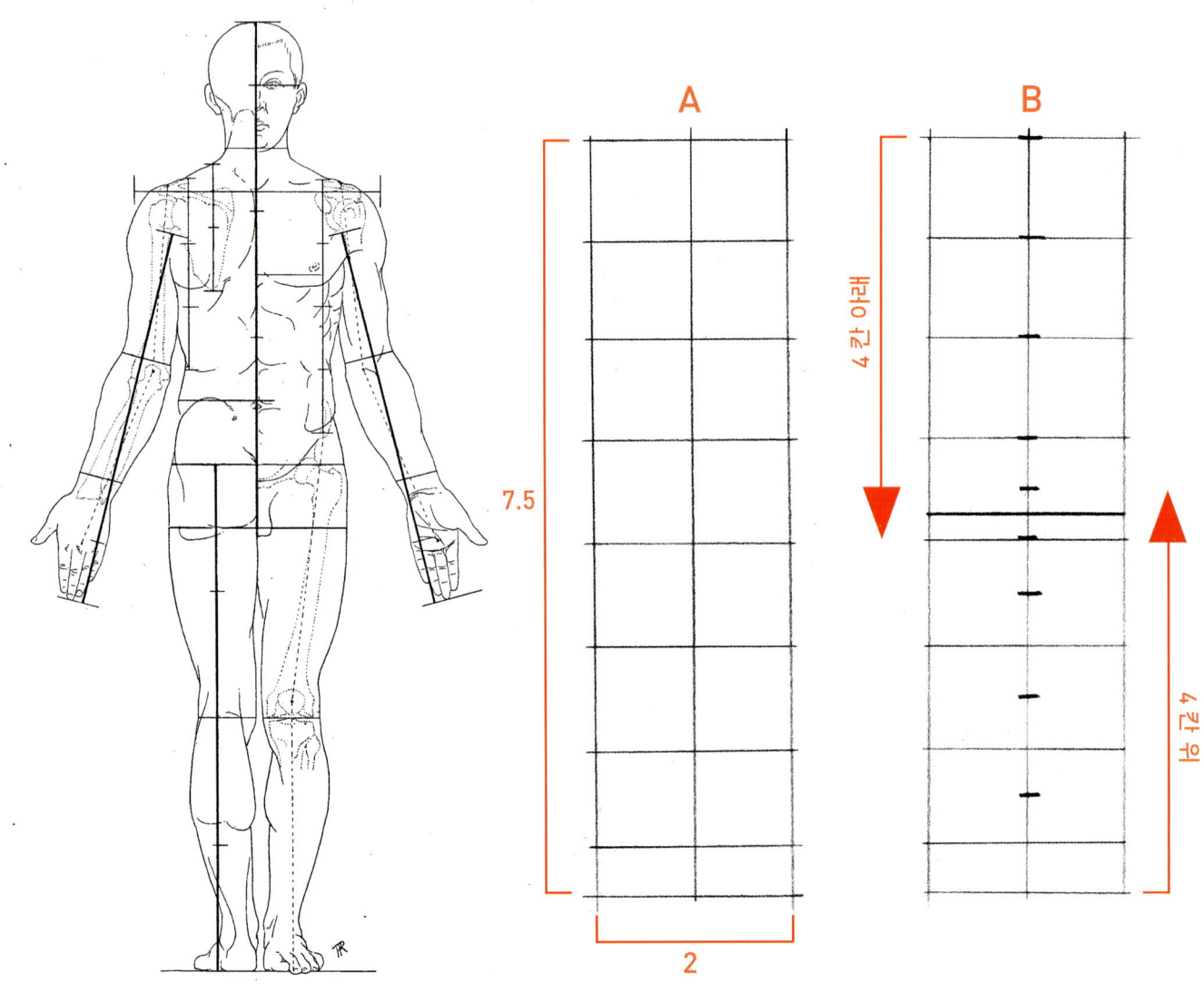

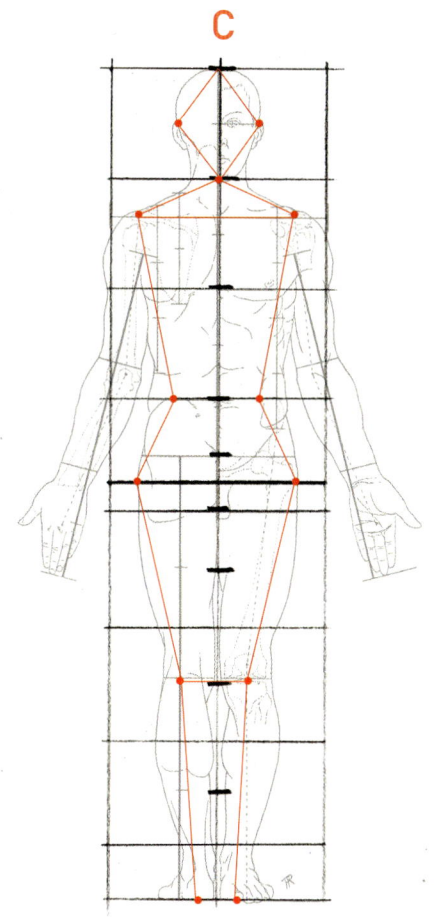

C

앞장 인체의 비율: 『미술해부학』에서 발췌 – 폴 리쉐

프랑스 미술학교 폴 리쉐 교수의 저서 『미술해부학(왓슨 굽틸 출판사)』에 실린 삽화는 미술해부학을 가장 정확하고 분명하게 보여주는 그림이다. 그가 고안한 비율 표현을 모사해보는 것은 아주 좋은 연습이 될 것이다. 먼저 7.5등신의 높이와 2등신의 넓이로 그리드를 옅게 그리자(A). 리쉐는 비율의 중앙을 정하고자 수직선 위에서 아래로 4칸, 아래에서 위로 4칸 이동하였다(B).

그리드를 완성하였으면 어깨, 무릎 등 다양한 해부학적 특징을 간단한 선과 점으로 표시하여, 상대적인 위치를 기억하기 쉽도록 하자. 단위의 각 칸 사이에 있는 특징을 표시하려면 칸을 이등분이나 삼등분(그림 참조)하자. 더 잘게 나누면 위치를 기억하기 어렵다. 그다음 인체의 형태에 따라 좀 더 세부적인 정보를 더해나가자. 리쉐의 인체비율은 몸의 곡선이 아닌 골격 그 자체를 중심으로 한다. 뼈대는 견고하고 상대적으로 기준이 되는 형태이기 때문에 좀 더 정확한 측정수단이라는 것이 그 이유이다. 피부(살)는 자세에 따라, 또한 개인에 따라 기준점이 달라지기 때문에 부정확한 수단이다.

머리부터 아래로 살펴보면서 인체의 중앙이 대퇴골(넓적다리뼈)의 가장 윗부분, 즉 다리와 골반이 만나는 지점에 위치하도록 하자. 손은 생각보다 크다는 점을 기억하자. 손가락을 전부 핀 손은 얼굴을 가릴 수 있는 크기이다. 양팔을 내리면 손가락 끝이 허벅지의 중간지점에 온다. 그 밖의 특징을 간단한 선과 점, 메모 등으로 기록해주자(C).

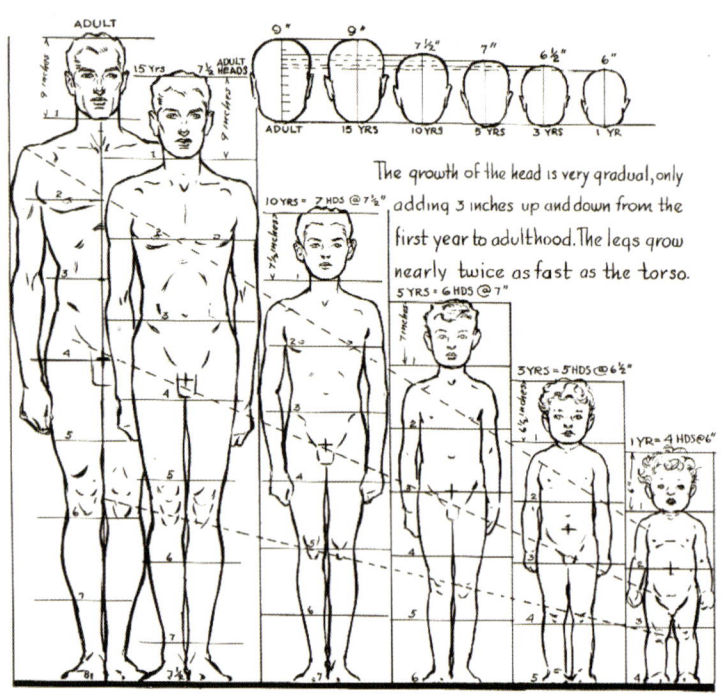

ADULT

The growth of the head is very gradual, only adding 3 inches up and down from the first year to adulthood. The legs grow nearly twice as fast as the torso.

『이상적인 인체 비율』, 앤드루 루미스

68~69쪽의 비율 측정 방법을 다른 아티스트들이 사용한 방법과 더불어 연습해보도록 하자. 일러스트레이터 앤드루 루미스는 머리부터 턱까지의 길이를 인간의 성장에 따른 비율 측정 단위로 사용하였다. 유아는 4등신. 성인은 리쉐의 7.5등신과는 달리 8등신으로 표현하였다.

비디오 게임 캐릭터 다섯 개의 키를 머리를 기준으로 측정
하였다. 왼쪽부터 커비(1등신), 마리오(3등신), 링크(5.5등신),
레베카 챔버스(7.5등신), 마커스 페닉스(9등신)

캐릭터의 비율은 과장해서 표현할 수 있다. 캐릭터의 나이에
상관없이 어린아이 같은 비율(1등신~7등신)로 디자인하여
순수한 느낌을 주거나 성인 비율(7.5등신~8등신)로 디자인
하여 성숙한 느낌을 줄 수도 있다. 또는 『기어 오브 워』의 마
커스 페닉스처럼 9등신으로 비율을 정하여 용맹하게 표현하
기도 한다. 이는 고대 그리스인들이 신을 표현하기 위해 사
용하던 비율이다. 마리오의 얼굴 묘사를 보면 링크보다 나이
가 더 많은 것을 알 수 있지만, 비율 때문에 신체적으로는 더
어려보이는 점에 주목하자.

골격의 준거점

인간의 골격에 대한 연구는 인체 드로잉에서 아주 중요한 부분이다. 골격의 입체감과 형태가 신체의 외형에 큰 영향을 미치기 때문이다.

골격의 준거점(Skeletal Landmarks)이란 주요 뼈와 가장 가까운 살의 표면, 즉 뼈가 외적으로 가장 두드러져 보이는 부분을 표시한 것이다. 이러한 표시는 모든 체형에 적용할 수 있으므로 뼈의 정확한 위치를 파악하는 중요한 기준이 된다. 인체를 그리기 시작할 때 뼈대 위 살의 형태를 바로 그리는 것은 권하지 않는다. 부드러운 질감 때문에 정확한 형태를 그리거나 수정하기 어렵기 때문이다.

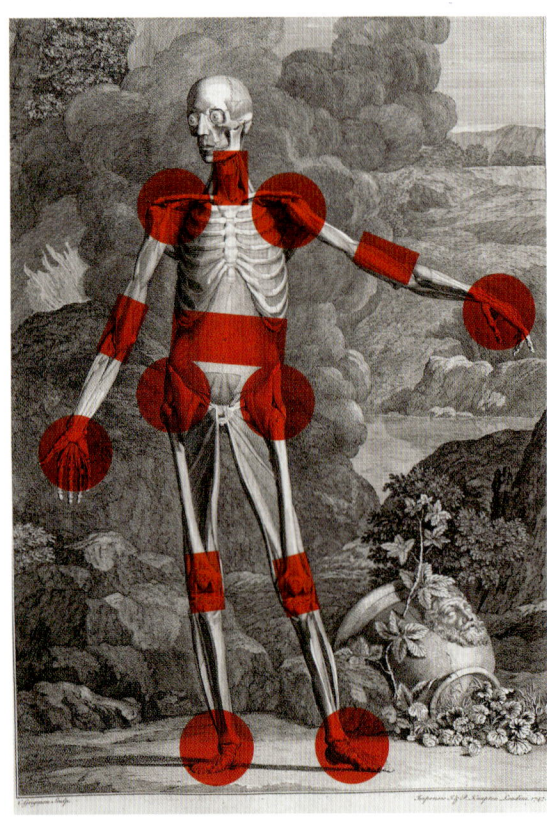

『인간 신체의 골격과 근육에 대한 목록』(1749) – 베르나르드 지크프리트 알비누스(1697-1770)

골격은 변형할 수 없는 단단하고 견고한 구조를 갖는다. 하지만, 뼈대와 뼈대 사이의 부드러운 형태 덕분에 움직임이 가능해진다. 이러한 부드러운 형태를 붉은색으로 강조하였으며, 관절과 목, 복부에 위치하고 있다.

『아래를 내려다보는 사도의 머리』(1508) – 알브레히트 뒤러

단단한 뼈와 부드러운 피부의 대비를 강조하는 것은 매우 중요하다. 이로 말미암아 캐릭터의 골격 구조를 더욱 실감 나게 표현할 수 있다. 뼈대가 제대로 표현되지 않는다면 형태는 너무 부드럽고 물렁물렁하게 보이게 된다.

알브레히트 뒤러는 인체에 대한 뛰어난 지식을 가진 화가 중 한 명이었다. 인체를 연구하기 위한 그의 헌신적인 노력 덕분이었는데, 드로잉에서도 이러한 점이 잘 드러나 있다. 뒤러는 얼굴의 피부가 두개골의 단단한 형태를 팽팽하게 둘러싼 모습을 표현하였다.

『*아테네 학당의 디오게네스 습작*』(1510) – *라파엘로*(1483–1520)

한쪽 팔에 무게를 실어 비스듬히 누워있는 이 인물의 모습은
각각 부드럽고 단단한 덩어리의 대비를 보여준다. 몸통은 어
깨에 매달린 듯한 모습이고 골반은 다리 위에 걸친 직물과 비
슷하게 표현되었다. 단단한 골격과 몸의 유연한 부분이 함께
작용하기 때문에 이러한 자세가 가능한 것이다.

LEVEL UP!

이번 장에서는 곡선의 형태를 이용해 캐릭터의 움직임과 무게감을 표현하는
법에 대해 알아보았다. 또한, 인체 비율과 더불어 다음에 배울 미술해부학에
대해서도 미리 살펴보았다. 인체를 부드러운 형태와 단단한 형태로 구성하
여 움직임을 표현할 수 있다는 점도 알 수 있었다. 이후에는 1~3장에서 배
운 간단한 개념들을 거장의 드로잉에 적용하는 법을 다룰 것이다.

LEVEL 04 [해부학

이번 해부학 장에서는 골격의 준거점에 대해 좀 더 자세히 알아보겠다. 지금까지 공부한 요소를 망라하고 있기 때문에 이 책에서 가장 복잡한 부분이기도 하다. 어려운 과정처럼 들릴 수도 있지만, 곧 거장들이 복잡한 인체를 드로잉할 때 활용했던 간단한 해결책에 대해 확인할 수 있을 것이다.

의학에서 해부학이란 인체에 대해 전문적이고 상세하게 다루는 학문이다. 하지만, 아티스트들은 몸의 입체감과 기능이라는 더 넓은 개념으로 접근한다. 기본적인 입체감 측면에서 인체를 다루게 된다면 어느 각도에서든 쉽게 그릴 수 있고 견고함과 무게감을 자유롭게 표현할 수 있을 것이다.

모든 아티스트는 관찰, 연구, 개인적인 선호도에 기반을 두어 자신만의 해부학적 형태 개념을 확립시킨다. 거장들은 인체를 유연성과 가소성이 좋은 존재로 간주하고 자신의 취향이나 예술적 필요에 따라 형태를 표현하였다.

이번 장은 거장들이 견고함과 움직임을 강조하기 위해 이용한 입체감과 율동 개념에 중점을 두고 있다.

해부학적 표현을 위한 6단계

인체를 다음 아홉 부분으로 나누어 보자. 즉, 발, 다리, 골반, 척추와 흉곽, 팔이음뼈, 팔, 손, 머리와 목, 얼굴 표현과 감정이다. 또한, 각 부분은 다음과 같은 6단계를 통해 배울 수 있는데, 덩어리화, 뼈, 골격의 준거점, 곡선, 거장의 습작 모사하기, 게임 속에서의 몸의 구조가 그것이다.

01 덩어리화(MASSING)란 전체적으로 일관된 형태를 표현하기 위해 간단히 입체감을 부여하여 몸의 구조를 개념화하는 과정이다. 덩어리화는 언제나 같은 순서로 이루어져야 한다. 즉, 디테일을 더하기 전 먼저 가장 큰 덩어리로 표현해야 한다. 여기에 소개한 덩어리화 과정은 하나의 예시일 뿐이다. 계속 드로잉을 해보면서 통찰력을 넓혀가면 자신만의 방법을 발전시킬 수 있을 것이다.

02 뼈는 인체의 기본구조를 구성함과 동시에 외형을 결정하는 요소이다. 몸의 형태에 대해 전체적으로 이해하는 것이 200개가 넘는 몸의 뼈를 기억하려고 시도하는 것보다 훨씬 중요하다. 예를 들어 가슴을 둥그런 입체로 이해하는 것이 가슴뼈가 몇 개인지 아는 것보다 더욱 중요하다는 의미이다.

03 골격의 준거점은 인체의 구조를 공간적으로 파악하는 기준이 된다. 주요 뼈들의 위치와 방향을 나타내기 때문이다. 골격의 위치 기준이 되는 이 뼈들 덕분에 인체 내부가 큰 뼈대로 구성되었다는 점을 알 수 있기 때문에 강조하여 표현해주는 것이 좋다.

04 곡선을 사용하여 몸의 형태를 표현하면 보는 이에게 시각적 경로를 제공하여 마치 화면 속 인물이 실제로 움직이는 듯한 효과를 준다. 인체에서 볼 수 있는 실제 곡선을 더욱 강조해서 활용할 수 있으므로 먼저 각 부분에 대한 정확한 이해가 필요하다. 어느 부분의 곡선을 강조할 것인지는 아티스트가 선택할 몫이다. 즉, 근육의 윤곽, 음영의 경계, 또는 몸의 일반적인 곡선을 반영한 상상 속의 선을 나타낼 수도 있다. 발과 손에서 보이는 곡선의 개념은 다리와 팔의 더 큰 형태와 결합된다. 이 책에서는 골반과 팔이음뼈에 대한 곡선은 다루지 않을 것이다. 조밀한 형태로 말미암아 더 넓은 개념의 곡선의 흐름보다는 이에 대한 전환점을 확인하기 쉬운 부위이기 때문이다. 다리에서 번갈아 보이는 곡선은 발에서도 이어지고 손에서 보이는 곡선은 팔을 따라 이어진다.

05 거장의 습작 모사하기 단계에서는 1, 2, 3장에서 배운 모사에 대한 모든 지식을 활용할 수 있다. 이러한 연습을 통해 각기 다른 화가들의 습작 과정을 배울 수 있고 그들이 인체를 어떻게 단순화하는지 확인하며 그에 대한 통찰력을 키울 수 있다.

06 게임 속에서의 몸의 구조에서는 고전적인 인체 드로잉 콘셉트가 비디오 게임에 어떤 방식으로 적용되는지 확인할 수 있다. 이러한 과정을 통해 고전 미술과 비디오 게임에 대한 지식을 결합하여 실감 나는 캐릭터를 디자인할 수 있을 것이다. 캐릭터의 바탕이 되는 것이 실제 인체이든 동물 혹은 상상 속의 생물이든 상관없이 말이다.

필자는 너무 많은 기법을 사용하지 않도록 주의했다. 혼동을 줄 뿐 아니라 쉽게 잊어버리기 때문이다. 비디오 게임에서 액션은 매우 빠르게 지나가고 캐릭터들은 대부분은 의복을 입은 상태이다. 게임을 위해서는 각 근육의 형태를 세부적으로 묘사할 필요가 없으므로 더 큰 개념으로 단순화하였다. 해부학에 대해 좀 더 자세한 정보를 얻고자 한다면 폴 리쉐의 『미술해부학(Artistic Anatomy)』을 참고하자.

발

이제 먼저 발을 통해 인체의 세부적인 분석을 시작해보자. 발은 인체의 모든 압력과 체중이 실리는 부위이다. 발의 탄력적인 특성과 해부학적 특징을 이해하면 무게를 지탱하는 에너지를 좀 더 효과적으로 표현할 수 있을 것이다.

발의 입체화

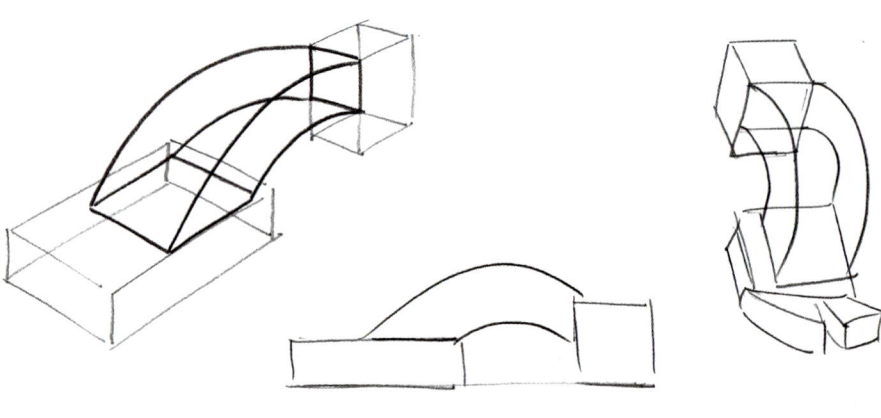

여기 나온 덩어리화 개념은 단지 예시일 뿐이다. 물론 머리를 구 형태로, 가슴은 상자나 원통 형태로 각각 나타낼 수 있다. 어떤 형태로 입체화할 것인지는 디자인을 통해 전달하고 싶은 느낌에 따라 캐릭터별로 달라진다.

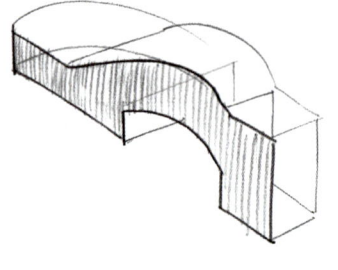

드로잉을 할 때에는 항상 큰 형태를 먼저 생각하자. 디테일을 먼저 보면 구조가 너무 복잡하게 느껴진다. 발을 그릴 때 첫 번째로 신경 써야 할 점은 발의 아치 형태인데, 특히 정면과 측면에서 더욱 분명하게 보인다. 두 발이 모이는 안쪽 면은 상대적으로 평평하다. 아치 형태는 발의 앞부분과 뒷부분 두 개의 상자 형태를 연결한다. 이 상자 형태의 바닥부분은 발바닥과 연관된다. 이 중 앞쪽 발바닥 형태는 쉽게 변할 수 있는데, 피부 안쪽 뼈의 구조가 유연한 부분이기 때문이다.

각 발가락을 개별적으로 그리는 대신 발의 큰 덩어리와 연결된 굴곡진 덩어리로 단순하게 나타내자. 단, 발가락 중에서 가장 움직이기 쉬운 엄지발가락은 따로 떼어 표현하자.

발의 뼈

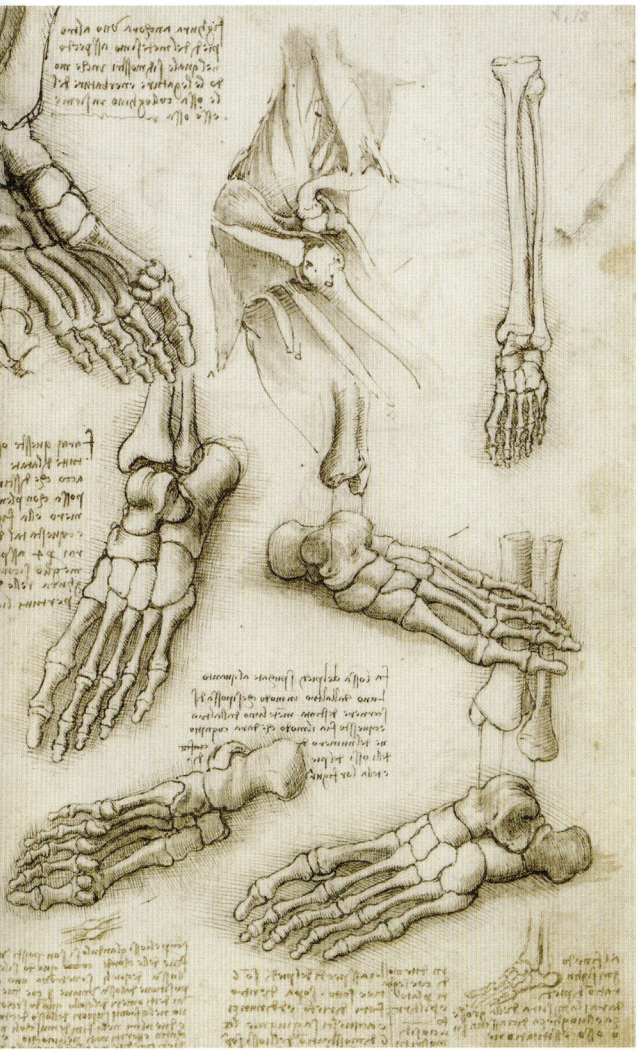

『왼쪽 발과 한쪽 어깨에 대한 여섯 개의 습작』 - 레오나르도 다 빈치(1452-1519)

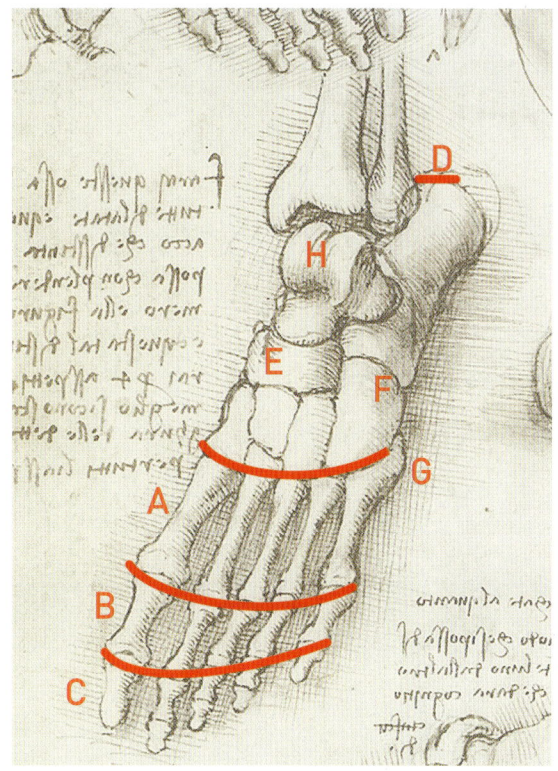

실제 보이는 발가락의 길이는 발가락이 연결된 전체 뼈 길이의 오직 1/3 정도이다. 발가락뼈는 발의 중간 부분부터 시작되는 중족골(발허리뼈 A)과 연결되어 있다. 그 아래는 두 부분(B와 C)으로 나눌 수 있는데, 역시 두꺼운 관절로 서로 연결되어 있다.

발에는 두드러져 보이는 부분이 많아 위치 구분을 쉽게 할 수 있다. 발꿈치(D)와 주상골(E), 입방골(F), 다섯 번째 중족골의 튀어나온 부분(G) 등이 있다.

중족골(A) 사이에는 인대가 있어 발에 무게가 실릴 경우 그 무게를 지탱하게 돕는 중요한 역할을 한다.

다리와 발이 연결된 지점(H)이 발꿈치(D)보다 더 높이 위치한다는 점을 기억하자. 이 덕분에 발의 움직임을 제어하는 근육과 힘줄이 지렛대의 힘을 받을 수 있다. 즉, (H)는 중심축 역할을 하고 양옆에 있는 힘줄이 누르는 역할을 하는 것이다.

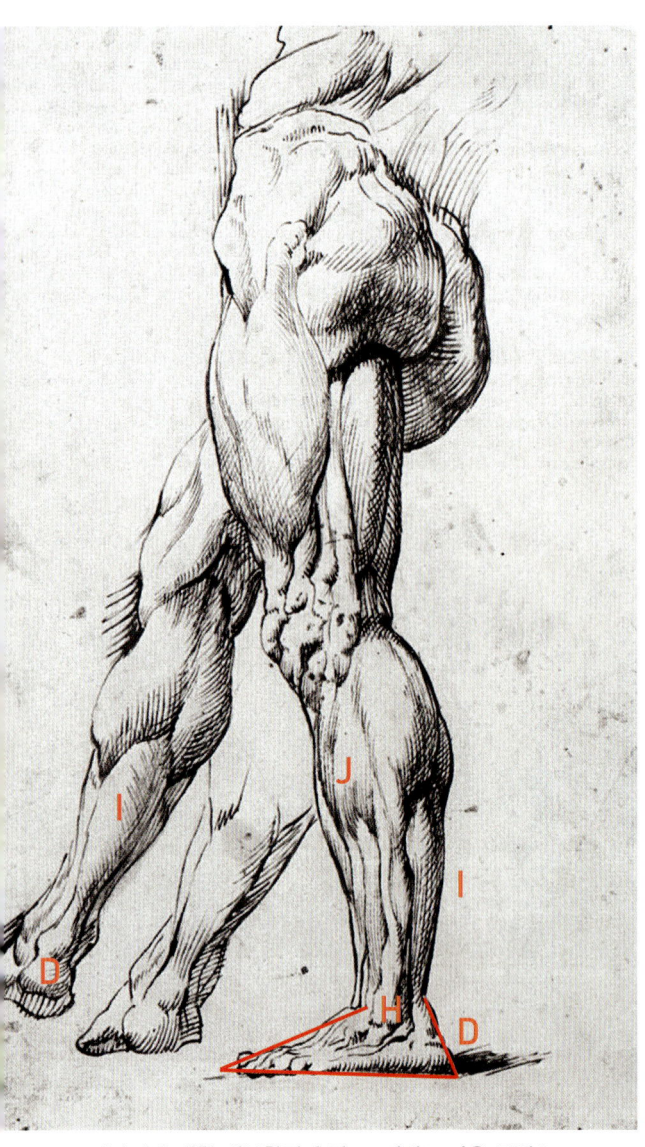

『다리에 대한 해부학적 습작』 – 페테르 파울 루벤스

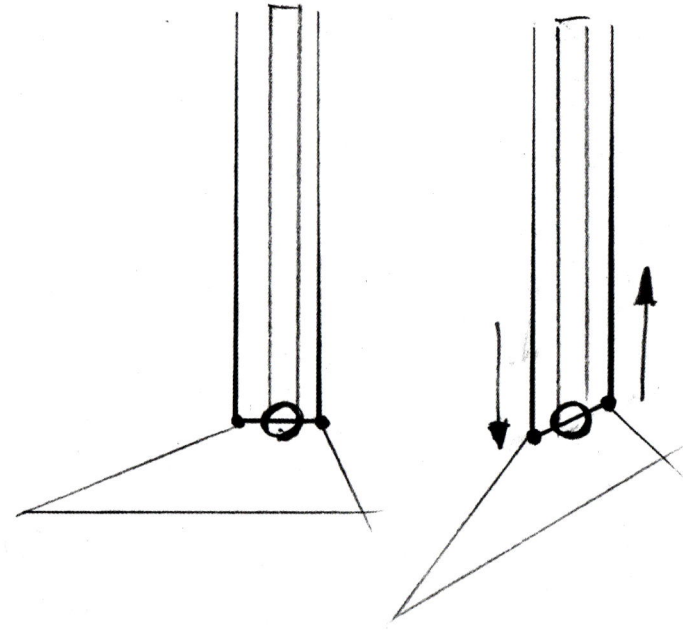

인체, 특히 어떠한 자세를 취하거나 움직이는 인체 윤곽을 빠르게 그리고자 아티스트는 발의 모양을 삼각 형태로 표현하는 경우가 많다. 측면에서 볼 때의 발의 일반적인 형태와 들어맞기 때문이다. 루벤스의 측면 드로잉 역시 발목 관절의 지렛대 역학을 표현하고 있다. 종아리 뒤쪽 근육의 아킬레스 힘줄(I)은 다리 뒤편에서 뒤꿈치(D)를 감싸고 있다. 옆에 있는 스케치는 움직임의 역학을 묘사한 것이다. 뒤꿈치를 들 때에는 다리 뒤쪽 근육(I)이 중심축(H)에 맞서 끌어올리는 힘을 갖고, 발가락을 들 때에는 다리 앞쪽 근육(J)이 중심축(H)에 맞서 끌어올리는 힘을 갖는다.

발 골격의 준거점

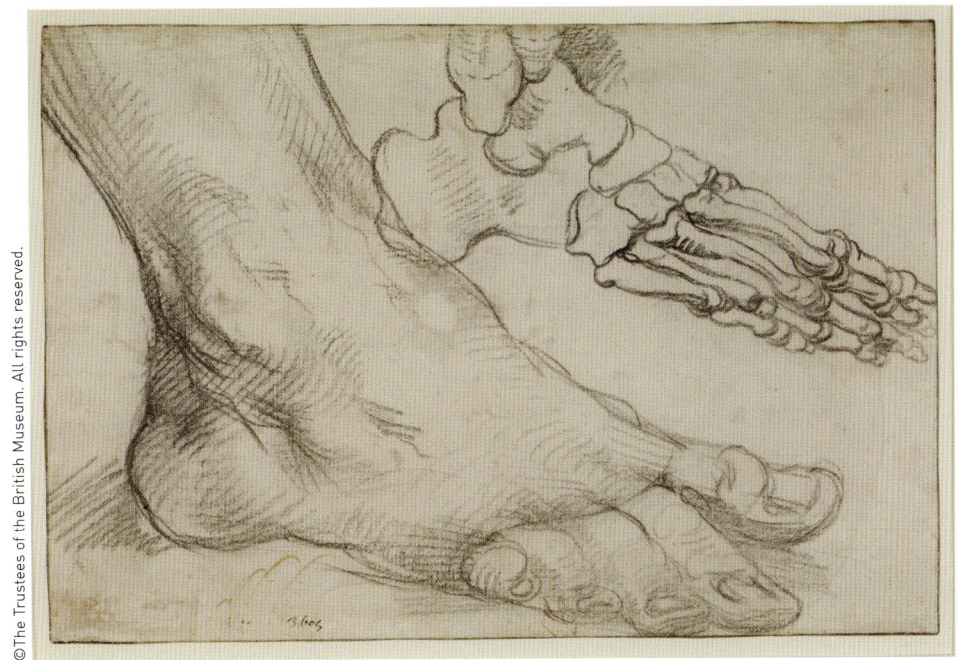

『남자의 오른쪽 발과 뼈에 대한 습작』 – 알브레히트 뒤러, 브리티시 미술관

내부의 뼈가 발의 외형을 결정하는 점에 주목하자. 발(또는 다른 부분을)을 사실적으로 그리고 싶다면 시간을 들여 뼈에 대해 연구해야 한다.

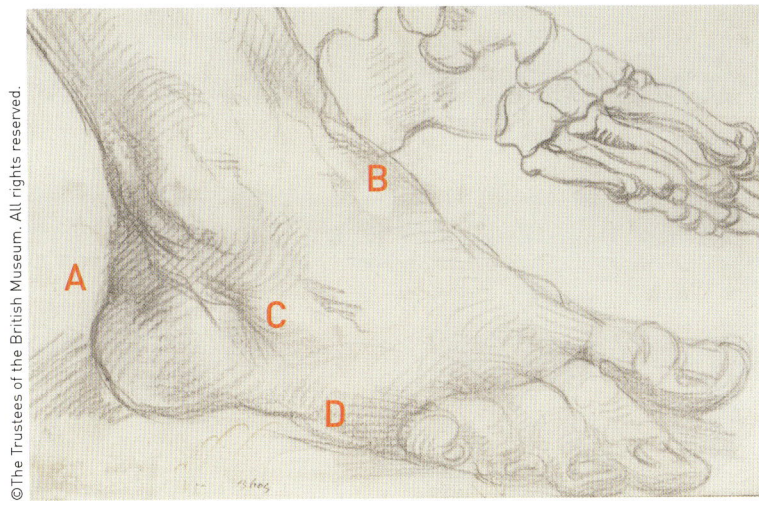

확대한 『남자의 오른쪽 발과 뼈에 대한 습작』 – 알브레히트 뒤러, 브리티시 미술관

뒤러는 수많은 시간 동안 해부학을 연구하였다. 그로 말미암아 발을 그릴 때 기본 형태를 이해하고 골격의 중요한 준거점을 자신 있게 표현할 수 있었다. 이 그림에서 역시 발꿈치(A), 주상골(B), 입방골(C), 다섯 번째 중족골의 튀어나온 부분(D)을 확인할 수 있다. 골격의 준거점은 몸을 지탱하는 단단한 내부 구조를 파악하기 쉽게 하기 때문에 인체 드로잉에서 매우 중요한 부분이다.

뒤러는 발가락을 정확하게 배열하기 위해 중족골과 발가락 뼈 사이의 관절을 곡선으로 그렸다. 또한, 엄지발가락의 기동성을 강조하기 위해 나머지 발가락들과 다른 각도로 그렸다.

발의 측면에 보이는 두툼한 부분(D)은 무게가 실릴 경우 아래로 눌리게 되며, 그 덕분에 종종 더욱 두툼하게 보이기도 한다.

발과 다리의 곡선

『조각상 습작』 – 틴토레토(1518–1594)

틴토레토처럼 해부학에 대한 전문적인 지식을 가진 아티스트들은 움직일 때 몸의 윤곽에 번갈아 생기는 곡선을 활용하여 실감 나는 움직임을 표현하였다.

틴토레토의 이 스케치에서는 윤곽선, 음영을 준 경계선, 내부 형태(골격과 근육 등)에 따라 곡선이 서로 다르게 묘사되었다. 틴토레토가 드로잉을 하는 순간 자신이 인식한 힘과 움직임에 따라 선을 결정했던 것이다.

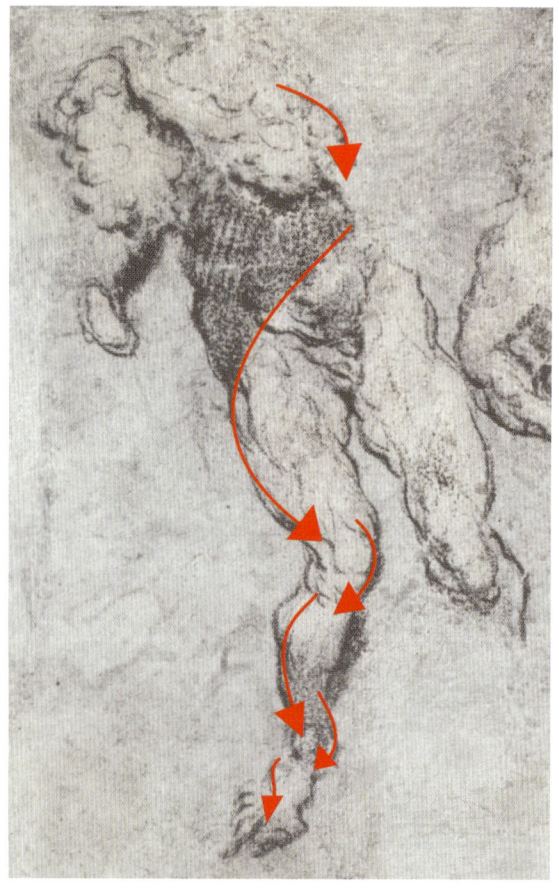

틴토레토는 강한 리듬감과 움직임을 부여하기 위해 특정한 선들을 강조하였는데, 이를 통해 곡선에 대한 그의 개념을 확인할 수 있다. 빨간 화살표는 복부의 휘어진 그림자와 다리, 그리고 체중이 실리는 발까지 서로 번갈아 가며 보이는 곡선을 표시한 것이다. 이 곡선들이 화면을 따라 시선을 움직이는 경로 역할을 함에 따라 보는 이에게 움직임에 대한 착시 효과를 부여하게 된다.

게임 속에서의 발

『잭 앤드 댁스터』: 잭

초기 디자인에서 잭의 발은 그레코로마식 샌들(엄지발가락과 다른 발가락들 사이를 천으로 나눈 모습)의 영향을 받았다. 디지털 공간에는 중력과 무게가 존재하지 않는다. 따라서 이러한 디테일을 통해 아래로 전해지는 잭의 가상 체중을 발과 발가락이 지탱하는 듯한 현실적인 느낌을 받게 된다. 마치 빳빳한 페인트 브러시를 캔버스에 대고 눌렀을 때 브러시 털들이 바깥쪽으로 뻗치는 것과 같은 원리이다.

『인슬레이브드: 오디세이 투 더 웨스트』: 멍키

『인슬레이브드: 오디세이 투 더 웨스트』에서 멍키의 엄지발가락 관절을 통해 발의 가소성과 생명감이 부여된다. 이 관절이 없다면 발은 그저 사각형 덩어리로 보일 것이다.

거장의 습작 모사하기

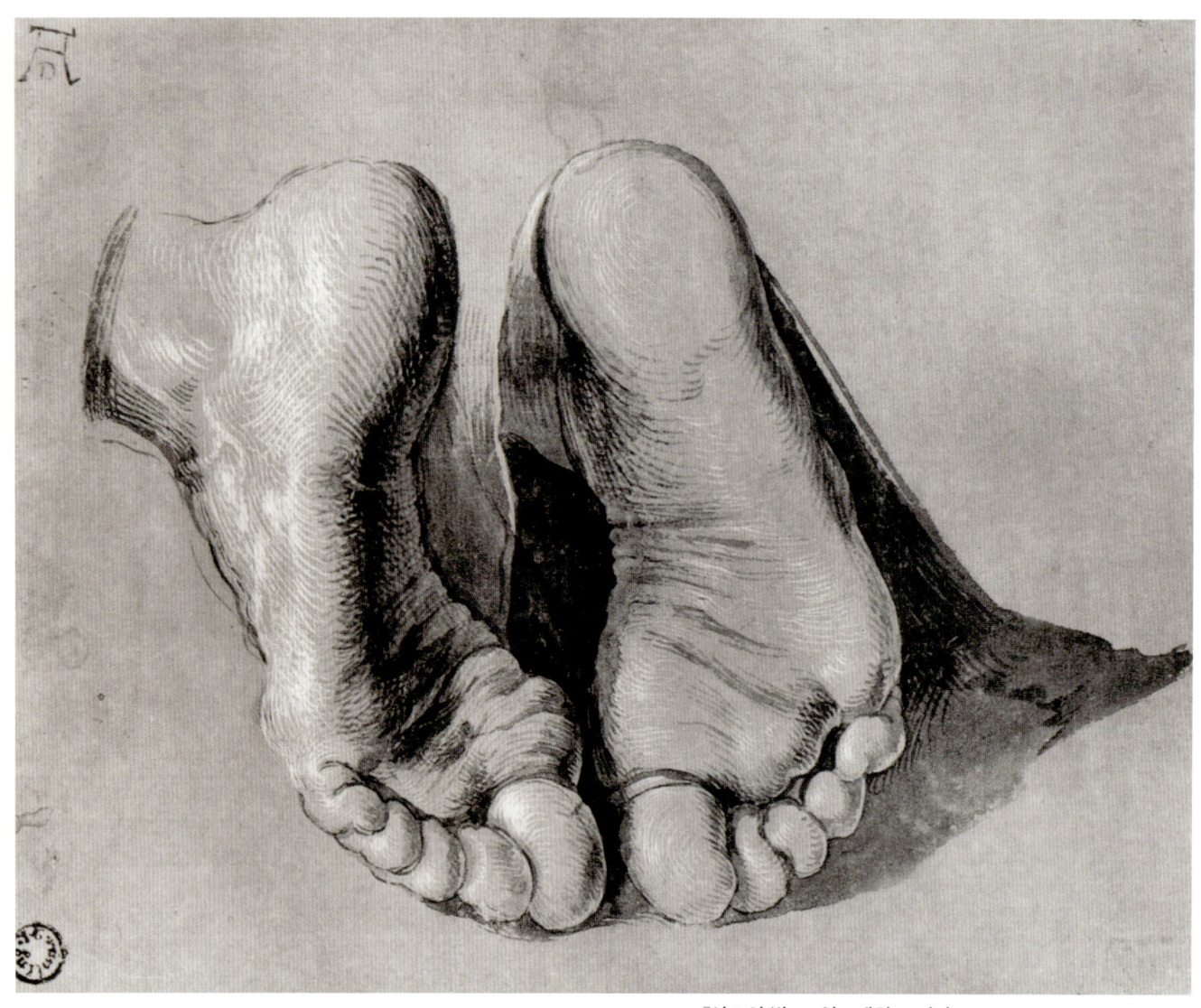

『사도의 발』 – 알브레히트 뒤러

뒤러는 판화에서 각 세부 형태를 자세하게 표현하여 다양
한 느낌을 전달하기 위해 먼저 초기 스케치를 진행하였다.

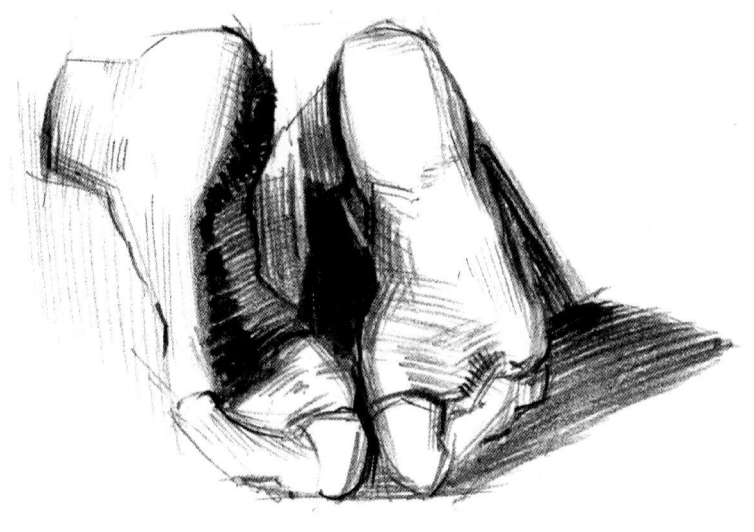

뒤러의 발 습작을 모사할 때 초기 단계에서 주름이나 굴곡은 신경 쓰지 말고 먼저 큰 형태만 잡아주자. 윤곽을 처음에 직선으로 그리면 삼각측정(35쪽)을 이용하는 데 도움이 될 것이다.

먼저 발바닥 부분부터 시작하는 것이 좋다. 이후 단계의 모든 요소는 이 부분을 기준으로 더해지기 때문에 발바닥 형태의 비율과 위치가 정확한지 확인하며 진행하자. 간단한 표현만으로도 벌써 발의 형태가 드러나고 있다.

다음 단계는 처음의 윤곽선을 수정하고 발가락을 덩어리로 표현하여 디테일을 더하는 것이다. 왼발의 가장 어두운 부분(코어 셰도)에 음영을 넣어 빛을 받은 면과 그렇지 않은 면을 분리해주자. 이를 통해 빛과 형태를 강조할 수 있다. 그다음 해치 라인을 이용해 음영을 계속 더해주는데, 굴곡진 형태는 곡선을 사용해야 한다는 점을 기억하자. 또한, 겹쳐진 형태를 묘사할 때에는 앞에 있는 형태와 뒤에 겹쳐진 형태를 구분하여 정확하게 표현하도록 하자.

이 시점부터 원하는 만큼 디테일을 더해도 된다. 이미 가장 큰 형태를 잡았으니 수월하게 더할 수 있을 것이다.

다리

다리는 뼈와 근육이 결합한 형태로 말미암아 곡선이 확실하게 나타나기 때문에 재미있게 그릴
수 있는 부분이다.

다리의 덩어리화

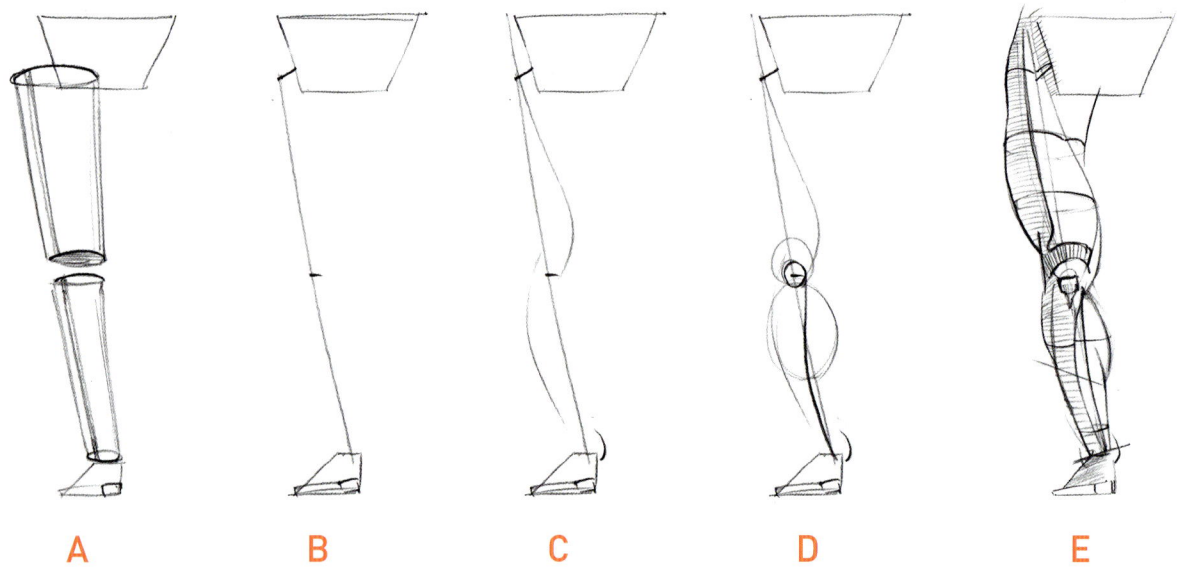

A   B   C   D   E

다리는 두 개의 원통이 포개진 형태로 먼저 단순화할 수 있다(A). 다리를 그릴 때
처음 그리는 선이 비율을 결정하므로 허벅지 맨 윗부분, 무릎관절, 발목의 위치를
확인하자. 또한, 허벅지 뼈는 골반에, 종아리뼈는 발에 각각 연결되도록 표현하자
(B). 이제 골반에서부터 가상의 원통을 감싸고 무릎 뒤쪽을 지나 발목 안쪽까지 내
려오는 나선을 그려주자(C).

골반과 무릎을 연결하는 나선은 다리의 앞면과 안쪽 면 사이를 강하게 구분해주
며, 무릎부터 발목까지 연결하는 나선은 종아리의 바깥 윤곽을 나타낸다.

다음 단계에서는 종아리 근육과 슬개골(무릎뼈 D)을 표현해야 하는데, 종아리와
발목 관절의 뼈대가 비스듬히 있다는 점을 기억하자. 슬개골 주위에 큰 원을 그
려 허벅지 앞면 위 근육의 자리를 잡자. 이 근육은 슬개골 위에 아치형으로 돌출
되어 보이도록 한다. 또한, 무릎의 중앙에서부터 아래로 곡선을 그려 정강이에서
면이 끊기도록 하자.

이제 남은 윤곽선을 더해주고 다리의 주요 면을 전부 표현하였다면 전체적인 다
리에 가로로 곡선을 그어 입체감을 더하자(E).

『풍요로움 혹은 가을에 대한 우의화』 – 산드로 보티첼리 (1445-1510), 브리티시 미술관 소장

아티스트는 개인적인 선호도와 전달하고 싶은 느낌에 따라 각 신체 부분의 기본적인 입체감을 다르게 표현한다. 『비너스의 탄생』(186쪽)에서도 알 수 있듯 보티첼리는 여성의 인체를 아름답게 표현하는 화가였다. 그가 선호했던 입체 개념은 부드러운 원통과 구의 형태이다.

위 드로잉을 보면 위팔과 아래팔, 그리고 다리의 음영이 원통의 개념에 따라 표현된 점을 알 수 있다. 단단한 상자 형태 개념이었다면 인물들이 좀 더 무겁고 건장해 보였을 것이다.

다리의 뼈

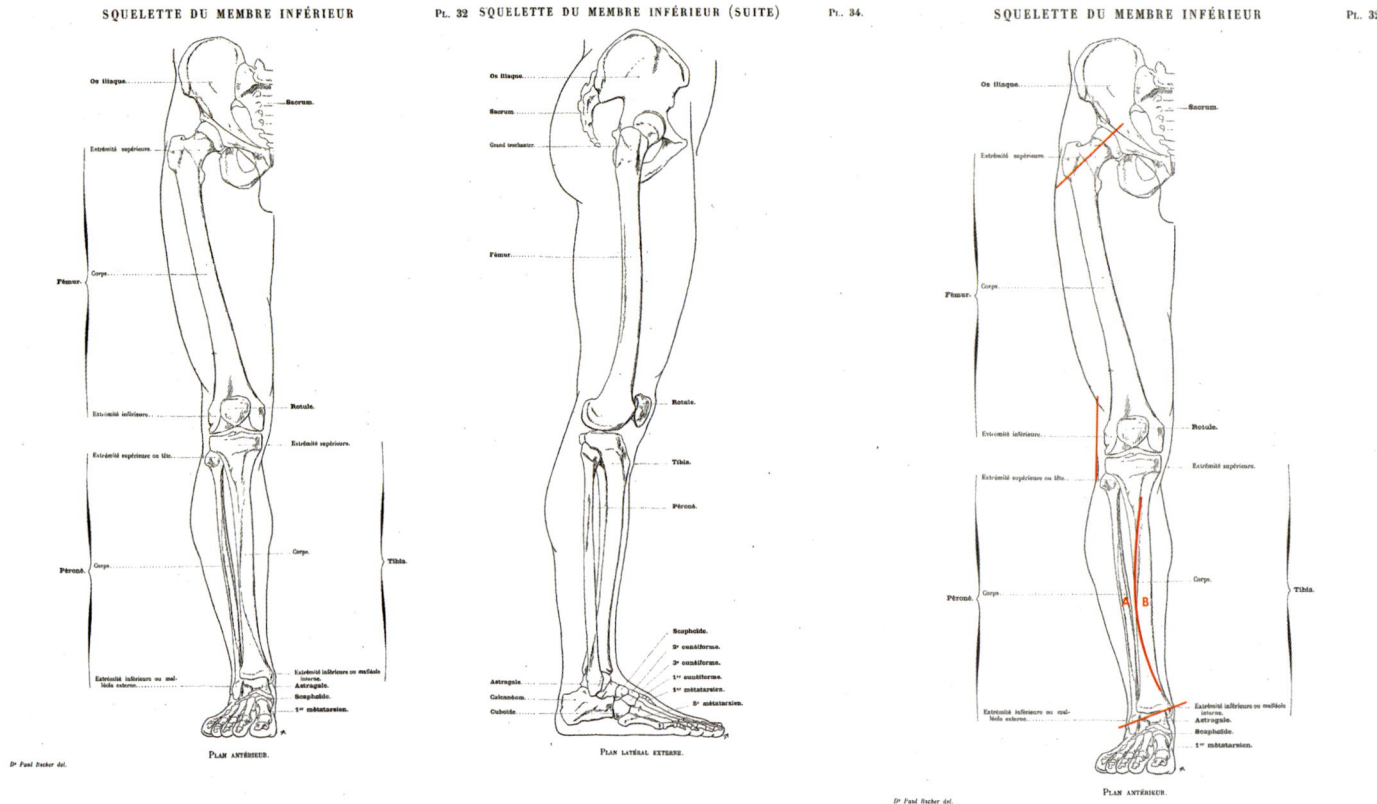

『하지 골격』 – 폴 리쉐(1849–1933)

초보자가 드로잉을 할 때 흔히 하는 실수는 다리가 골반에서 바로 튀어나오는 것처럼 그리는 것이다. 실제로 대퇴골과 골반 사이에는 고관절이 있고 이는 45도 정도 기울어져 있다. 만약 다리가 골반과 바로 붙어 있다면 뼈가 서로 마찰하여 걷기 불편하고 무릎을 앞으로 펼 수도 없을 것이다.

측면에서 보면 대퇴골이 약간 휘어 있는 점에 주목하자. 허벅지의 윤곽 역시 마찬가지로 휘어 있다.

발목 관절은 발의 가장 높은 부분(복사뼈)과 종아리 부분의 종아리뼈(A), 정강이뼈(B)와 연결되어 있다. 양 발목의 돌출부가 바로 이 종아리뼈와 정강이뼈 각각의 끝 부분이다. 정강이뼈로 말미암은 돌출부가 반대편 종아리뼈로 말미암은 돌출부보다 더 높은 지점에 위치하게 된다.

정강이뼈(B)는 수직으로 뻗어 보이지만, 정강이의 살 표면에서 뼈의 위치를 확인하면 사실 약간의 곡선을 띤다.

측면에서 봤을 때 슬개골의 돌출부는 위쪽으로 향해 보이지만, 사실 돌출부의 정면은 약간 아래로 향해있다.

정면에서 보면 무릎관절의 바깥 면이 평평한데, 형태의 외부 윤곽 역시 마찬가지이다(빨간 선). 내부 윤곽은 무릎을 감싸는 근육 때문에 그보다는 좀 더 둥근 모습이다.

인체의 중심점이 되는 곳은 대전자(Great Trochanter)의 가장 위 지점이다. 대전자는 대퇴골의 바깥부분을 말하며 마치 전구와도 같은 형태이다. 측면에서 보면 이 부분의 살의 표면이 보조개처럼 약간 들어가 있다.

다리 골격의 준거점

왼쪽 『네 마녀』 – 알브레히트 뒤러

뒤러는 이 그림에서 여성들의 피부 형태를 부드럽고 유연한 모습으로 묘사하였으며, 특히 다리를 포함한 주요 골격의 견고함 역시 효과적으로 표현하였다.

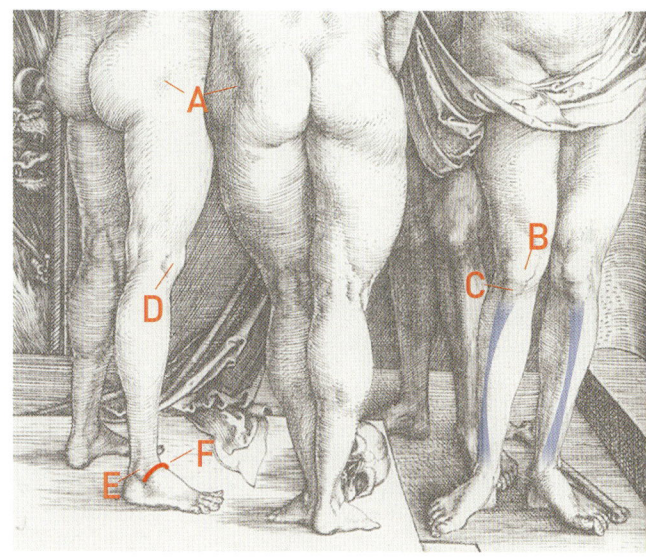

다리골격에서 가장 높이 있는 준거점은 대전자로, 대퇴골 윗부분의 전구 형태이다. 주위에 근육들이 퍼져 있어서 피부 표면에서는 마치 보조개처럼 보인다(A).

아래로 내려오면 무릎관절 위쪽으로 위치한 슬개골(B)을 확인할 수 있다. 슬개골 바로 아래의 돌출된 곳은 정강이뼈의 머리 부분과 무릎을 보호하는 두툼한 보호 지대가 결합한 부분이다.

무릎의 중앙선 밑에 위치한 돌출부(D)는 종아리뼈의 머리 부분이다. 이 기준점은 무릎을 구부렸을 때 좀 더 확연하게 드러난다. 바깥 발목(E)은 종아리뼈가 끝나는 부분이며, 마치 부목처럼 이 두 지점을 연결하게 된다. 무릎에서 발목까지 이어진 정강이뼈의 곡선을 확인해보자(그림에서 파란색으로 강조). 종아리뼈보다 더 큰 크기이기도 하다.

뒤러는 정강이뼈의 끝 부분(F)을 효과적으로 묘사하였는데, 그 밑으로 발등이 아치 형태로 연결된 느낌을 준다. 다리의 수직면에는 음영을 주었고, 빛을 받는 발의 윗면은 밝게 표현하였다.

거장의 습작 모사하기

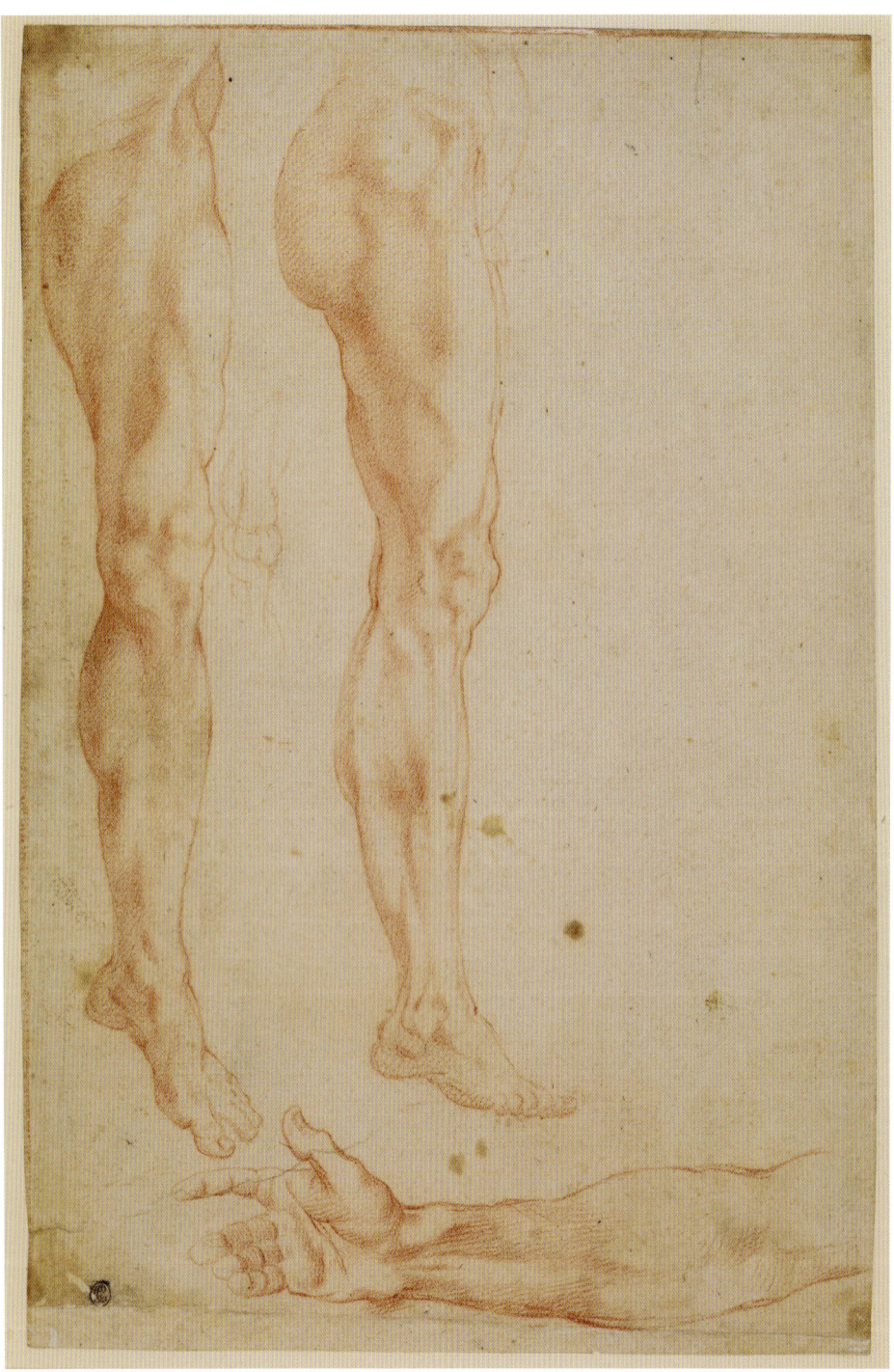

드로잉의 기초와 **비디오 게임 아트**

『*두 다리와 오른쪽 팔 습작*』 – *미켈란젤로(1475–1564), 브리티시 미술관 소장*

미켈란젤로는 실제 해부 작업을 통해 인체의 형태에 대한 지식을 쌓을 수 있었다. 하지만, 다행스럽게도 인체 드로잉에서 미켈란젤로의 인체처럼 견고한 느낌을 표현하기 위해 해부를 할 필요는 없다. 그는 주로 빛을 이용한 표현 방법으로 이러한 느낌을 부여했기 때문이다.

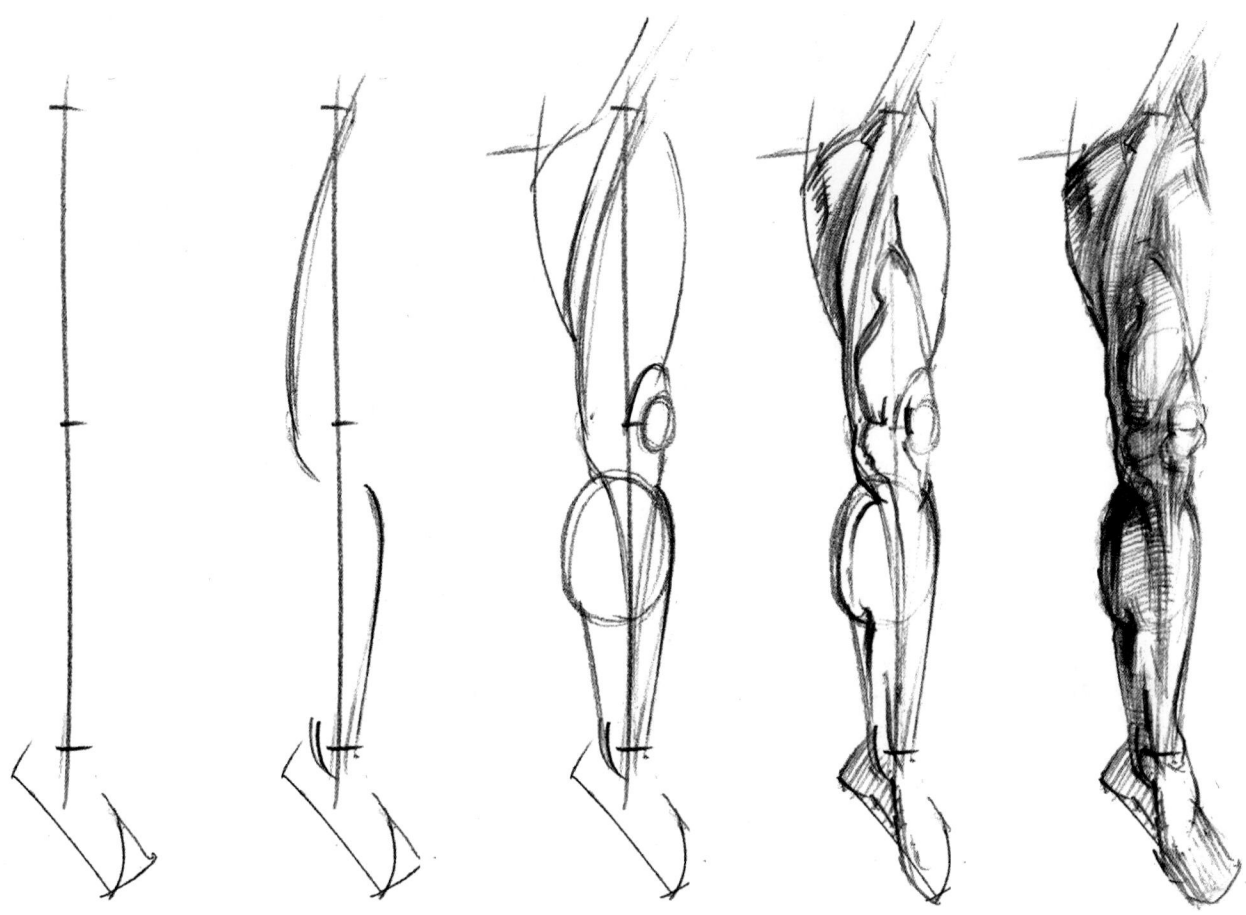

미켈란젤로의 습작은 복잡해 보이지만, 입체화 개념(84쪽)을 이용하여 일단 디테일은 신경 쓰지 말고 왼쪽 다리의 윤곽부터 잡아보도록 하자.

코어 섀도는 밝은 면과 어두운 면을 구분하는 경계가 된다. 실눈을 뜨고 보면 명암이 큰 덩어리로 나누어져 보이므로 코어 섀도를 좀 더 명확하게 확인할 수 있으며, 다리의 큰 형태를 나타내는 이 복잡한 경계를 그리는 데 도움이 된다. 코어 섀도를 구분하는 것만으로도 빛에 대한 느낌을 부여할 수 있다.

이제 윤곽을 다듬어야 하는데, 어떤 형태가 앞쪽에 있는지에 따라 겹치는 선을 정확하게 나타내도록 하자.

음영을 마지막으로 표현할 때에는 형태와 들어맞도록 해야 한다. 즉, 둥근 형태에는 곡선을, 평면에는 직선을 사용하자.

미켈란젤로의 다리 습작을 통해 종아리 근육에 힘을 줄 때와 그렇지 않을 때 각각 다른 형태를 확인할 수 있다. 인간의 몸은 완벽한 기계와는 다르다. 인체의 각 부분은 서로 포개져 있어서 발과 발목 관절은 인체를 지탱하기 위해 중대한 역할을 수행해야만 한다. 그림에서 종아리 근육에 힘을 준 왼쪽 다리는 오른쪽 다리보다 종아리 형태가 좀 더 명확하게 보인다.

그림의 오른쪽 다리 역시 입체화 과정을 통해 그려보자. 이때 다리의 큰 덩어리가 골반의 아랫면과 연결된 모습에 주의하도록 하자.

게임 속에서의 다리

『팀포트리스 2』: 파이로 (밸브코퍼레이션 제공)

『팀포트리스 2』의 파이로를 보면 항중력근(중력과 움직임 참조. 61쪽)의 흐름에 따른 곡선이 강하게 나타난다. 또한, 앞으로 기울어진 골반과 무릎에서 갑자기 꺾이는 면을 전체적으로 과장해서 표현하였다. 자신의 디자인에도 이렇게 과장된 표현을 고려해보자. 해상도에 따라 미묘한 표현 차이는 인지하기 어려울 수도 있고, 그에 따라 플레이어가 캐릭터에게서 받는 느낌이 달라질 수 있기 때문이다.

골반

골반은 인체에서 가슴 다음으로 큰 부분이다. 따라서 드로잉 초기 단계에서 세부 형태를 그리기 전에 머리, 가슴과 함께 골반 역시 구분해주어야 한다. 골반에서는 골격의 중요한 준거점들을 여러 개 포함하고 있는데, 이는 골반의 방향을 알려주는 강한 지표가 된다.

골반의 덩어리화

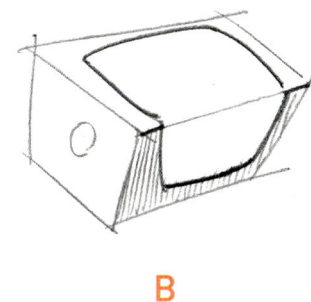

B

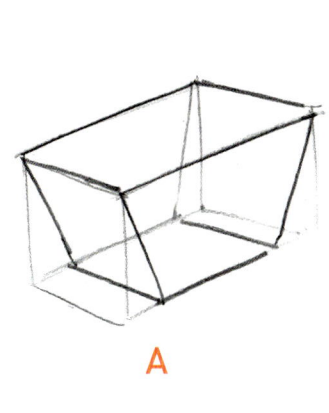

A

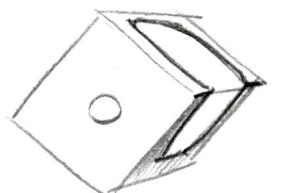

C

골반은 밑의 폭이 점점 좁아지는 상자 형태로 단순화할 수 있다(A). 대퇴골은 이 상자 측면의 중앙에 연결된다. 골반을 약 45도 앞으로 기울어진 형태로 입체화하자. 장골능, 즉 골반의 가장 위를 구분하는 능선의 윤곽과 앞면에 부드럽게 이어지는 치골을 표현하며 상자 형태를 다듬어 주자(B). 위쪽을 향하는 상자 뒷면의 형태는 중심선을 따라 삼각 형태로 나타내자(C). 이곳이 천골(엉치뼈)인데, 척추의 아래 끝 부분이 된다.

이러한 단순한 입체 개념이 없다면 상상만을 통해 형태를 재창조하기란 매우 어려운 일이다. 그러나 다양한 상자 형태를 손으로 직접 그리며 연습해왔으니 이제 어떤 방향으로든 원하는 대로 쉽게 그릴 수 있을 것이다.

골반 뼈

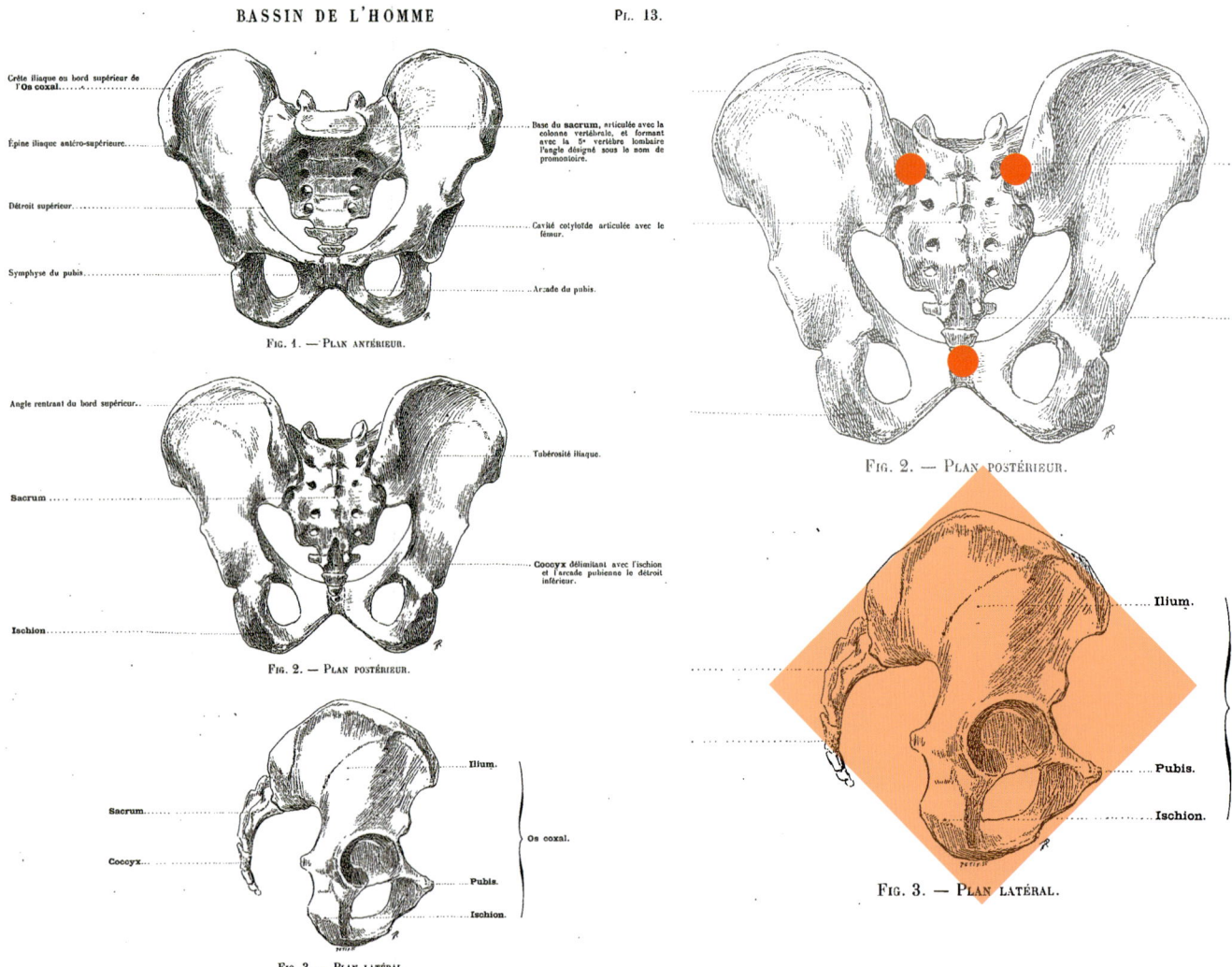

『미술해부학』에 실린 골반 뼈 삽화 – 폴 리쉐(1849–1933)

폴 리쉐의 이 해부학적 삽화를 보면 왜 골반을 밑의 폭이 점점 좁아지는 상자 형태로 단순화하는지 확인할 수 있다. 골반의 정면 그림은 양 측면이 골반의 위아래를 구분하는 곡선 사이로 점점 좁아지는 것을 묘사하고 있다. 앞쪽의 장골능은 골격에서 두 개의 중요한 위치 기준점이 되는데, 손가락으로 골반 부위를 만졌을 때 가장 돌출된 부분이다.

대퇴골과 연결되는 부분은 측면에서 봤을 때 중앙에 위치하고 있으며, 골반의 아랫부분이 아니라 양옆 부분에 있다.

골반 상단을 따라 약간 돋아있는 부분은 골반의 위치를 파악하는 데 도움이 되는 중요한 위치 기준점이다. 측면에서 보면 이 부분 때문에 골반이 앞으로 기울어져 보이는 점을 확인할 수 있다.

삼각 형태인 천골은 척추의 끝 부분이다. 피부 표면에서 세 개의 빨간 점 부분이 골격의 준거점이 되며, 공간 내 골반의 방향을 나타내는 분명한 지표가 된다.

골반 골격의 준거점

『10명의 누드가 등장하는 전투』(1465-1475) − 안토니오 델 폴라이우올로

골반의 뒤에서부터 앞의 양 측면까지 감싸는 장골능은 흉곽과 다리의 근육들이 결합한 지점의 가장 윗부분을 표시하고 있다. 이러한 기준점들은 이 작품의 세부적인 설명을 통해 쉽게 확인할 수 있다(94쪽).

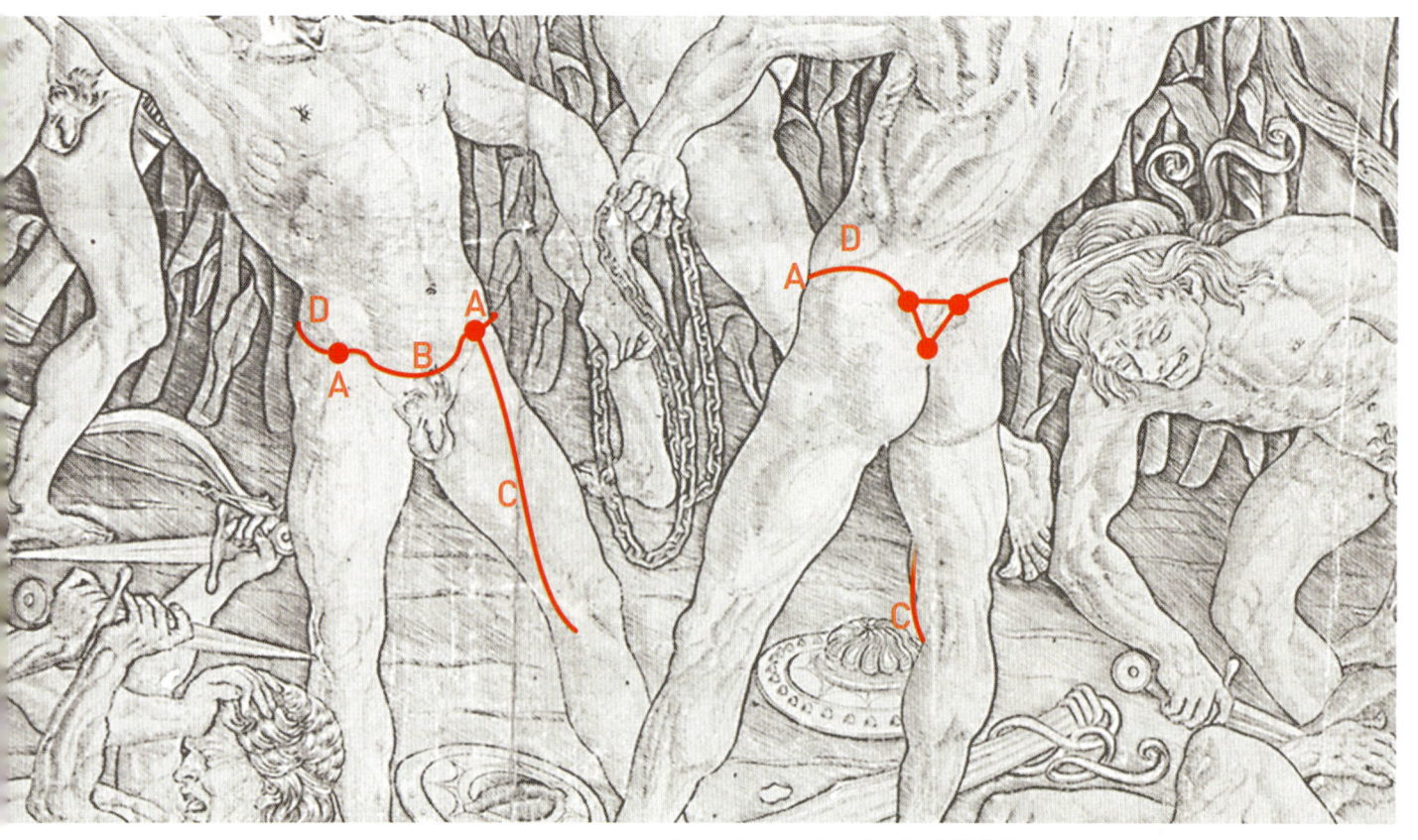

『10명의 누드가 등장하는 전투』 확대도

장골능의 앞면 부분(A)은 골격의 준거점이 되는데, 골반 주위를 만졌을 때 가장 돌출된 부분이다. 골반 앞면에서 양쪽 장골능(A) 사이로 이어지는 부분이 치골(B)이다. 허벅다리 근육(C)은 장골능(A)으로부터 이어져서 나타나며, 다리 앞면에서 시작하여 무릎 밑 다리 안쪽 면까지 이어진다.

이 그림에서 볼 수 있는 이러한 골격의 준거점들은 근육이나 지방으로 덮여 있지 않기 때문에 모든 신체 유형에서 뚜렷하게 확인 가능하다.

장골능을 따라 허리 뒷면으로 가면 천골을 찾을 수 있다. 측면에서 보면 약간 휘어진 형태이다. 이 부분의 위 두 개점과 아래 점을 이용하여 천골의 위치를 삼각형으로 나타낼 수 있다. 천골은 골반의 방향을 보여주기 때문에 골격의 중요한 준거점이라고 할 수 있다.

바깥으로 보이는 근육(외복사근 D)의 볼록한 형태는 장골능을 따라 맞닿아 있으며 흉곽의 아래쪽 면과 허리의 위쪽 면이 만나는 부분이다.

게임 속에서의 골반

『인슬레이브드: 오디세이 투 더 웨스트』: 트립

상대적으로 선명한 장골능과 그 아래 방향으로 이어진 치골의 모습은 부드러운 근육 형태인 복부와 대비된다.

여성의 골반은 남성보다 크고 넓다. 또한, 엉덩이 주변 골반 전체와 허벅지의 양면에 지방이 더 많아 골반의 형태를 더욱 부드럽게 보이도록 한다. 트립의 실루엣에서도 이를 확인할 수 있다. 남성은 지방이 골반 위쪽 복부 주변으로 축적되어 골반의 각진 형태가 드러나게 된다.

『뱅퀴시』: 베틀 슈트를 입은 샘 기데온

기능은 형태를 만든다. 인체의 구조는 항중력근의 작용 등 필요한 기능에 따라 현재의 상태로 진화하였다. 이렇게 기능을 고려하여 자신만의 캐릭터의 형태에도 이를 반영할 수 있을 것이다.

샘 기데온의 베틀 슈트(ARS) 역시 마찬가지이다. 앞쪽으로 기울어져 보이는 골반은 뒤쪽으로 기울어진 어깨선과 관련이 있다. 이를 통해 '중력과 움직임'(62쪽)에서 확인한 것처럼 골반과 가슴 사이의 균형을 표현하게 된다.

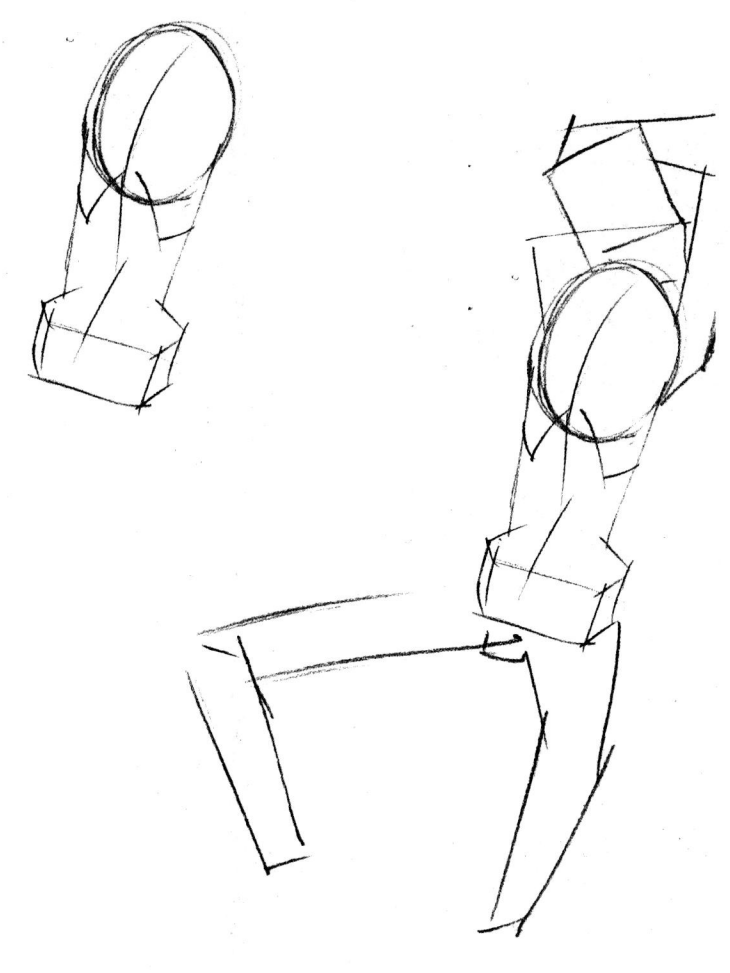

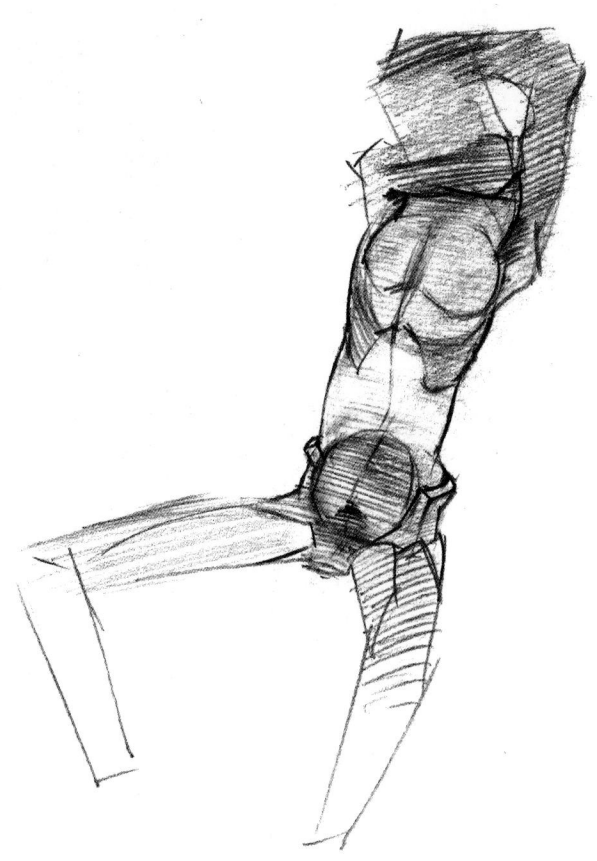

인체를 드로잉할 때에는 언제나 큰 형태들로 시작해야 한다. 이 그림에서는 머리가 팔과 분명하게 구분되지 않으므로 몸의 가장 큰 부분인 흉곽부터 그리자. 흉곽의 공간적 방향은 축을 나타내는 선으로 표시하자. 수직축 선이 골반까지 복부 전체를 따라 내려온다. 이 선을 그릴 때 복부에 대한 흉곽의 상대적인 길이를 자세히 관찰하여 적절한 비율로 맞추도록 하자.

골반과 머리, 다리를 단순한 선으로 그려가자. 시선을 집중하여 흉곽과 골반의 위치가 정확한지 확인해야 한다. 정확도를 위해 기준선을 더해도 된다.

쉴레는 몸의 다른 부분들 역시 간단한 형태로 단순화하였는데, 이에 따라 인체를 더욱 쉽게 그릴 수 있었다. 가슴과 복부의 둥근 형태가 여기에 포함된다. 복부에는 이후에 아래쪽으로 향하는 곡선을 더해 치골을 표현하게 된다. 일단 큰 형태부터 덩어리화하면 나머지 부분은 더욱 수월하게 표현할 수 있다. 쉴레의 인물 윤곽이 강하게 표현되었으므로 마찬가지로 자신의 습작에도 음영을 더해주도록 하자.

앞장 『**앉아있는 남성 누드**』 – 에곤 쉴레(1890–1918)

인체에 대해 고도로 양식화된 표현이지만, 그림 속 골격 형태에서 느껴지는 견고함은 에곤 쉴레의 높은 해부학적 지식을 강조한다. 쉴레는 복부 근육을 거의 배제하고 골반의 각진 형태를 강조하였다.

이러한 예술적인 효과는 취약함과 불안함을 불러 일으킨다. 현재 우리의 주 관심사는 골반이다. 그림 속 골반의 상자 형태는 인물의 허리를 감싸는 장골능의 윗면에 의해 확연히 구분되고 있다.

척추와 흉곽

흉곽은 인체에서 가장 큰 덩어리이기 때문에 가장 중요한 부분이라고 할 수 있다. 미술해부학에서는 흉곽의 전체적인 형태를 입체로 표현하는 것이 뼈의 개수를 해부학적으로 정확하게 표현하는 것보다 더욱 중요하다. 흉곽을 그릴 때에는 척추 역시 고려해야 하는데, 흉곽의 무게를 지탱할 뿐 아니라 이를 골반과 머리에 각각 연결해주는 부분이기 때문이다.

척추와 흉곽의 덩어리화

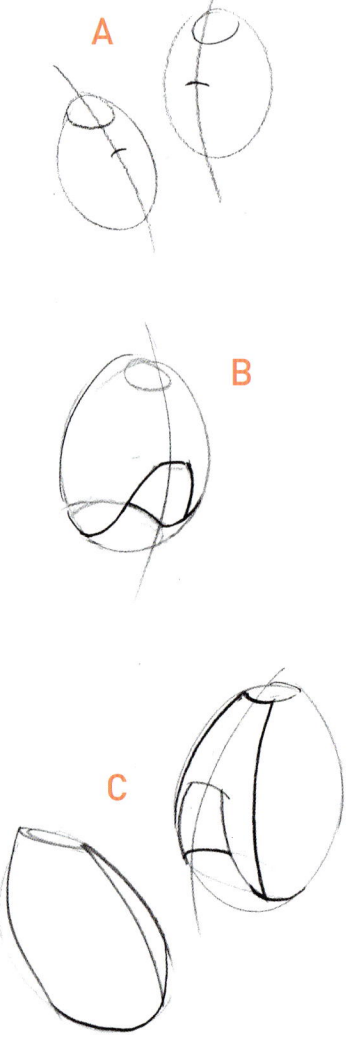

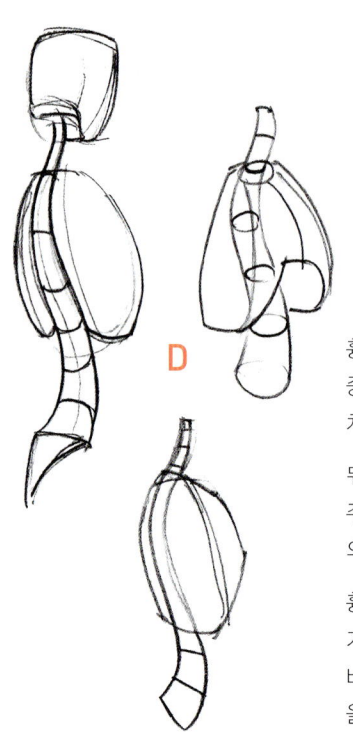

흉곽의 기본 형태는 달걀 모양과 같다. 이러한 달걀 모양에 중심축을 그리면 방향성을 나타낼 수 있다(A). 또한, 목의 위치를 표시하기 위해 형태의 맨 위쪽에 타원을 하나 더해주자.

뒤집힌 V 형태의 모서리를 부드럽게 처리하여 안쪽에 그려주자(B). 이는 늑골(갈비뼈)의 맨 아랫부분을 의미한다. 뒷면의 척추 부분까지 선이 이어지도록 하자.

흉곽의 덩어리가 뒷면은 평평하고 앞면은 둥글게 다듬어 나가자(C). 안쪽에 폐가 위치하기 때문이다. 목 부분에서부터 바깥쪽 아래 방향으로 내려오는 두 개의 선은 흉곽의 앞면을 나타낸다.

S 곡선을 따라 흉곽에 원기둥 형태의 척추를 더해주자. 끝 부분은 천골의 삼각 형태와 만나게 되는 점을 고려하여 처리하도록 하자(D).

척추와 흉곽 뼈

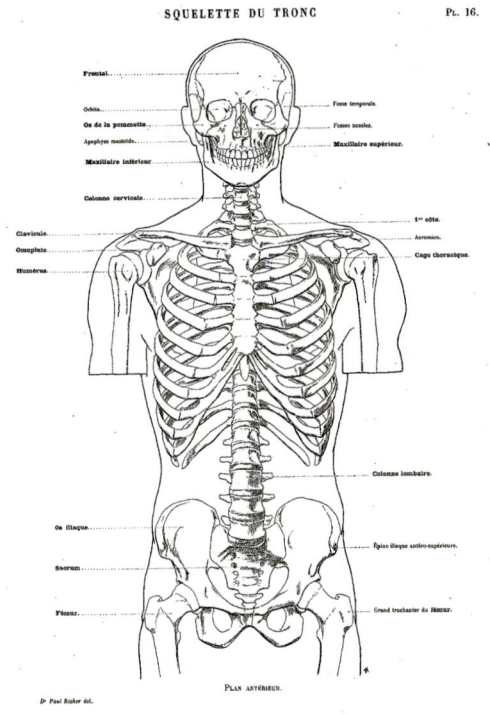

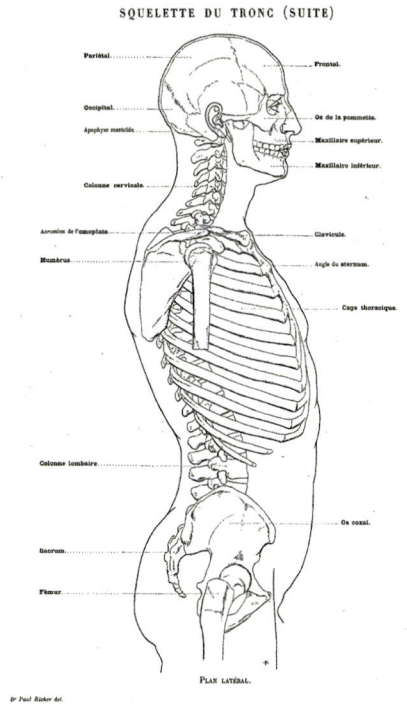

몸통의 골격(『미술해부학』에서 발췌) – 폴 리쉐(1849–1933)

흉곽은 비율적으로 각각 2등신(머리 길이 기준) 높이와 너비, 1등신 깊이이다. 앞면의 늑골 사이에 있는 흉골(복장뼈)은 1등신 높이이다.

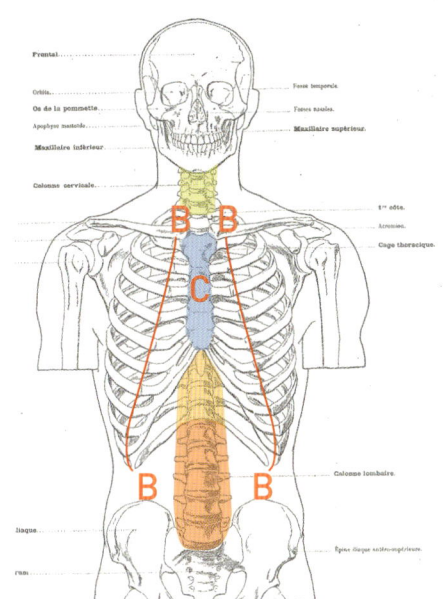

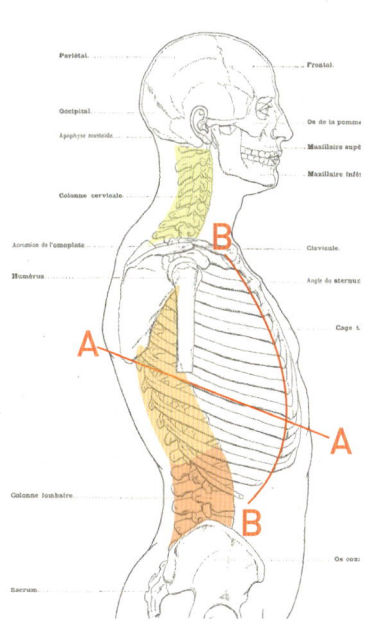

흉곽 뒷면의 끝점과 앞면 사이의 상대적인 각도는 선으로 나타낼 수 있다(A). 아래로 주요 면이 분할되는 부분은 (B)로 표시된다. 흉곽의 전체적인 방향이 뒤로 기울어져 있는 것에 주목하자. 앞으로 기울어진 골반과는 정반대이다.

흉골(C)은 흉곽의 중심선을 구분해주는 준거점이 된다. 흉곽 앞면에 뒤집힌 V 형태 역시 유용한 준거점이라고 할 수 있다.

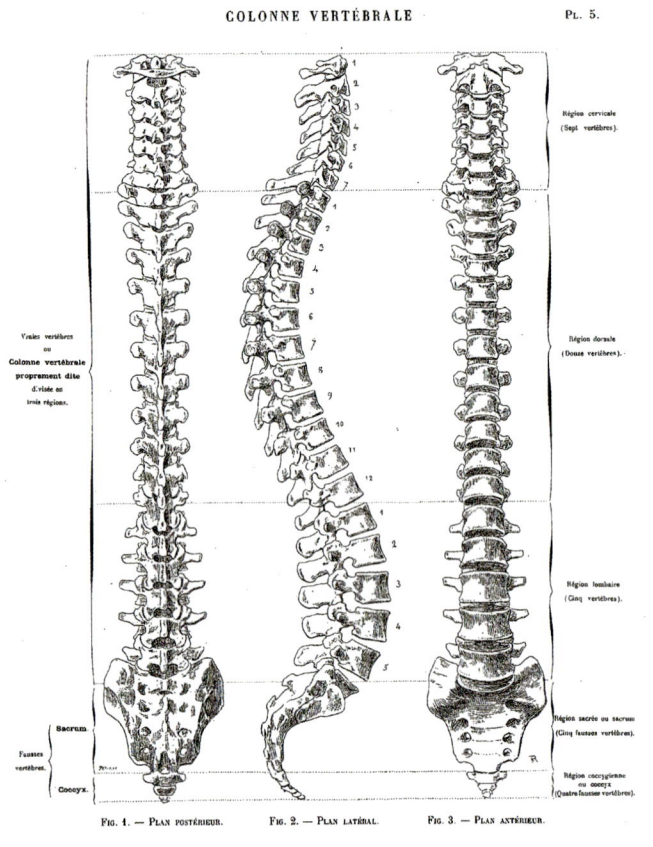

COLONNE VERTÉBRALE   PL. 5.

Région cervicale
(Sept vertèbres).

Région dorsale
(Douze vertèbres).

Région lombaire
(Cinq vertèbres).

Région sacrée ou sacrum
(Cinq fausses vertèbres).

Région coccygienne
ou coccyx
(Quatre fausses vertèbres).

FIG. 1. — PLAN POSTÉRIEUR.   FIG. 2. — PLAN LATÉRAL.   FIG. 3. — PLAN ANTÉRIEUR.

Dr Paul Richer del.

척추(『미술해부학』에서 발췌) – 폴 리쉐(1849~1933)

척추는 맨 위부터 아래(상체로부터 실리는 더 많은 무게를
지탱하는 부분)까지 일정한 너비를 유지한다. 아티스트들은
무게감을 강조하기 위해 아랫부분을 더욱 강조하는 경향이
있다. 척추가 각각 머리 아래와 흉곽 아래인 (B)와 (D) 부분
에서 어떤 형태를 보이는지 주목하자. 이 두 부분은 상대적
으로 힘을 많이 받는 부분이다. 척추의 맨 끝은 천골의 삼각
형태와 결합한다.

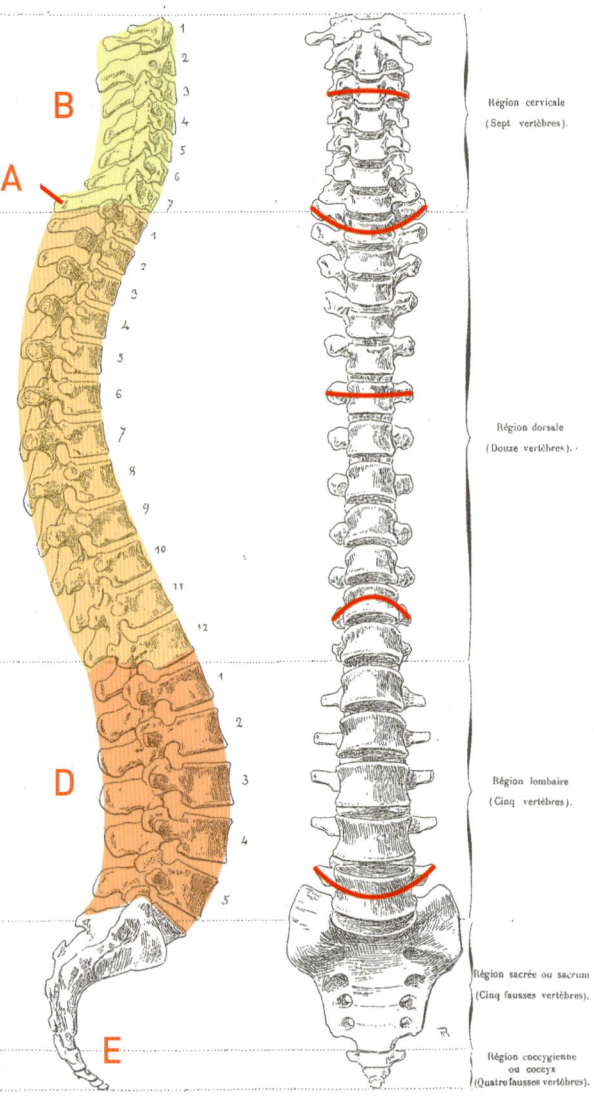

Région cervicale
(Sept vertèbres).

Région dorsale
(Douze vertèbres).

Région lombaire
(Cinq vertèbres).

Région sacrée ou sacrum
(Cinq fausses vertèbres).

Région coccygienne
ou coccyx
(Quatre fausses vertèbres).

FIG. 2. — PLAN LATÉRAL.   FIG. 3. — PLAN ANTÉRIEUR.

척추는 부위에 따라 다른 유연성을 보인다. 일곱 번째 뼈
(A)는 중요한 준거점인데, 유연한 목(B) 부분과 흉곽에 맞닿
는 (C) 부분을 나누는 경계가 된다. (C)는 가장 유연하지 않
은 부분이다.

손을 뒷목 아래에 댄 뒤 머리를 돌려보고 그다음 척추의 중
간 부분 역시 만져보면 (B)와 (C)의 유연성 차이를 느낄 수
있을 것이다. 흉곽과 골반(D) 사이에도 이와 같은 유연성 차
이가 있다.

꼬리 형태의 (E)는 골반과 연결된다. 이렇게 휜 모습과 천골
의 삼각 준거점을 통해 골반의 방향을 확인할 수 있다.

척추와 흉곽 골격의 준거점

『성 알베르토』 - 호세 데 리베라(1591-1652)

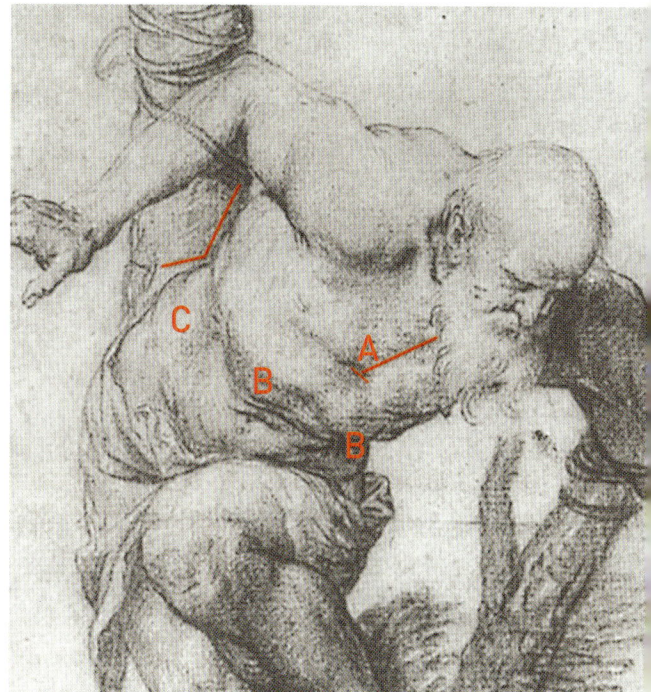

이 그림에서 호세 데 리베라는 흉곽을 위에서 내려다보는 시점으로 그렸다. 그는 이처럼 어려운 각도 표현을 수월하게 하고자 흉곽을 구의 형태로 단순화하였다. 즉, 등의 윤곽을 곡선으로 처리하고, 이 선이 팔의 뒤쪽에서 인물의 양 측면 아래까지 이어지도록 한 것이다. 그는 또한 (B) 부분이 확실하게 나타나도록 했는데, 흉곽의 앞면과 측면을 구분하는 부분이다. 인물이 어떤 동작을 하든 (A)와 (B)의 삼각점을 고정하면 흉곽의 견고한 느낌을 부여할 수 있다.

인물의 측면에서 흉곽 아래 방향으로 향하는 면은 외복사근(C)과 만나게 된다.

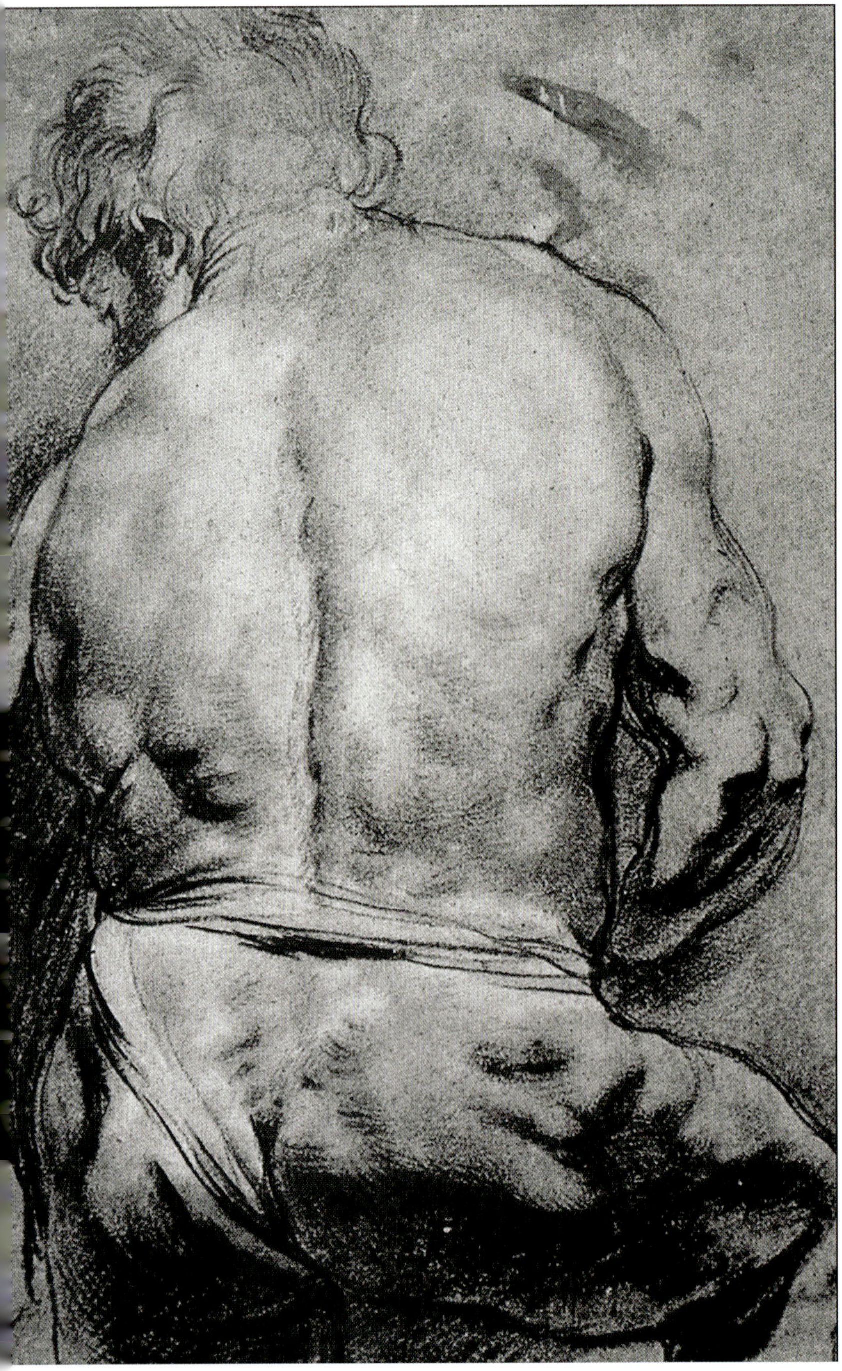

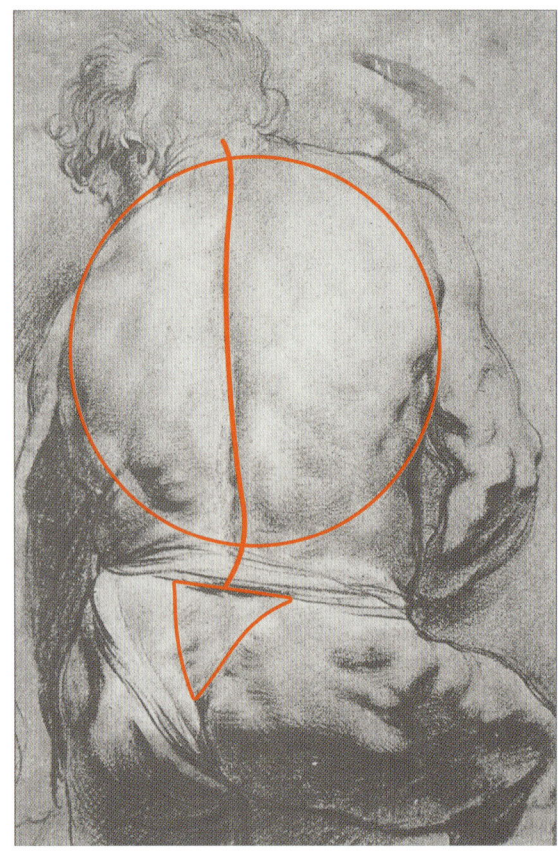

『뒤에서 바라본 남성 인체에 대한 습작』 – 페테르 파울 루벤스

루벤스의 이 그림을 보면 흉곽의 견고한 느낌을 표현하는 것이 디테일을 그리는 것보다 훨씬 중요하다는 점을 알 수 있다. 디테일은 큰 형태를 뒷받침하는 요소일 뿐이다.

그는 흉곽의 둥근 형태에서부터 선이 이어지도록 하여 견고함에 대한 착시를 일으켰다. 등 전체를 보면 미묘한 빛의 변화 때문에 등의 굴곡진 형태가 강조되고 있다. 루벤스는 또한 척추와 천골의 준거점을 활용하여 흉곽과 골반의 방향을 나타내었다.

척추와 흉곽의 곡선

『인슬레이브드: 오디세이 투 더 웨스트』: 멍키

형태 전체에 곡선의 흐름을 적절히 표현하면 생명감과 움직임에 대한 착시 효과를 부여할 수 있다. 흉곽의 기본적인 덩어리는 단순하지만, 그곳에 결합한 수많은 근육을 함께 나타내기란 기술적으로 상당히 어려운 일임은 분명하다.

멍키의 자세를 보면 강한 힘이 느껴지는데, 이는 척추와 활배근(보라색), 삼각근(파랑색)의 평행 곡선과 관련이 있다. 활배근은 특히 그 크기와 등의 긴 부분을 감싸는 역할 때문에 인물의 각 부분을 연결하는 중요한 면이다.

흉곽의 덩어리를 모든 각도에서 자유롭게 그리게 된다면 이제 이러한 근육들에 대해 상세히 연구하는 시간을 반드시 갖도록 하자.

거장의 습작 모사하기

앞장 ***『여성의 누드 습작』 – 알폰스 무하***(1860–1939)

알폰스 무하의 이 습작은 몇 개의 간단한 선들을 얼마나 효과적으로 활용할 수 있는지 보여주는 훌륭한 예시이다. 일본 미술의 거장이자 판화가인 가쓰시카 호쿠사이(1760–1849)는 단순함에 대한 그의 예술철학을 다음과 같이 아름답게 요약했다. "73세에 나는 동물, 식물, 새, 물고기, 곤충의 진정한 특성을 일부 파악했다. 따라서 80세가 되면 좀 더 발전할 것이고, 90세가 되면 사물을 더 깊이 통찰하게 될 것이다. 100세가 되면 경이로운 지점까지 도달했을 것이고, 마침내 110세가 되면 내가 그리는 모든 것, 가장 작은 점 하나까지 생명력을 얻게 될 것이다."

무하는 호쿠사이의 이러한 인생목표를 직접 확인할 수는 없었지만, 단순한 선에 대한 그만의 철학으로 다른 화가들의 작품과는 차별되는 아름다운 작품을 창조할 수 있었다.

위 무하의 그림에서 가운데에 있는 여성을 그려보자. 먼저 머리의 윤곽선을 그리고 이를 측정 단위로 사용하여 흉곽과 골반의 상대적인 비율과 위치를 정하자. 목과 척추는 연결 지점으로 생각하도록 하자. 각 형태에 중심축을 표시하여 방향을 나타내자.

무하는 골격과 근육의 준거점을 아주 단순하게 표현하였다. 즉, 귀 뒤에서 쇄골까지 이어지는 목의 근육은 두 개의 선으로 나타내었다. 또한, 겨드랑이의 짧은 선으로 가슴 근육을 표현하고 수직 위 방향으로도 그려, 이후에 높게 올린 팔과 연결한다.

이제 골반의 돌출된 양 부분 사이의 골반 윤곽선을 참고하여 허리의 중심선을 정하도록 하자.

이렇게 큰 골격 형태를 먼저 설정한 다음, 피부의 부드러운 형태를 더해야 한다. 이 습작에서는 가슴과 외복사근에 주의해야 하는데, 초기의 골격 형태에 선을 겹쳐서 다듬어 나가자.

머리, 흉곽, 골반을 표시한 초기의 형태들은 지우개로 옅게 하거나 지울 수 있지만, 그 자리에 그리는 윤곽선은 초기 형태를 반복해서 나타내야 한다.

게임 속에서의 척추와 흉곽

『어새신 크리드 II』: 크리스틴 벨

『어새신 크리드 II』의 캐릭터 크리스틴의 외형을 보면 흉곽 아래쪽에 뒤집힌 V 형태와 복근이 나뉘는 부분을 확인할 수 있다. 그 외 두 개의 준거점이 더 보이는데, 상의의 바늘땀과 접힌 주름에 의해 구분되는 골반의 돌출부, 그리고 쇄골(빗장뼈) 부분이다. 쇄골은 107~113쪽에서 자세히 알아보겠다.

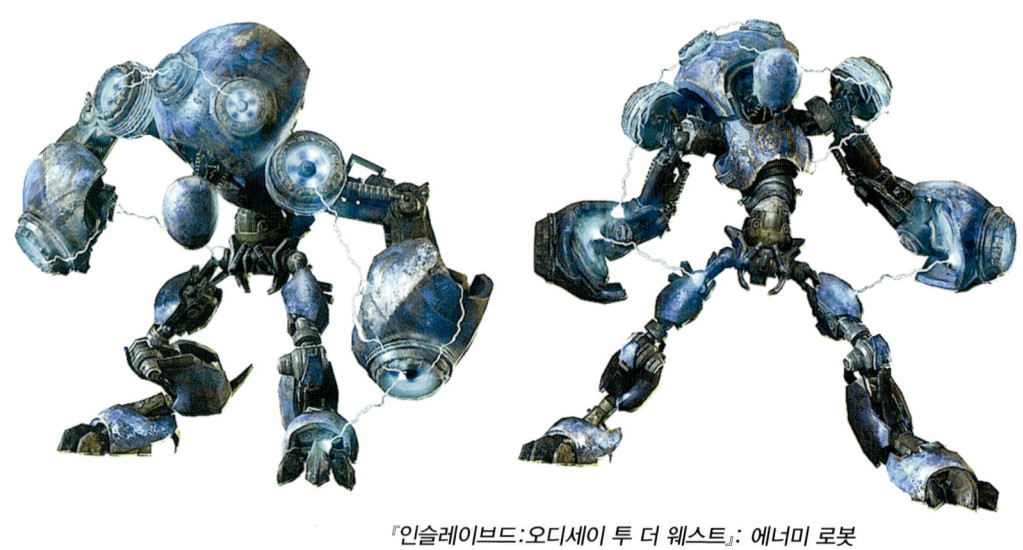

『인슬레이브드:오디세이 투 더 웨스트』: 에너미 로봇

사람은 흉곽 아랫부분의 뒤집힌 V 형태 덕분에 가슴을 발 쪽으로 굽힐 수 있다. 만약 이러한 형태가 없다면 흉곽의 골격 형태가 복부를 꽉 죄어 이렇게 굽히는 자세를 취하기 어려워질 것이다.

『인슬레이브드:오디세이 투 더 웨스트』의 이 로봇은 인간과 같은 방식으로 움직인다. 따라서 V 형태뿐 아니라 가슴 안쪽의 바닥 면과 배 안쪽의 윗면을 이루는 유연한 횡격막 역시 포함하고 있다.

로봇의 골반이 인간의 것처럼 폭이 좁아지는 상자 형태와 유사하다는 점에 주목하자. 또한, 다리의 형태 역시 곡선이 번갈아 가며 이루어져 있다. 이 로봇에서도 알 수 있듯이 인간의 해부학적 구조에 대해 깊이 이해한다면 상상 속의 캐릭터를 더욱 실감 나게 창조할 수 있다.

팔이음뼈

팔이음뼈는 위팔의 뼈들과 몸통을 연결하는 뼈대이며, 견갑골(어깨뼈)과 견봉돌기(어깨 바로 위쪽에 있는 평평한 뼈의 형태), 쇄골(빗장뼈)로 구성되어 있다. 견갑골은 위 팔로 이어져 팔을 어떤 자세로 하든 계속 연결된다. 어깨는 자유로운 움직임 덕분에 감정을 표현하기 매우 쉬운 부분이다. 가령, 어깨를 뒤로 젖혀 자신감을 표현하거나 앞으로 웅크려 연약함을 표현하고 보호본능을 일으킬 수도 있다.

팔이음뼈의 덩어리화

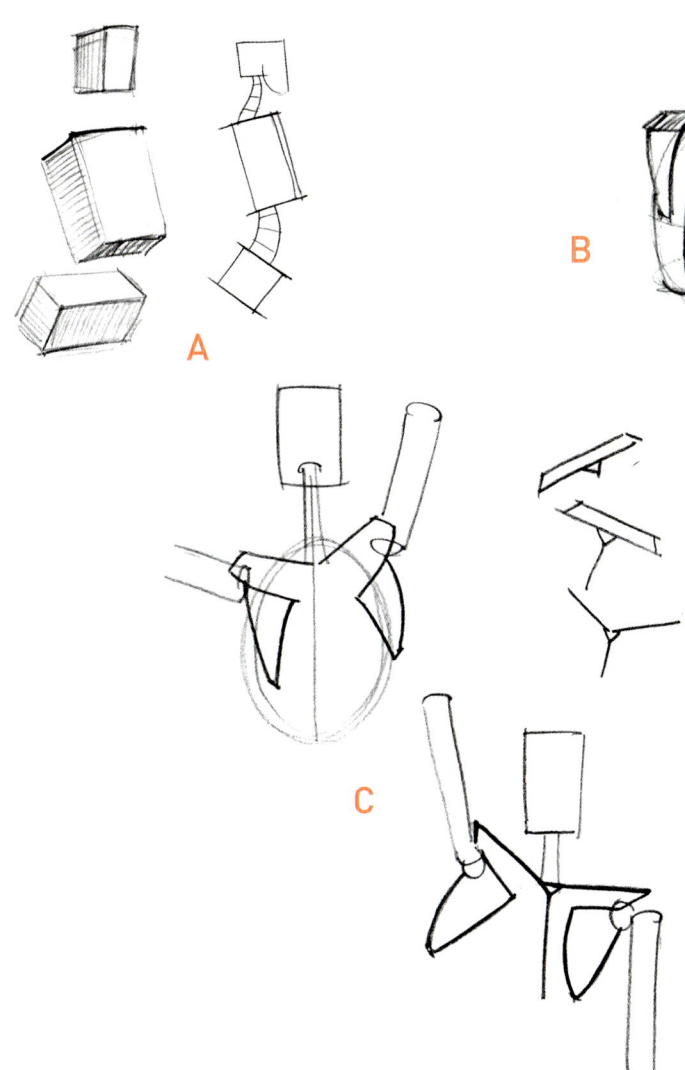

정면에서 볼 때 수평선은 가슴의 앞면과 팔이음뼈의 윗면을 구분하는 면 분할 선이다. 이 선을 등 뒷면과 견갑골 부분까지 이어 그려 상체의 면이 모두 구분되도록 하자(A). 팔이음뼈의 윗면은 뒤쪽으로 기울어져 있는데, 흉곽 역시 뒤쪽으로 기울어져 있기 때문이다. 반면 골반은 앞쪽으로 기울어져 있다. 측면에서 볼 때 견갑골은 얇고 굴곡진 형태라 흉곽의 둥근 형태에 들어맞는다. 정면에서 견갑골의 기본적인 형태는 삼각형이다(B).

목 아래쪽 움푹 파인 부분은 쇄골의 가장 안쪽 경계와 흉골의 맨 위 부분(C)으로, 수직선으로 그어준다. 이러한 선들로 만들어지는 T자 형태는 흉곽의 방향을 나타낸다. 팔이음뼈의 주요 기능은 위 팔을 자유롭게 움직일 수 있게 하는 것인데, 이는 쇄골과 견갑골이 서로 죄면서 일어난다. 어깨의 중심점은 쇄골의 안쪽 경계에 위치하며 쇄골은 양팔과 관련하여 움직이게 된다. 따라서 양팔을 위로 들면 T자 형태는 Y자 형태처럼 보일 것이다.

팔이음뼈의 뼈

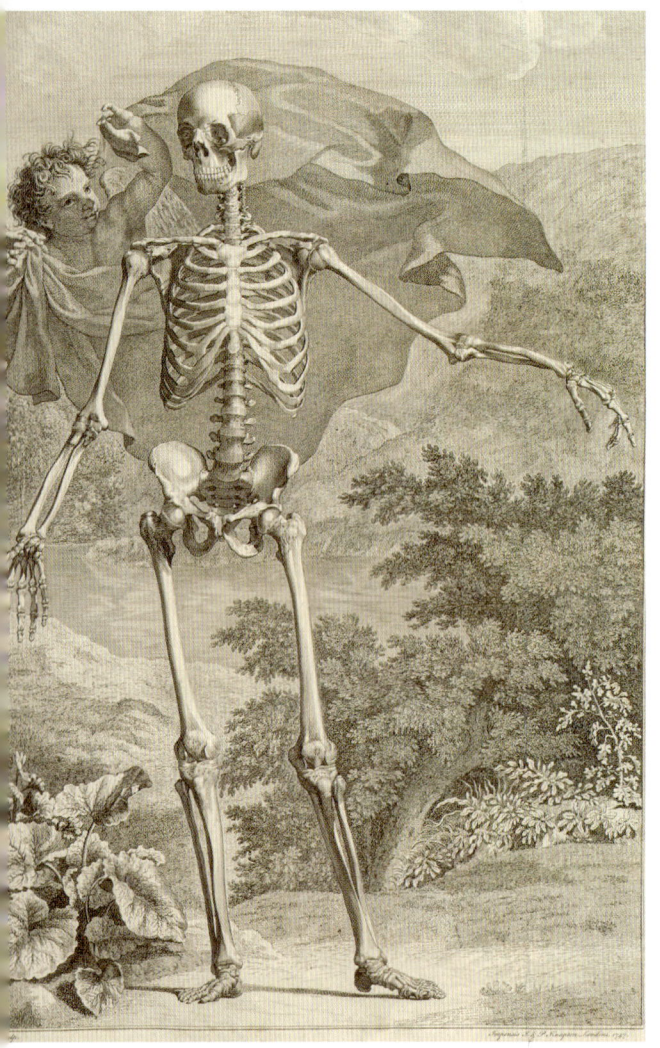

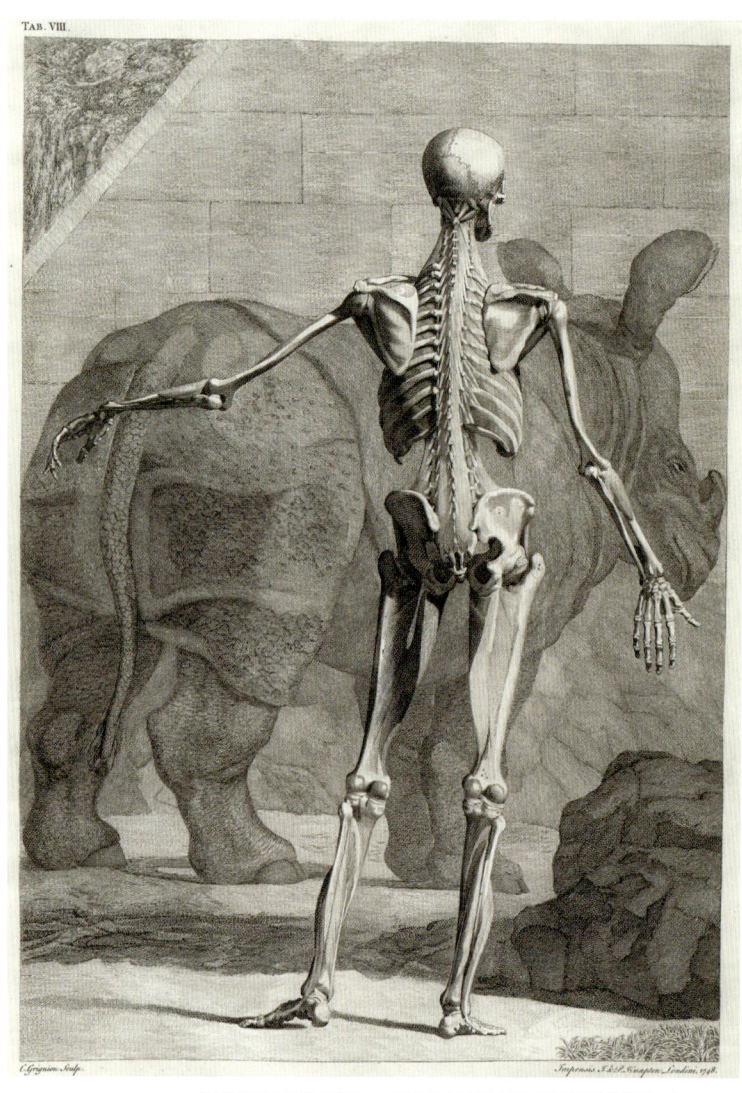

『골격에 대한 연구』 – 베르나르드 지크프리트 알비누스

골격에 의해 인체의 외형이 결정되기 때문에, 이에 대한 지식을 쌓는다는 것은 매우 중요한 일이다. 골격의 준거점이 어디에 있는지 파악하면 인체구조의 견고함과 방향을 쉽게 표현할 수 있다.

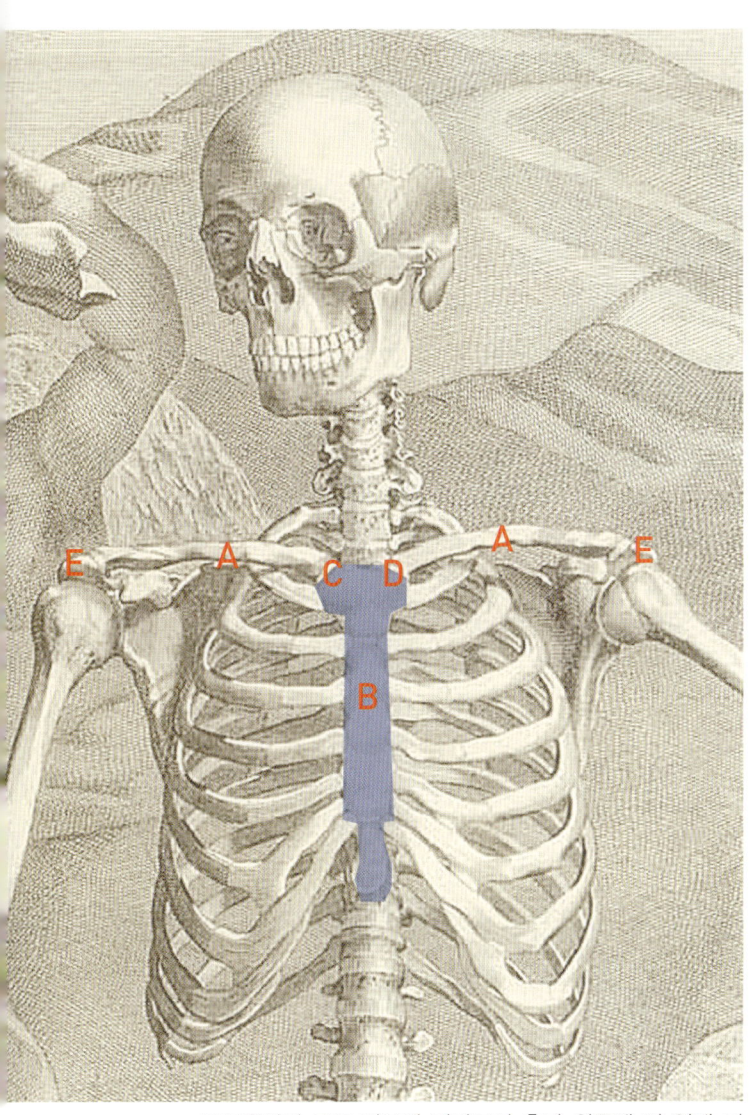

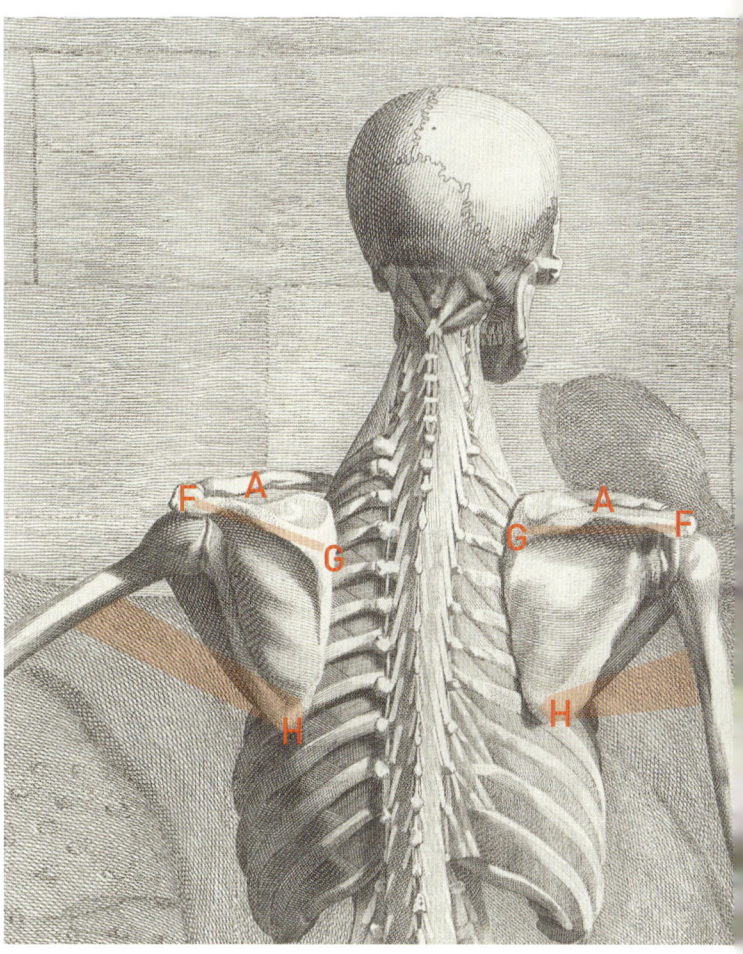

견갑골에는 견갑골 극(어깨뼈가시 – F에서 G까지의 선)이 있는데, 피부 내부에서 어깨가 어떤 일을 하는지 알 수 있는 유용한 준거점이 된다. 위 팔과 연결되어 팔의 움직일 때 함께 움직이기 때문이다.

견갑골은 팔을 뒤로 젖혔을 때 흉곽 위쪽으로 돌출되어 특히 강조되어 보인다. (F), (G), (H)를 이으면 견갑골의 위치가 삼각 형태로 나타난다.

(H)는 둥근 형태의 주요 근육이 결합하는 곳으로, 견갑골과 위 팔뼈를 연결하게 된다. 이는 두 형태를 연결하는 많은 근육 중 하나이다. 팔을 뒤로 젖히면 견갑골도 함께 움직인다. 팔을 앞으로 올리려면 견갑골도 척추에서부터 따라 움직이게 된다.

견갑골은 대다수의 사람이 생각하는 것보다 더 큰 형태인데, 흉곽의 절반 정도 길이이다. 정면에서 보면 (A)와 (E) 아래로 위 팔과 연결되어 흉곽의 덩어리에서 좀 더 확장되어 보인다.

팔이음뼈의 구조 덕분에 견갑골이 흉곽 위쪽에 떠 있게 되어 양팔을 넓은 범위로 움직일 수 있게 한다. 팔이음뼈의 중심점은 쇄골의 안쪽 끝(C), (D)에 위치하며, 흉골과 닿아 있는 부분이다(B). 견봉돌기(E)는 쇄골을 직각 방향으로 바라보며 (A), 위 팔뼈의 위쪽에 위치한다.

팔이음뼈 골격의 준거점

『그리스도의 세례』 – 루카 캄비아소

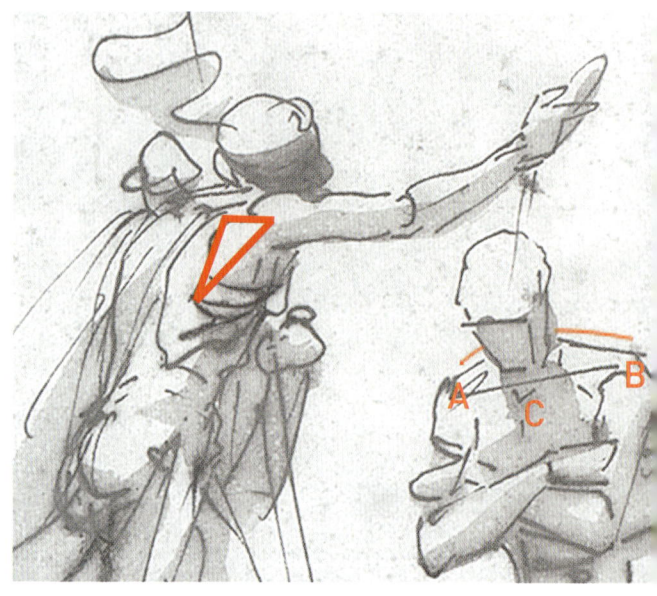

팔이음뼈에는 팔의 동작과 흉곽의 방향을 나타내는데 유용한 준거점들이 많다. 루카 캄비아소는 (A)와 (B) 사이에 단순한 직선을 그어 쇄골과 어깨의 윗면을 구분하였다. 그는 (C)에 V와 짧은 수직선을 그려 쇄골의 안쪽 부분과 흉골을 표현하였으며, 이러한 형태들이 닿아있는 흉곽의 방향을 나타내었다. 머리 뒤쪽으로 향하는 선은 승모근에 따른 윤곽선이다.

왼편의 인물은 팔을 앞으로 들어 올리고 있는데, 이에 따라 견갑골이 흉곽의 형태 위쪽으로 따라 움직인다. 또한, 팔을 따라 척추에서도 멀어져 있다. 캄비아소는 윤곽선과 팔까지 이어지는 진한 경계선으로 견갑골의 삼각 형태를 표현하였다.

게임 속에서의 팔이음뼈

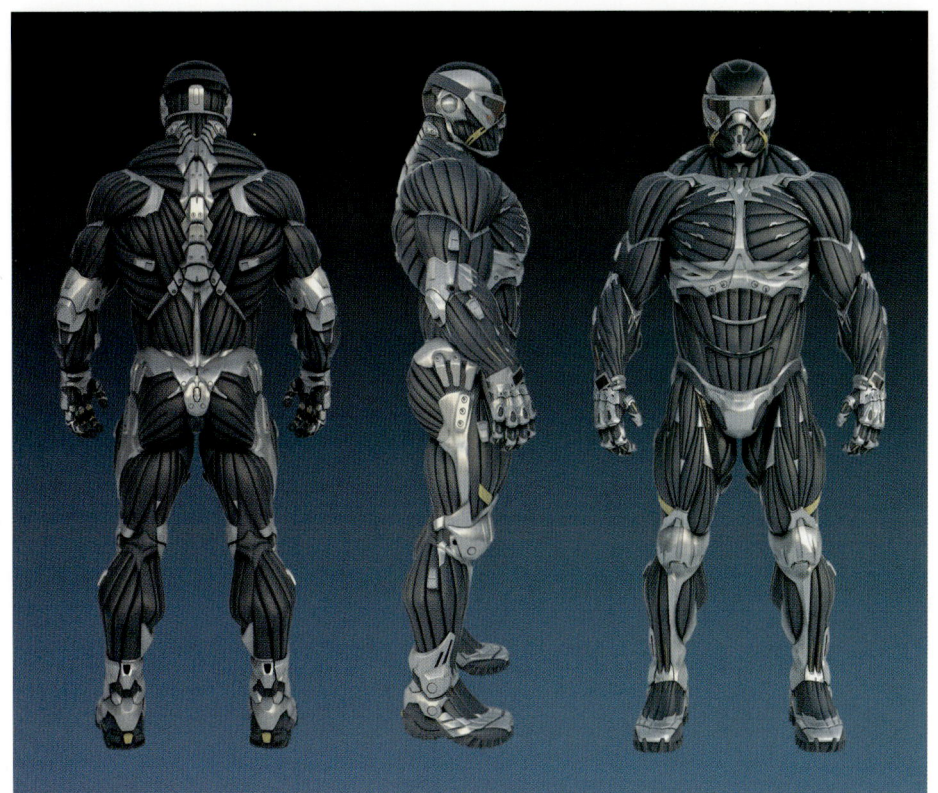

『크라이시스 2』: 나노슈트 2

나노슈트 2에는 견갑골(A), 견봉돌기(B), 쇄골(C), 흉골(D)이 모두 표현되어 있다. 측면에서 보면 흉곽이 뒤로 기울어져 있으므로 이 점들에 의해 나타나는 면 역시 뒤로 기울어져 있는 것에 주목하자.

골격의 준거점들로 인해 이 슈트는 더욱 강인해 보인다. 이러한 준거점이 없다면 이 캐릭터는 구조의 견고함이 덜하고 불안정해 보일 것이다.

정면에서 승모근의 윤곽은 목 뒤에서부터 (B)까지 아치 형태로 나타난다. 일반적으로 공격적인 캐릭터는 승모근이 겹쳐진 듯 발달해 보이는데, 얼굴이 가격당했을 때 이 근육 덕분에 목이 좀 더 안정되어 보이기 때문이다. 또한, 외형을 호전적으로 보이게 하기도 한다.

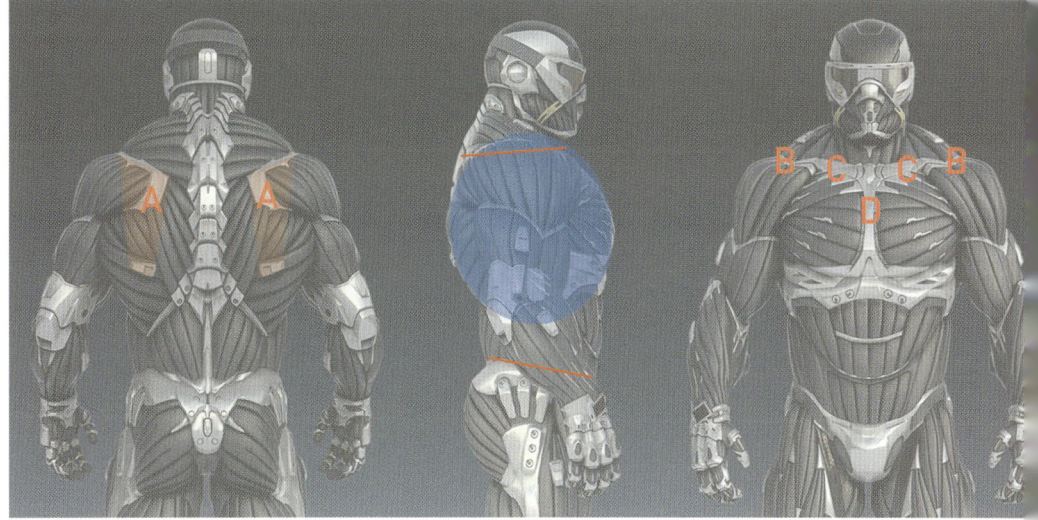

거장의 습작 모사하기

앞장 『싸우고 있는 남자』 – 라파엘로

라파엘로의 이 습작에는 동작할 때 팔이음뼈의 모습이 확연하게 드러난다. 스스로 보호하기 위해 오른팔을 앞으로 내밀고 엎드린 이 인물 구도를 빠르게 따라 그려보자. 라파엘로는 이 책 속의 다른 거장들과 마찬가지로 상상 속에서의 구상을 드로잉으로 옮기는 뛰어난 능력을 갖춘 화가였다. 이 책을 통해 비율과 입체 개념에 대해 충분히 이해하게 된다면 여러분도 상상 속의 인물을 실감 나게 옮길 수 있을 것이다.

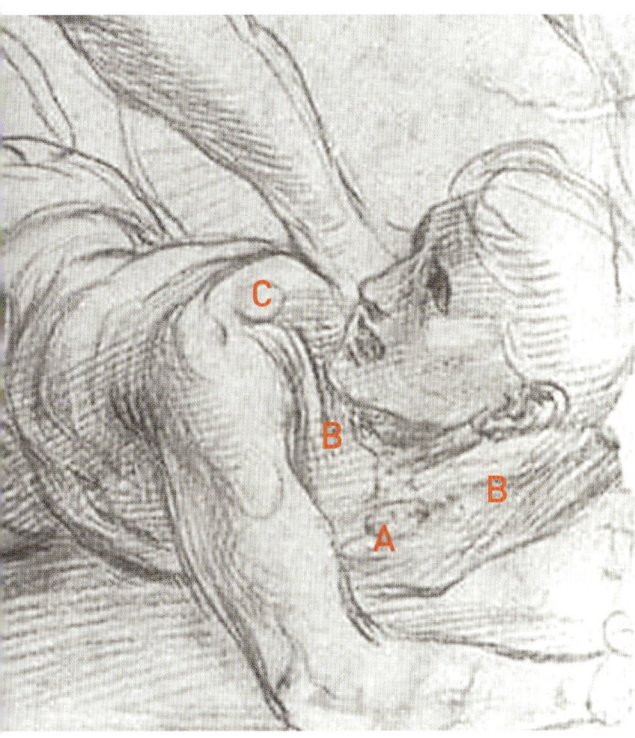

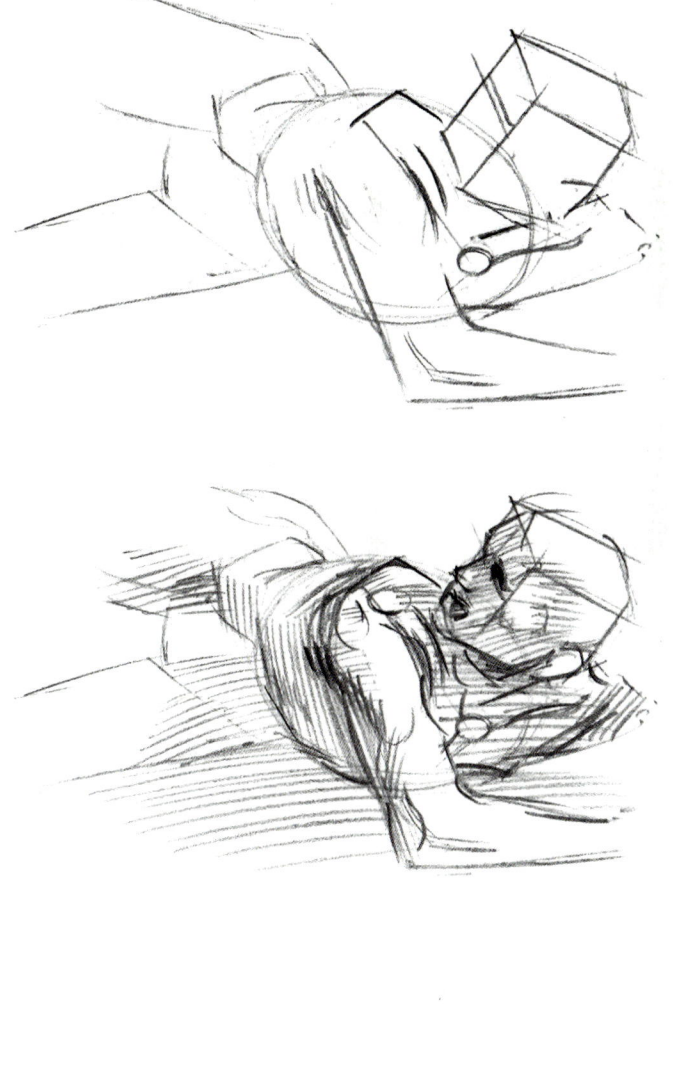

엎드린 인물에서 가장 뚜렷하게 보이는 준거점은 흉골(A), 쇄골(B), 견봉돌기(C)이다.

머리와 흉곽의 위치를 설정한 다음 인물의 오른쪽 견갑골의 견갑골 극과 견봉돌기의 윤곽선이 코의 바로 아랫부분에서 교차하는 것에 주목하자. 라파엘로는 대기 원근법의 개념을 이용하여 이 선이 머리 뒤쪽에 가려지기 전 점차 옅어지게 처리하였다. 이 선으로 말미암은 형태가 얼굴보다 뒷공간에 있는 것을 강조하기 위해서였다.

인물의 오른쪽 쇄골은 왼쪽보다 더 가파른 각도이며 이는 오른쪽 어깨의 자세에 따라 각도가 달라졌다는 점을 표현한다.

팔

팔을 그리는 과정은 다리를 그릴 때와 유사하다. 팔과 다리 모두 형태를 나선형의 흐름을 따라 구성하고 있다. 형태 선의 이러한 흐름은 움직임에 대한 착시 효과를 일으킬 때 매우 중요한 요소이다.

팔의 덩어리화

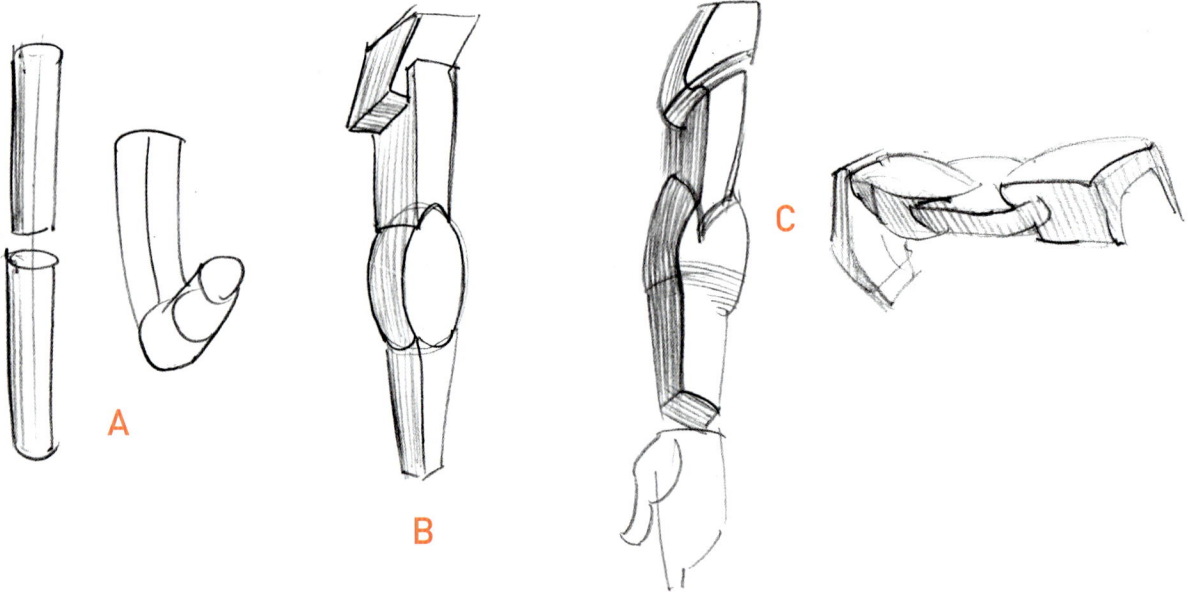

팔을 덩어리화하는 가장 빠른 방법은 먼저 두 개의 원통으로 단순화하는 것이다(A). 그다음 팔의 동작에 따라 다양한 곡선과 횡단면을 이용하여 아래팔과 위팔의 방향을 표현해 보자.

덩어리화를 위한 좀 더 세부적인 단계를 위해 상자와 구 형태를 서로 연결하여 이어 붙이자(B). 마지막으로, 이러한 형태가 서로 결합한 방식에 주의하며 다듬어 나가자(C). 가장 상단에 있는 상자는 삼각근을 의미하는데, 점점 폭이 좁아지며 아래에 있는 근육들 사이로 연결된다. 그 아래 형태 역시 팔꿈치 관절 바로 위를 향해 폭이 좁아지며, 관절의 둥근 형태 바로 밑 근육 역시 점점 좁아지는 모습을 보인다.

팔의 뼈

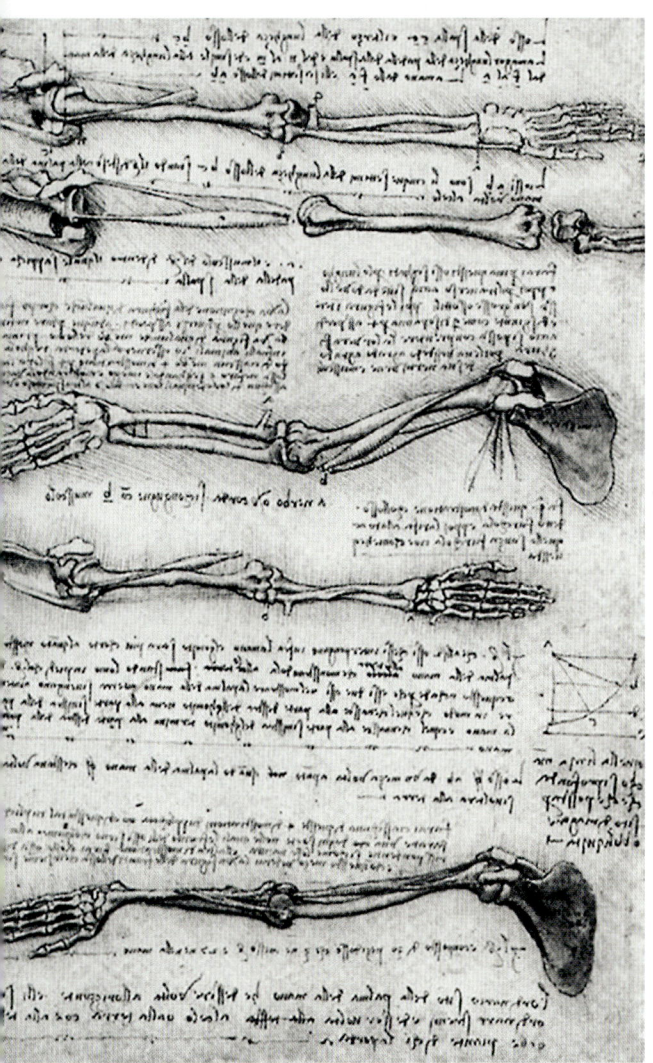

『팔 습작』 – 레오나르도 다 빈치(1452−1519)

'중력과 움직임(60∼67쪽)'에서 우리는 몸 전체 항중력근의 서로 반대되는 흐름을 통해 걷는 동작이 가능해진다는 점을 알아보았다. 이렇게 번갈아 가며 보이는 곡선의 역학은 이 근육들이 결합하는 곳인 뼈에서도 확인할 수 있다. 다 빈치의 위 그림 역시 상완골(위 팔뼈)의 곡선을 나타내고 있다. 다음 그림의 (A) 부분이 상완골이다.

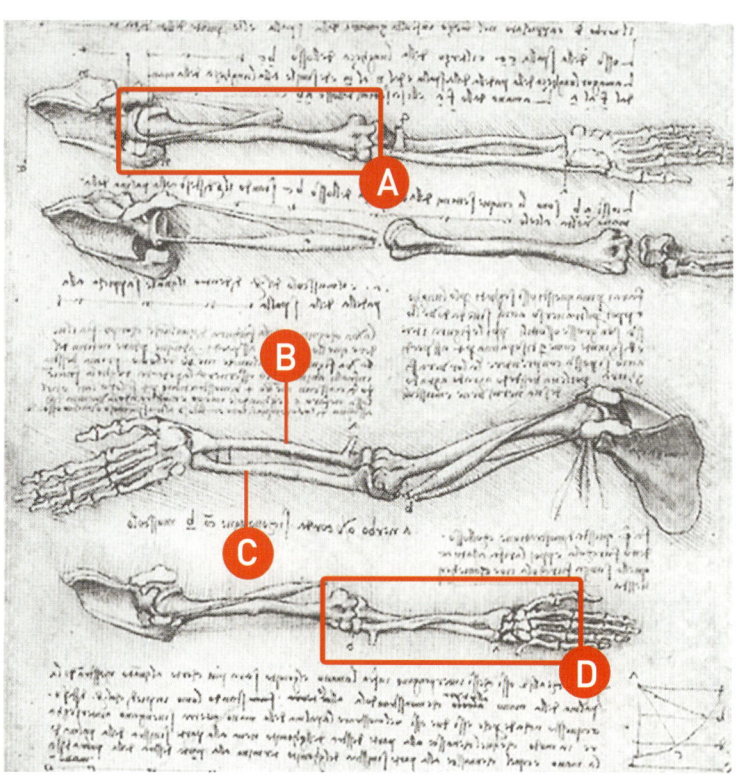

이 그림을 통해 팔뚝에 있는 두 뼈의 움직임을 살펴보자. 손바닥이 위를 향하도록 뒤집으면 요골(노뼈 B)과 척골(자뼈 C)이 서로 평행을 그린다.

손바닥이 아래를 향하도록 뒤집으면 이 두 뼈는 X자 형태를 이루게 된다(D). 이러한 변화는 일부 골격의 준거점에 의해 피부 표면에서도 확인할 수 있다. 다음 드로잉에서 확인해보자.

팔 골격의 준거점

『주름에 대한 습작』 – 알폰스 무하

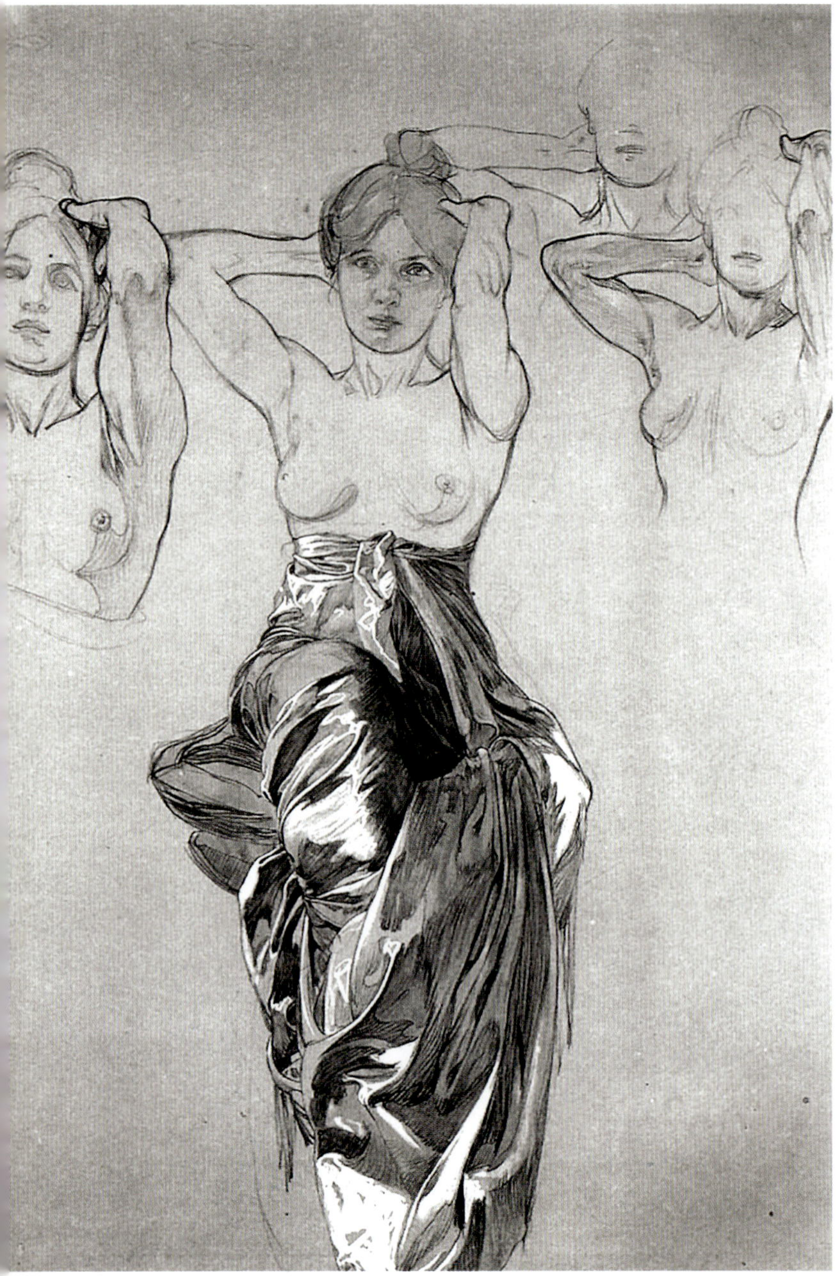

팔 골격의 준거점은 팔꿈치와 손목 주변에 집중되어 있다. 우리가 팔꿈치라고 생각하는 단단한 골격 형태는 척골의 끝 부분(A)이다. 척골은 또 하나의 준거점을 가지는데, 손목의 상단 바깥쪽 가장자리에 돌출된 부분이다(B). 이 두 점을 연결하는 선이 피부 표면 아래 척골의 전체적인 길이를 나타낸다.

두 개의 작은 준거점(C)과 (D)는 상완골의 끝 부분이며, 척골의 끝(A)과 연결된다. 척골의 끝 부분과 삼두근의 힘줄은 아래 그림에서 위 팔의 뒤쪽에 보이는 선을 따라 면을 분할한다.

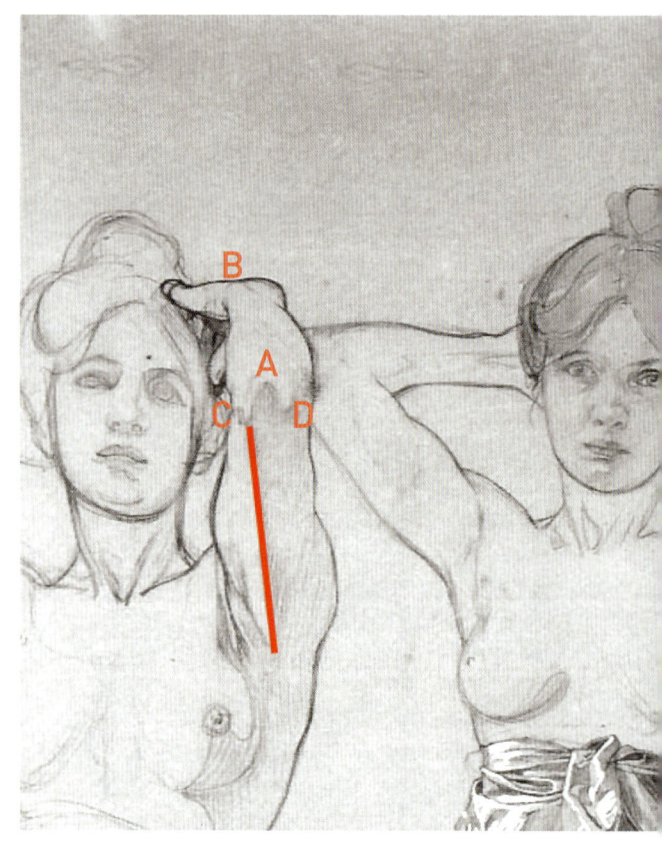

『인체의 골격』 – 호베르트 비들루

호베르트 비들루의 이 판화 작품도 함께 참고해보자. 척골과 상완골의 연결을 분명하게 묘사하고 있기 때문이다. 팔을 보면 척골이 스패너와 비슷한 형태인 상완골에 접합된 것을 확인할 수 있다. 앞장과 아래 무하가 드로잉한 여성의 팔꿈치 부분에서도 이러한 뼈의 형태를 골격의 준거점으로 찾아보도록 하자.

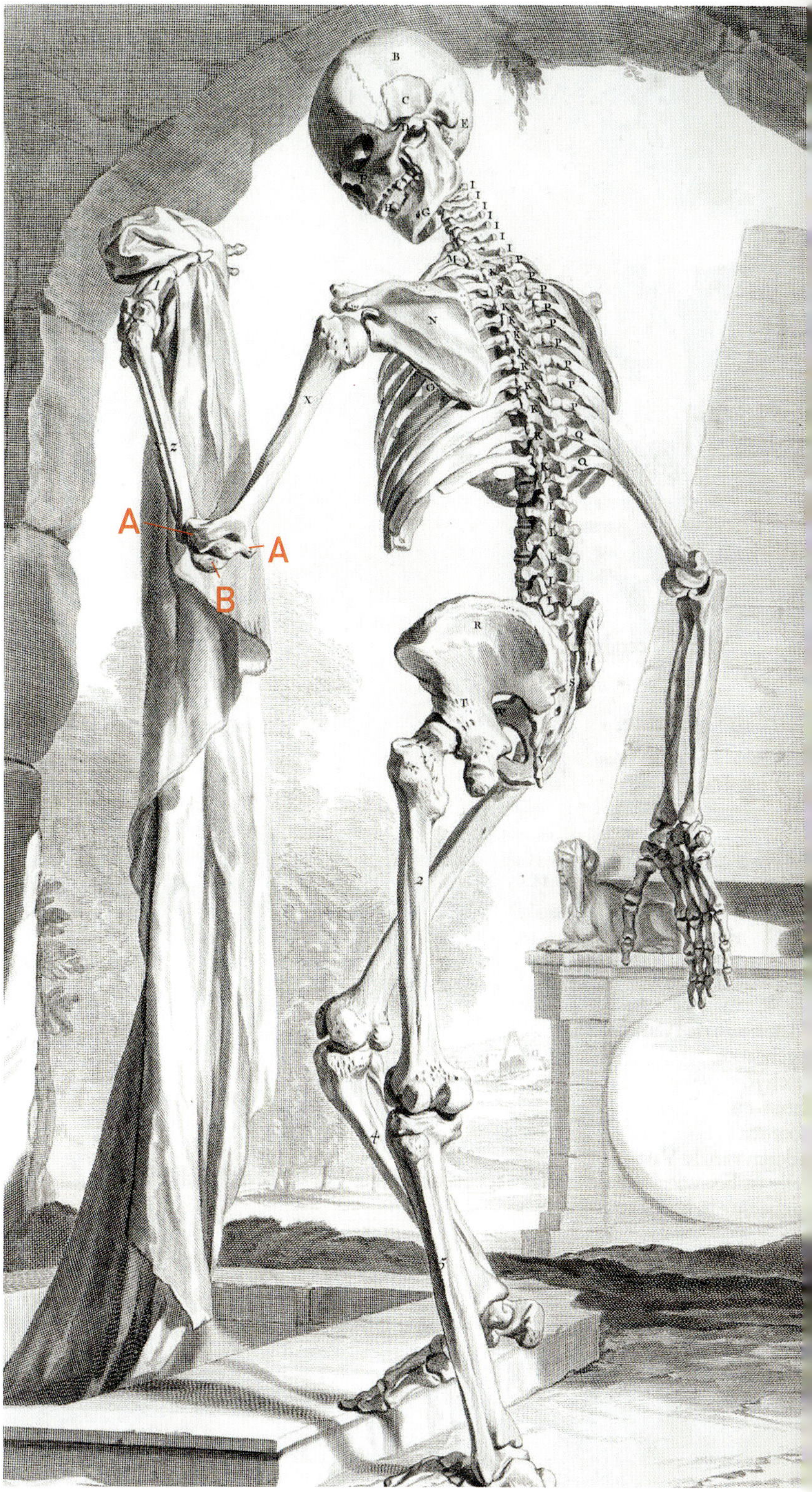

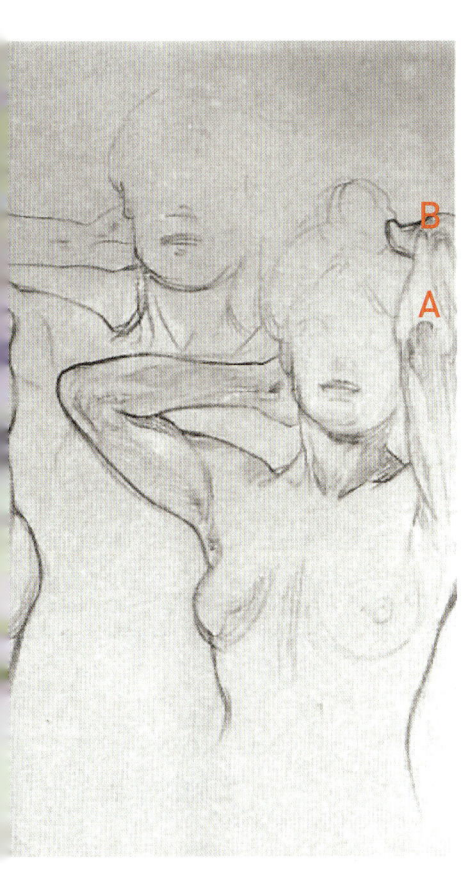

거장의 습작 모사하기

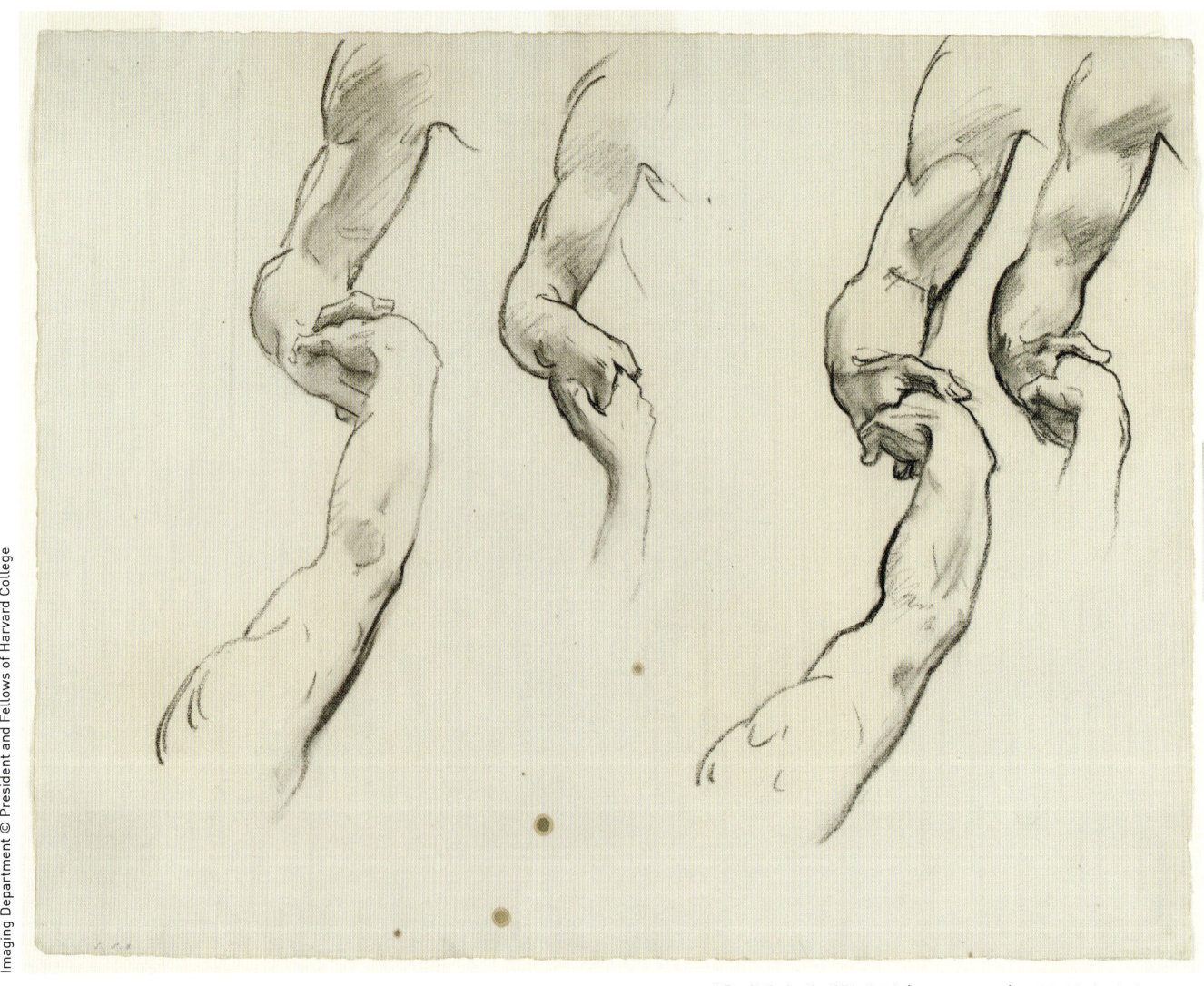

『**움켜쥔 손에 대한 습작**』(1895-1916) – **존 싱어 사전트, 보스턴 공공도서관 소장**

존 싱어 사전트의 이 드로잉에서 팔과 움켜쥔 손은 매우 단순하게 묘사되었지만, 힘과 입체감이 강하게 느껴진다. 사전트가 보여주는 이러한 효과를 다음 장의 모사 단계를 통해 알아보도록 하자.

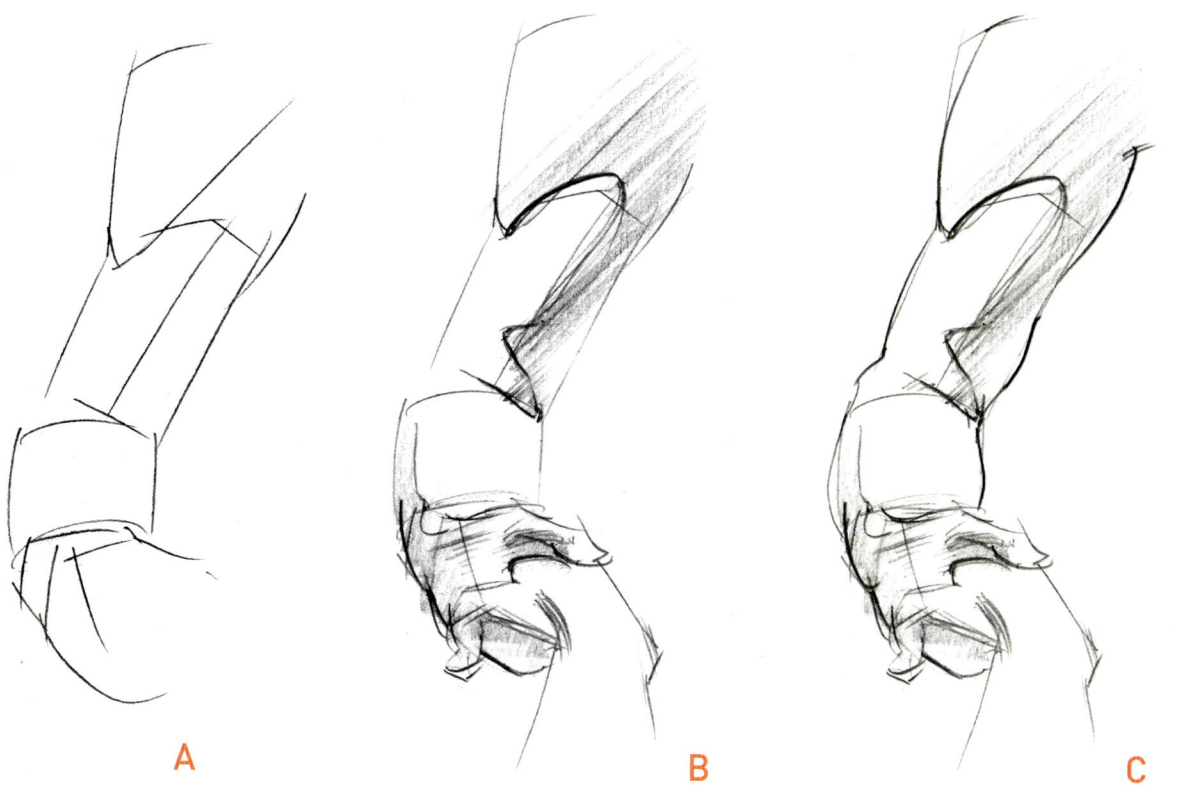

A   B   C

그림 (A)는 모사의 첫 단계이다. 위에서 아래로 삼각근을 폭이 점점 좁아지는 상자 형태로 나타내자.

그다음 이 상자 형태 밑에 다른 상자를 연결하여 그리자. 이제 아래 팔도 덩어리로 나타내는데, 원통과 상자 형태를 겹쳐 깊이감을 표현하자.

근육은 서로 별개의 덩어리로 단순화할 수 있다. 따라서 삼두근이 삼각근보다 공간적으로 멀리 있는 모습을 표현하기 위해 두 근육의 윤곽선을 서로 겹쳐 그릴 수 있게 된다. 마찬가지로 위 팔이 아래팔보다 공간적으로 뒤에 있는 모습을 나타내려면 아래팔의 윤곽을 삼두근의 바깥쪽 가장자리 윤곽에 겹쳐지도록 한다. 사전트의 그림에서처럼 코어 섀도를 표현하는 선을 그어 위 팔의 주요 면이 분할되도록 하자(B). 이러한 선만으로도 빛의 흐름이 표현되지만, 사선으로 음영을 더해 더욱 빛의 착시 효과를 더욱 분명하게 나타낼 수 있다. 마지막으로 전체적인 윤곽선을 다듬고, 서로 겹쳐지는 부분을 강하게 표현하여 깊이감이 느껴지도록 하자(C).

게임 속에서의 팔

『기어 오브 워 2』: 버서커

버서커의 팔을 보면 손바닥을 아래로 한 자세 때문에 팔뚝의 비틀어진 모습이 분명하게 드러난다. 팔꿈치의 준거점부터 시작하여 아래 팔뚝 주위의 이러한 비틀린 형태는 손목까지 이어진다. 이는 다 빈치가 그린 습작(115쪽)에서의 팔뼈와 같은 골격의 역학관계에 따른 것이다.

버서커의 디자인을 통해 위 팔의 구조 역시 확인할 수 있는데, 삼각근과 그 아래 이두근과 삼두근이 결합하여 서로 연결된 형태를 보여주고 있다. 또한, 근섬유의 모습도 확연하게 드러나 마치 경계선을 따라 터질 것 같은 형태를 띤다.

『페르시아의 왕자』

『페르시아의 왕자』는 거장들의 작품처럼 빛의 완벽한 사용을 통해 인체의 면을 구분한다. 이 스크린 샷에 나타난 팔은 사전트의 습작(118쪽)에서와 유사한 형태를 보인다.

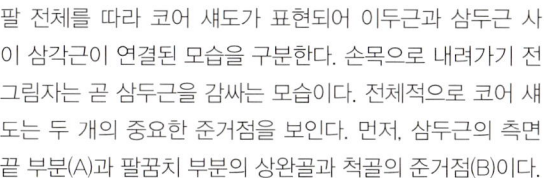

팔 전체를 따라 코어 섀도가 표현되어 이두근과 삼두근 사이 삼각근이 연결된 모습을 구분한다. 손목으로 내려가기 전 그림자는 곧 삼두근을 감싸는 모습이다. 전체적으로 코어 섀도는 두 개의 중요한 준거점을 보인다. 먼저, 삼두근의 측면 끝 부분(A)과 팔꿈치 부분의 상완골과 척골의 준거점(B)이다.

위 팔은 뒤쪽 삼두근의 윤곽 끝이 앞쪽 이두근의 윤곽 끝보다 더 높이 위치하여 불균형하게 표현되었다. 위 팔을 구부리면 두 근육의 상대적인 위치가 지금과는 반대로 바뀐다.

손

지금까지 알아본 몸의 다른 부분과는 대조적으로, 손은 매우 작은 형태들의 집합체이다. 손의 복
잡하고 유연한 특성으로 말미암아 다양한 느낌을 전달할 수 있는 부분이기도 하다.

손의 덩어리화

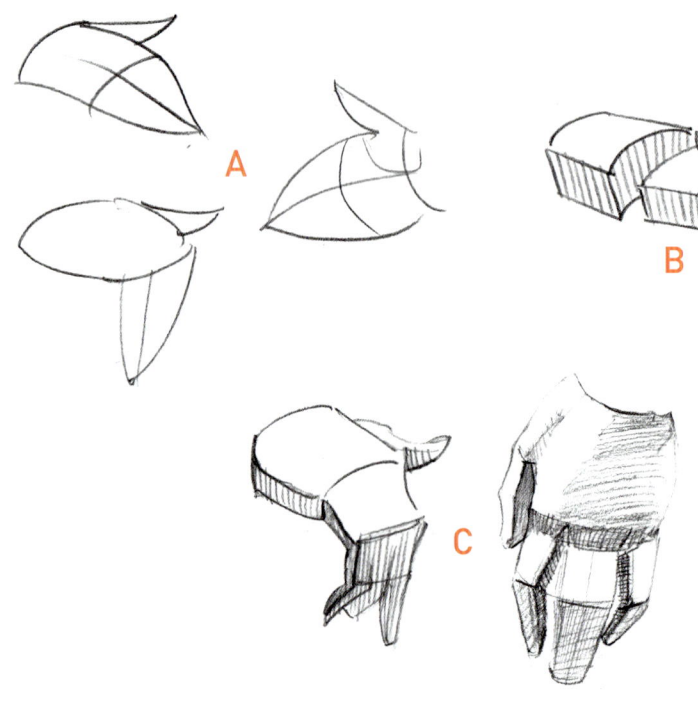

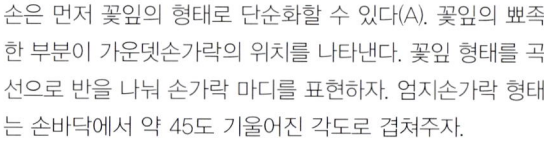

손은 먼저 꽃잎의 형태로 단순화할 수 있다(A). 꽃잎의 뾰족한 부분이 가운뎃손가락의 위치를 나타낸다. 꽃잎 형태를 곡선으로 반을 나눠 손가락 마디를 표현하자. 엄지손가락 형태는 손바닥에서 약 45도 기울어진 각도로 겹쳐주자.

입체감을 더하고자 아치형 상자 형태로 나타내야 하는데, 손가락 부분에서 점점 폭이 좁아지도록 하자(B).

손가락을 개별적으로 그리는 것보다 하나의 덩어리로 표현하면 손을 훨씬 쉽게 그릴 수 있다는 점을 기억하자. 발가락 역시 마찬가지로 접근하여 하나의 단단한 덩어리라는 느낌을 강조할 수 있다. 하지만, 검지와 새끼손가락은 따로 그리는 경우도 많은데, 가장 기동성이 있을뿐더러 동작을 통해 다양한 감정을 전달하는 데 도움이 되기 때문이다(C). 손톱은 전체적인 덩어리 개념 이외에 부수적인 디테일이기 때문에 아직은 고려할 필요가 없다.

엄지손가락 역시 상자 형태를 이용해서 나타내지만, 손바닥과 연결되는 부분은 길쭉한 구의 형태와 가까운 모습이어야 한다. 또 다른 중요한 형태는 손바닥에서 엄지손가락과 이어지는 부분의 반대부분이다. 엄지손가락과 함께 이 부분의 근육과 지방으로 손을 동그랗게 모아 질 수 있다.

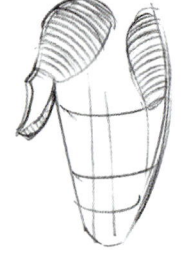  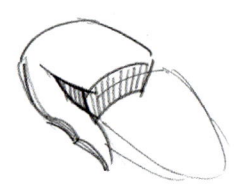

손의 뼈

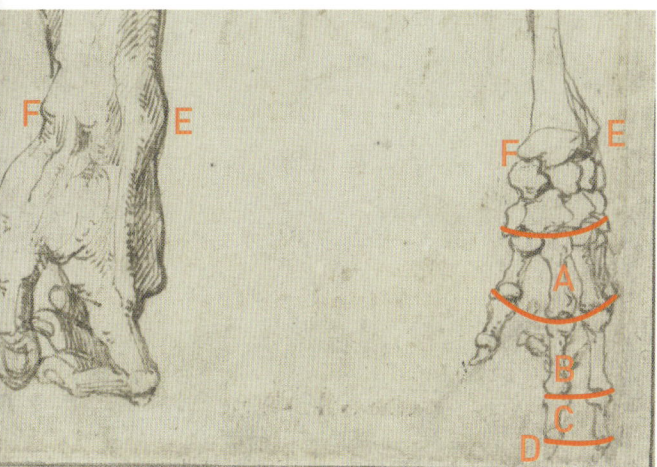

손의 중수골(손바닥뼈 A)과 지골(손가락뼈 B, C, D)은 피부 표면에서 확인할 수 있는 손 골격의 준거점이 된다. 뼈의 두툼한 관절 때문에 손가락은 마치 아코디언과 같은 형태처럼 보인다. 관절 탓에 손이 굴곡진 형태로 보인다는 점에 주목하자.

미켈란젤로의 습작에서는 또한 척골의 돌기 부분(E)과 요골의 준거점도 확인할 수 있는데, 손목의 방향을 표현하는 유용한 지점이다.

흔히 고전 미술은 '사실적'인 표현을 중시한다고 생각하지만, 실제로는 아티스트에 따라 양식화된 독특한 표현이 주를 이룬다. 흥미롭게도 미켈란젤로는 사전트보다도 간단한 덩어리로 위 팔을 단순화하였다(118쪽 참조). 사전트의 그림 속 코어 섀도는 삼각근과 이두근을 구불거리며 나누지만, 미켈란젤로는 거의 연속된 형태로 표현하였다. 팔의 이러한 덩어리 개념은 보티첼리의 작품(85쪽)과도 비교해볼 수 있다. 이러한 작품들은 아티스트의 표현에 따라 몸의 구조가 다양하게 표현된다는 점을 보여주는 훌륭한 예시가 된다.

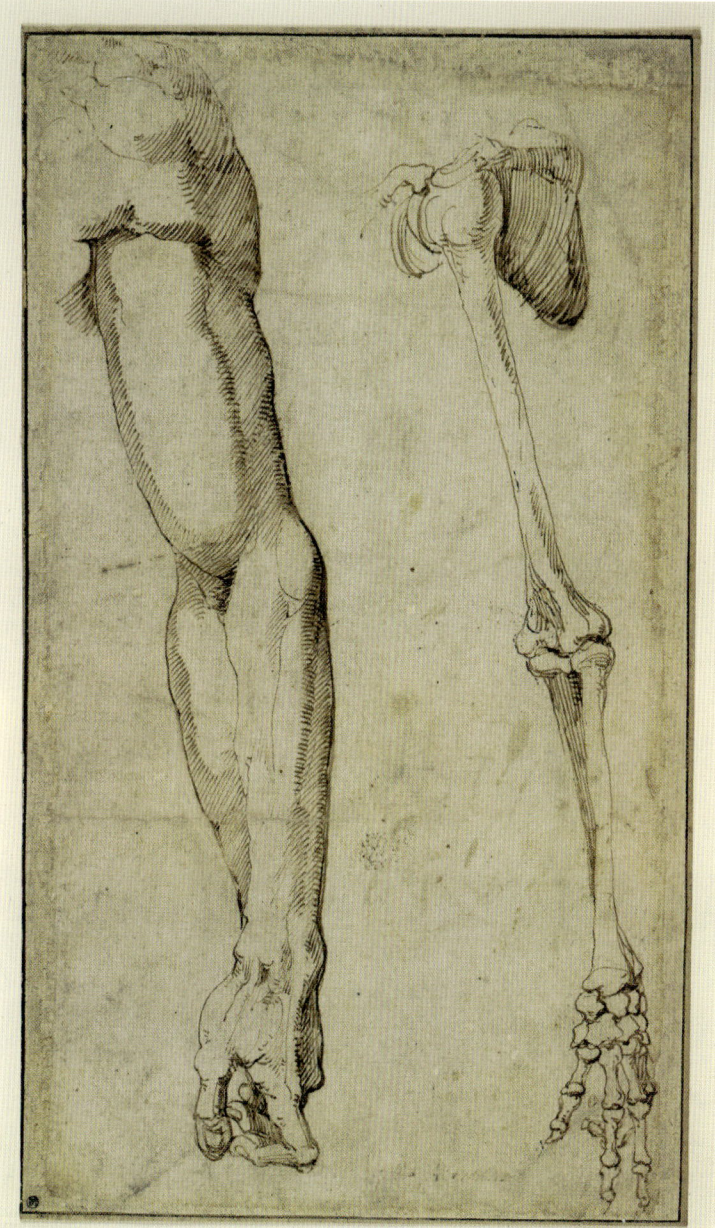

『왼쪽 팔과 왼쪽 팔뼈에 대한 습작』 – 미켈란젤로, 브리티시 미술관 소장

손 골격의 준거점

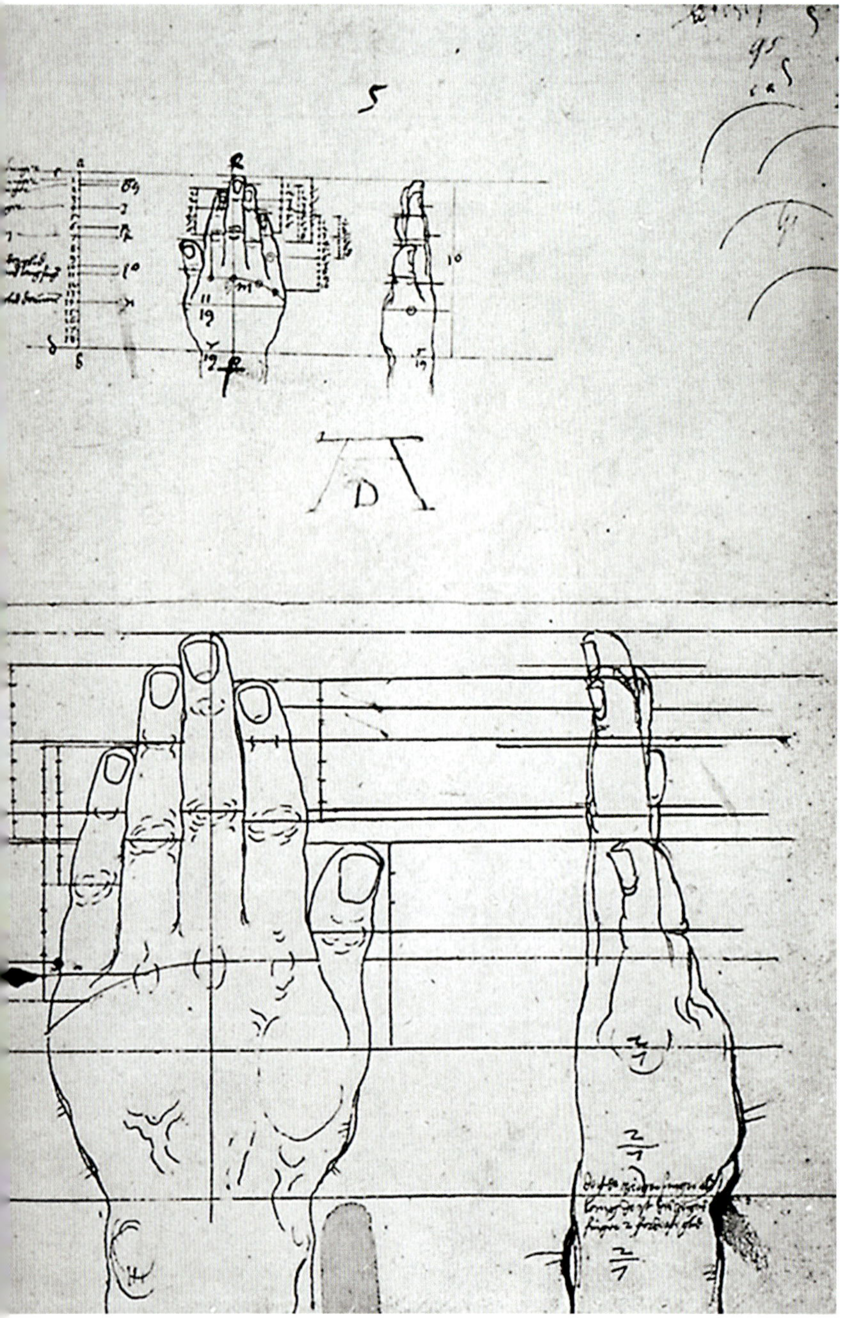

『오른손과 왼손: 윤곽으로 그린 외 측면』 – 알브레히트 뒤러,
드레스덴 작센 국립 도서관 소장

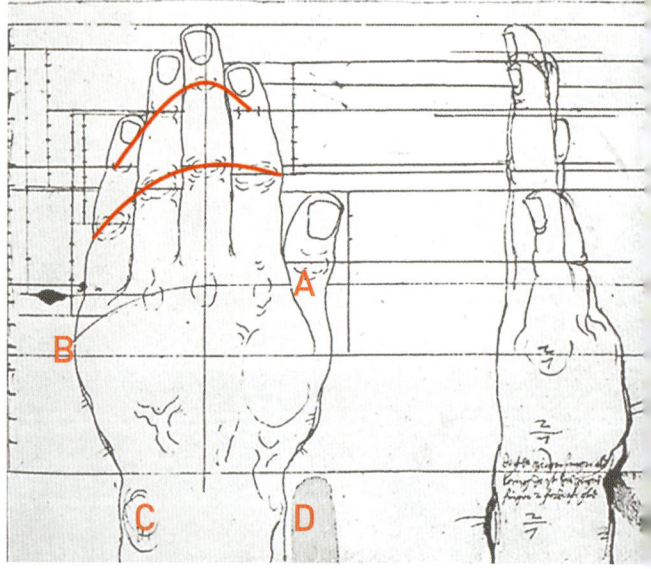

손가락을 개별적으로 그리지 않고 손가락 관절을 연결하여 큰 형태로 그리면 손의 덩어리를 단순화하는 데 도움이 된다. 이 드로잉에서 뒤러는 엄지손가락 관절의 아래(A)부터 (B)까지를 시작으로 손가락 마디의 준거점을 곡선으로 연결하였다. 또한, 엄지손가락 끝은 새끼손가락의 첫 번째 마디에 맞춰 정렬된 것을 확인할 수 있다.

또 다른 준거점은 척골 끝 부분의 돌기(C)이다. 반대편 손목 부분에는 요골의 바깥 가장자리(D)에 더 작은 준거점이 보인다.

팔과 손의 곡선

『카시나의 전투 습작』 – 미켈란젤로

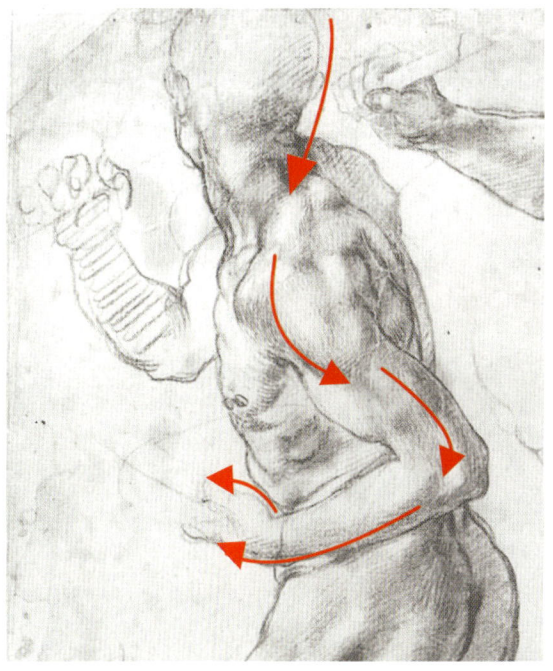

미켈란젤로의 이 드로잉에서도 보이듯 때로 아티스트들은 손가락의 굴곡진 윤곽에 비해 엄지손가락의 끝을 구의 형태로 나타내어 번갈아 가며 보이는 곡선의 흐름을 표현한다.

머리에서부터 어깨를 지나 다리까지 인물 전체에서 표현된 곡선의 흐름을 참고하여 간단히 따라 그려보자. 이두근과 삼두근 사이로 번갈아 가며 흐르는 곡선 역시 주의 깊게 살펴보자.

거장의 습작 모사하기

『아킬레스와 카이런을 위한 스케치』
(1917-1921) – 존 싱어 사전트, 보스
턴미술관 소장

초기 스케치는 아티스트의 생각의 전환
과정을 보여주기 때문에 매우 흥미로운
연구 대상이다. 이 습작에서 사전트는
같은 손을 두 가지 모습으로 그렸다. 위
의 드로잉은 아직 발전하기 전이며 주
먹 쥔 손을 윗면과 아랫면이 보이는 상
자 형태로 단순화한 모습이다.

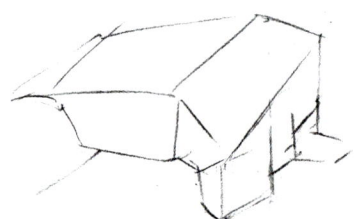

사전트의 방식대로 손가락을 하나의 덩어리화하여 윤곽을
그리자. 이러한 접근은 손의 다른 복잡한 부분도 쉽게 단순
화할 수 있는 유용한 방법이다. 전체적으로 관절에 따라 손
의 각 부분을 나눴기 때문에 더욱 쉽게 비율을 측정할 수
있다.

빛을 받는 면과 그렇지 않은 면이 확연히 구분되므로 단순한
덩어리에 빛을 표현하는 것은 매우 간단하다. 간단한 윤곽선
과 적절한 음영으로 손가락 덩어리를 나타냈다면 각각의 손
가락들을 나눠주자. 초보자들은 종종 손가락의 옆면을 그리
는 일을 잊곤 하는데, 이 때문에 입체감이 사라지고 이차원
적으로 보이게 된다.

게임 속에서의 손

『팀포트리스 2』: 메딕(밸브 코퍼레이션 제공)

『팀포트리스 2』는 형태 표현에서 빛을 가장 효과적으로 사용하는 게임 중 하나이다. 손가락처럼 같은 방향을 보는 독립적인 면들은 같은 명도로 음영이 져 개별적인 윤곽이 누그러지고 하나의 통일된 면처럼 보이게 된다.

메딕의 디자인에서도 나타났듯이 손과 발의 비율을 확대하여 무게감을 더할 수 있다.

아래 『페이블 3』, 마이크로소프트 게임 스튜디오 제작, 2010

『페이블 3』의 콘셉트 스케치에서 손이 주는 느낌은 캐릭터의 특성을 표현하는 하나의 수단이 된다. 왼쪽부터 오른쪽으로 각 캐릭터의 손은 결의, 힘, 권한, 고집스러움, 고상한 척하는 모습을 각각 표현하고 있다.

머리와 목

머리는 몸에서 흉곽과 골반에 이어 세 번째로 큰 부위이다. 머리의 전체적인 형태는 두개골의 단단한 형태와 관련하여 생각해야 한다. 얼굴은 부차적인 것이며 이를 통해 이미 캐릭터의 큰 형태와 자세라는 더 넓은 개념에서 표현된 감정을 미세하게 조정할 수 있다.

머리와 목의 덩어리화

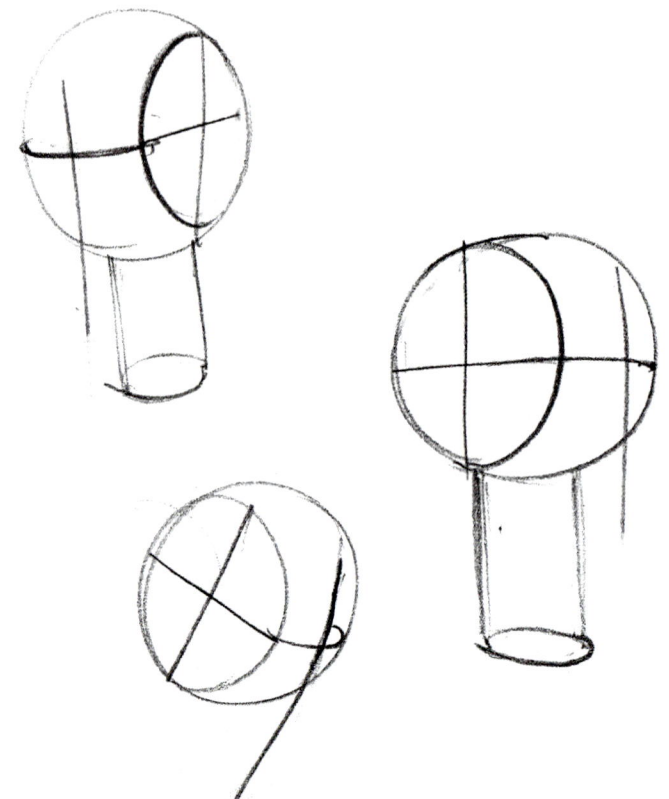

머리와 가장 유사한 개념의 형태는 구이며, 머리의 뒷면을 대신한다. 그리고 이후의 단계에서 머리의 양 측면을 구분하기 위해 구의 양 측면 역시 자르게 된다. 지금은 앞면에 십자선을 그어 머리의 방향을 나타내도록 하자. 수직선은 얼굴의 중심축을 의미하고, 수평선은 눈썹 부위를 구분한다. 눈썹 부위를 나타내는 곡선이 위, 아래 중 어느 방향을 향하는지 결정하는 것은 매우 중요하다. 이 방향에 따라 보는 이가 머리를 올려다보는지 혹은 내려다보는지 구분하기 때문이다. 이러한 구의 덩어리를 목을 의미하는 원기둥 위에 위치시키자.

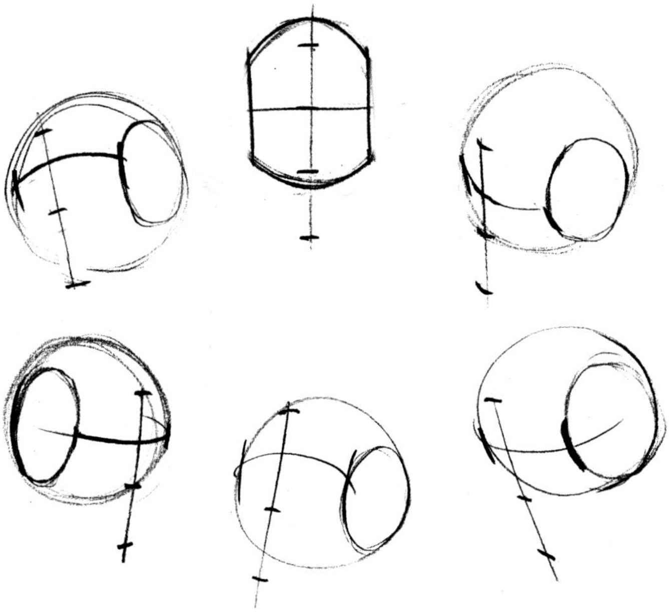

이 단계에서 앞면의 수직축을 삼등분하여 머리 선(이마의 끝선)과 눈썹(전 단계에서 그린 수평선), 코의 아랫면과 턱의 위치를 표시하자. 두피가 머리 선의 상단 너머로 확장된다는 점을 기억하자. 투시도법을 이용할 때 사물의 모든 연장선이 가상의 소실점을 향해 집중되어야 한다는 점을 잊는 경우가 흔히 있다. 따라서 이러한 표시 선 역시 그 점을 따르도록 주의하며 그리자.

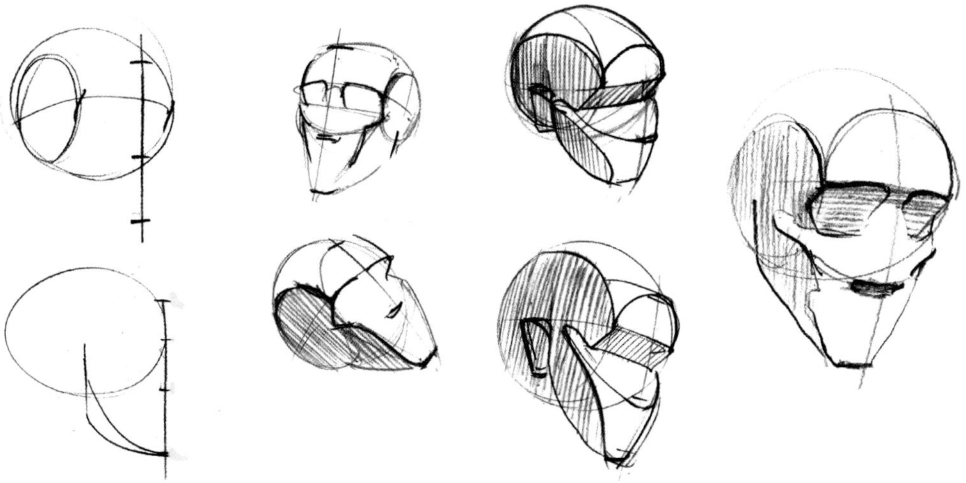

마치 조각가가 돌을 다듬는 것처럼, 덩어리에서 안와(눈구멍)의 아랫면 역시 깎아나갈 수 있다. 머리 측면에서부터 턱까지 곡선을 그리면 광대뼈의 형태를 나타낸다.

광대뼈를 곡선으로 연결하는 것만으로도 턱 날의 둥근 형태가 표현되는 것에 주목하자. 이마를 구분하는 곡선(눈썹선)은 정면 양옆의 관자놀이까지 연결된다.

이러한 덩어리화는 머리를 그리는 첫 단계이다. 얼굴의 모든 특징이 이후에 이 덩어리 위로 겹쳐지기 때문이다. 반복된 연습을 통해 머리를 어느 방향에서든 그릴 수 있다면, 곧 자신의 상상 속 머리도 그림으로 쉽게 옮길 수 있을 것이다.

덩어리화 단계의 마지막으로 귀를 표현하자. 폭이 좁아지는 상자 형태로 단순화하여 머리 측면의 중심선 뒤쪽에 위치시키자.

눈, 입, 코의 덩어리화

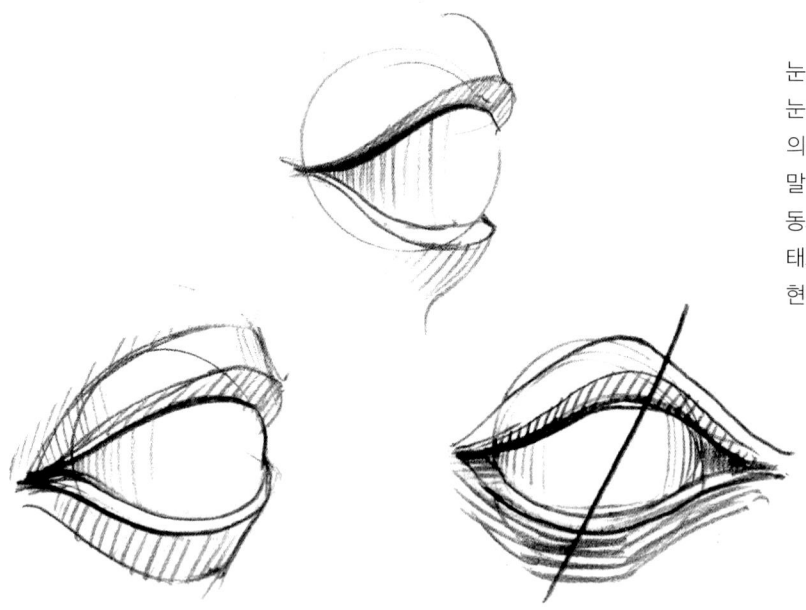

눈꺼풀을 그릴 때는 항상 안구의 구 형태를 의식해야 한다. 눈꺼풀은 두께가 있어서 안구 형태를 감쌀 때 위 눈꺼풀에 의해 안구에 음영이 진다. 초보자들은 보통 눈의 '흰자위'가 말 그대로 희다고 생각하기 때문에 눈꺼풀에 의한 음영은 자동으로 인식하지 않는다. 따라서 안구를 그저 무색의 구 형태로 생각하고 '빛과 명도의 심화(46쪽)'에서처럼 음영을 표현해주자.

입술은 원기둥 형태의 치아 위를 덮는다는 점을 기억하자. 일러스트레이터 앤드루 루미스 역시 자신의 저서에서 다음과 같이 말했다. "입술의 둥근 형태를 스스로 확인하기 위해 빵을 한 조각 베어 물자. 그리고 그 부분을 연구하자. 그러면 다시는 입술을 평평하게 그리지 않을 것이다."

입의 바깥쪽 끝 부분은 입술 양끝의 곡선 형태를 반영하여 부드럽게 처리하자. 아랫입술은 위를 향해 빛을 받는 면으로 표현될 수 있다. 아랫입술 주위를 비현실적인 윤곽선으로 그리는 것 대신 그 아래에 그림자를 표현하면 뚜렷한 선 없이도 입술이 구분되어 보인다.

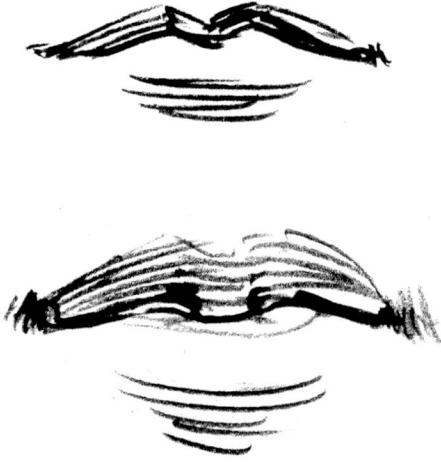

코를 나타내는 상자 형태는 얼굴의 중심선을 따라 위치해야 한다. 코의 윗면은 단단한 뼈의 형태에서 부드러운 덩어리로 변화시킬 수 있는데, 윤곽을 나타내는 선을 다양하게 조절하여 표현한다.

흔히 간과하곤 하는 코의 특징 중 하나는 비근(코의 근육 – 빨간색 부분)으로, 콧구멍 표면의 바로 윗부분이다. 비근과 다른 형태들의 교차로 인해 코는 직선이 아닌 굴곡진 윤곽을 보이게 된다.

코가 돌출된 것처럼 보이게 하는 가장 큰 원인은 코어 셰도이며, 코 밑 경계 부분에 표현한다. 더 아랫면에는 반사광을 주어 입체감을 강조할 수 있다.

얼굴과 목의 뼈

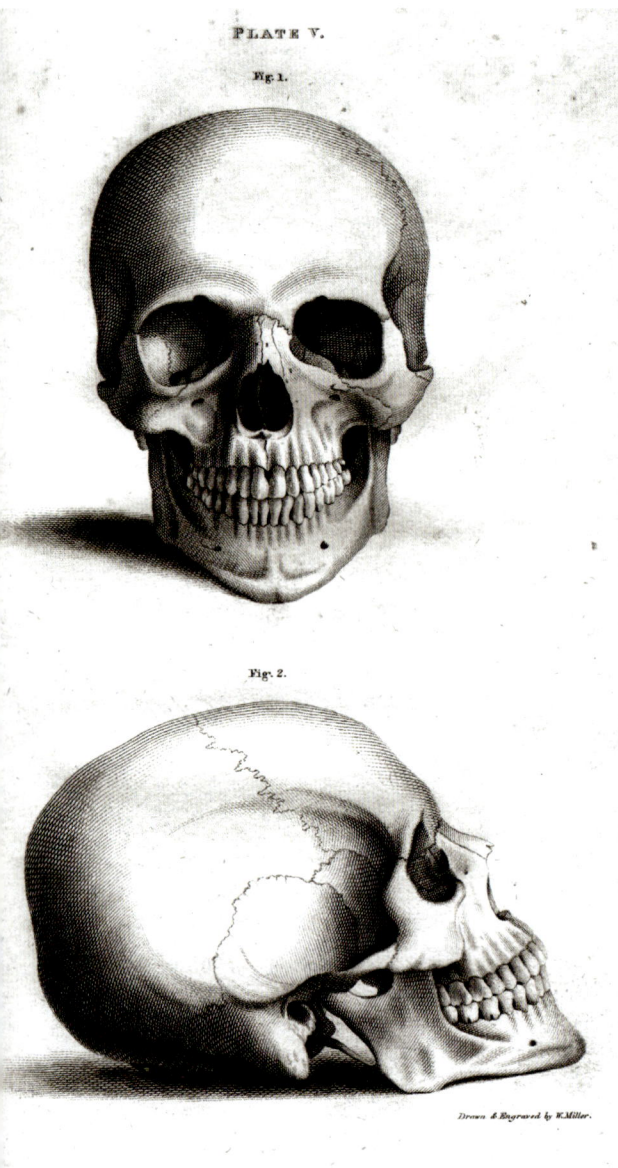

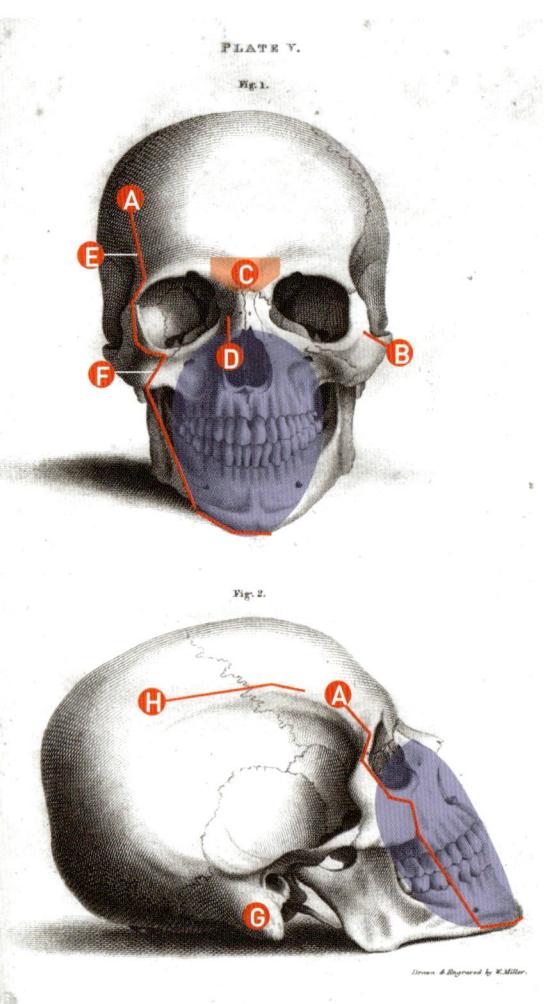

『인간 두개골의 판화』 – 윌리엄 밀러(1818–1871)

얼굴의 정면과 측면을 구분하는 선(A)은 뼈를 나타낼 때는 단단하게, 피부 형태를 나타낼 때는 부드럽게 표현된다.

명암은 골격의 준거점에서 피부 표면에 가장 가까운 뼈에 따라 급격한 변화를 보인다. 두개골에서는 코의 경계(D), 관자놀이(E), 광대뼈(F), 외이도(바깥귀길) 뒤의 돌기(G), 측두골을 지나는 선(H)이 있다.

미간(C)은 피부 표면에서 코뼈의 상단과 눈썹 부위의 안쪽 가장자리를 구분한다. 측면에서 보면 미간은 아래로 향한 면이기 때문에 음영이 지는 경우가 많다.

안와를 감싸는 광대뼈(B)의 각도는 개인 또는 인종에 따라 크게 달라진다.

치아의 원기둥 형태와 주위를 덮은 근육은 입의 전체적인 형태(파란 원 부분)를 결정하게 된다. 이러한 이차원 평면화를 바탕으로 머리의 정확한 입체 형태를 완벽하게 이해하기란 어려운 일이다. 따라서 스스로 두개골의 모형을 찾아 직접 연구해보는 것이 중요하다(아티스트들이 가장 즐겨 찾는 해부학 관련 제품 사이트는 www.anatomytools.com이다).

머리와 목 골격의 준거점

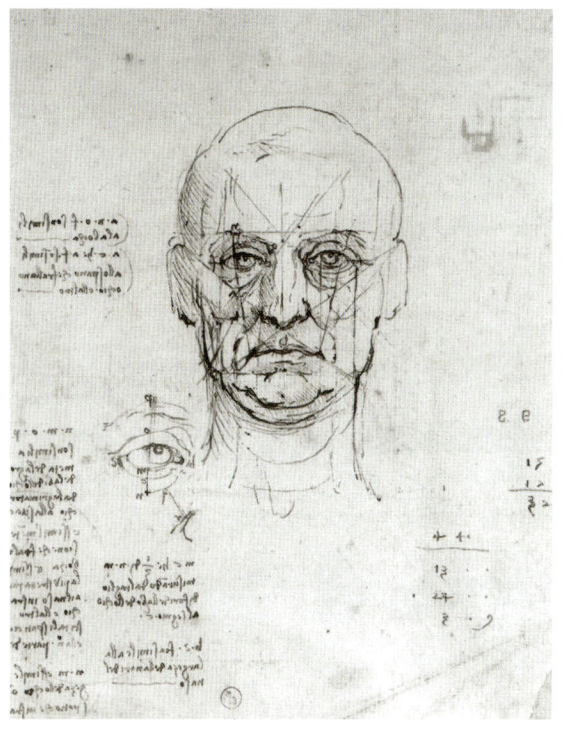

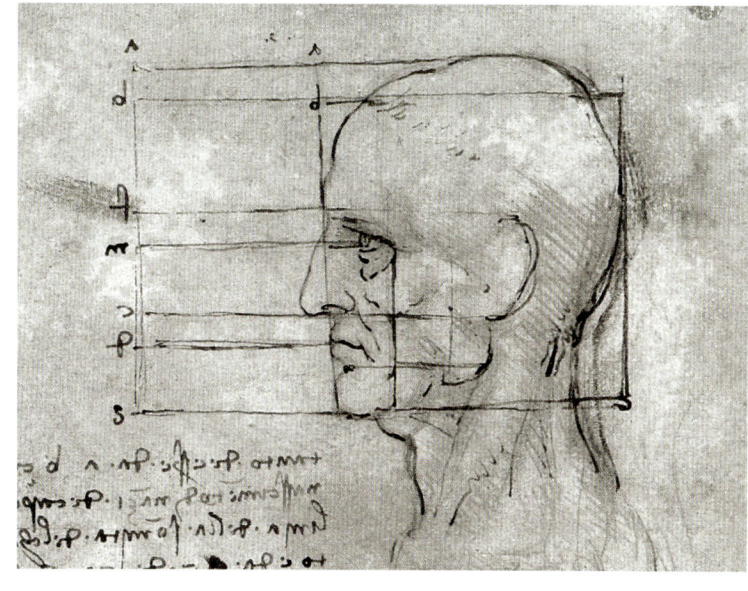

『비례에 관한 연구』 – 레오나르도 다 빈치

모든 고전 미술가들은 자신만의 비례측정 방법에 따라 상상 속의 인물을 그림으로 옮기는 탁월한 능력이 있었다. 거장들의 스케치북은 다양한 습작으로 가득했다. 레오나르도 역시 여러 준거점을 쉽게 기억하도록 정렬한 위 드로잉처럼 많은 습작을 남겼다.

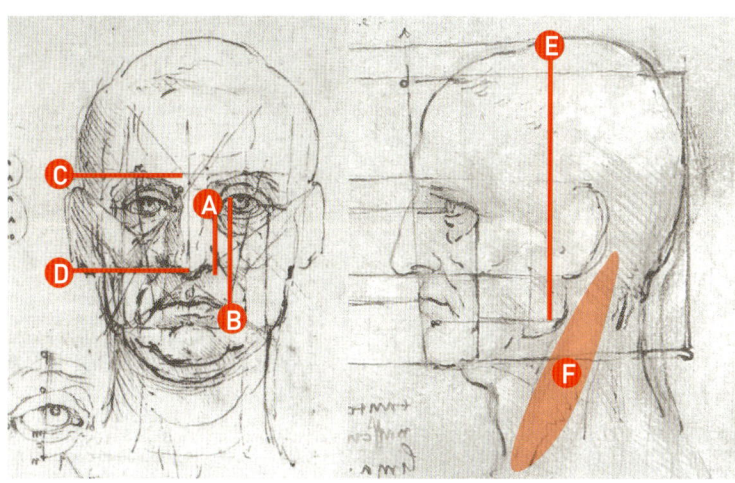

28~29쪽의 덩어리화 연습 단계에서도 알아보았지만, 얼굴 또는 머리의 정면은 수직선상에서 머리선, 눈썹 부위, 코, 턱을 준거점으로 하여 나눌 수 있다. 레오나르도 또한 눈의 안쪽 부분(A)에서 코의 가장 바깥 부분까지 선을 그려 두 부분 사이의 상대적인 위치를 기억하기 쉽도록 했다. 또 다른 수직선은 홍채의 왼쪽 경계와 입의 바깥 지점(B)까지 연결한다. 귀는 눈썹 선(C)과 코끝(D)에 따라 배열하였다.

레오나르도는 머리의 측면에서 귀를 머리의 중심선(E) 뒤쪽으로 위치시켰다.

흉쇄유돌근(F)은 귀의 뒷부분에서 시작해 원기둥 형태의 목을 감싸며 쇄골의 안쪽 끝 부분까지 이어진다. 이 근육은 머리와 몸통을 연결하는 고무 밴드와도 같은데, 따라서 머리를 양쪽으로 움직이거나 앞으로 숙이는 동작이 가능해진다.

머리와 목의 곡선

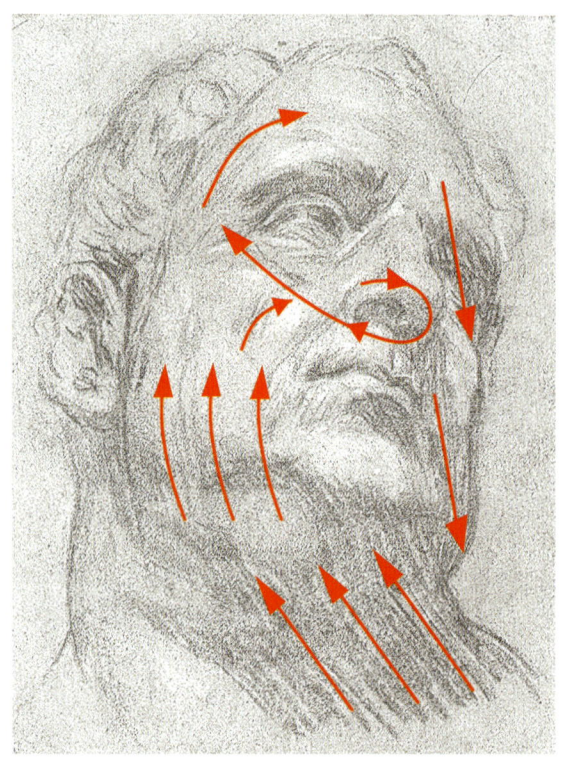

『비텔리우스의 두상 습작』 – 틴토레토(1518–1594)

머리에서 나타나는 곡선의 흐름을 자신 있게 그리기 위한 가장 효과적인 연습 중 하나는 고대 그리스 로마 시대의 조각을 모사하는 것이다. 틴토레토는 로마의 비텔리우스 황제(AD 15–69)를 자주 그림으로 옮겼다. 그의 작업실에 비텔리우스의 두상 복제품이 있었기 때문이다.

머리의 전체적으로 작고 조밀한 형태라 곡선의 흐름을 표현하기 어렵다고 생각할 수도 있다. 하지만, 위 그림처럼 틴토레토가 사용한 선의 표현을 통해 이러한 흐름을 확인할 수 있을 것이다.

거장의 습작 모사하기 – 남성의 머리

『비텔리우스의 두상 습작』 – 틴토레토
(1518–1594), 브리티시 미술관 소장

틴토레토가 그린 황제 비텔리우스의 두
번째 드로잉을 연구하여 머리를 덩어리
로 개념화하는 연습을 해보자.

틴토레토의 머리 습작 모사를 위한 6단계

01 드로잉을 할 때에는 언제나 시작이 가장 중요하다. 성공적인 단계의 진행을 위한 기초가 되기 때문이다. 머리의 일반적인 형태를 나타내는 타원은 정확한 관찰을 통해 신중하게 그려야 한다. 머리가 길고 좁은 타원 형태인가? 혹은 각진 사각형에 가까운가? 디테일에 집중하지 않도록 한걸음 물러나 머리의 전체적인 형태를 다시 살펴보자. 가까이 봤을 때보다 머리의 형태가 훨씬 다양하게 보이는 점에 놀라게 될 것이다.

02 틴토레토의 머리는 오른쪽으로 약간 기울었으며 사각형에 가까운 형태이다. 따라서 이러한 점을 염두에 두고 첫 번째 형태를 그리자. 그다음 중심축에 따라 머리를 삼등분으로 나누는데, 이마를 나타내는 첫 번째 부분이 밑의 두 부분보다 좁은 점에 주의하자.

귀는 눈썹과 코끝 사이에 있어야 하지만 우리가 인물을 올려다보는 각도이기 때문에 좀 더 아래쪽으로 내려 그리자. 기준선을 그리는 것을 두려워하지 말자. 거장들의 드로잉에서도 볼 수 있듯 그들 역시 얼굴 표현을 위해 기준선을 사용했다.

03 이번 단계의 목표는 머리의 가장 큰 면을 정하는 것이다. 틴토레토는 빛이 왼쪽 윗부분에서 비춘다고 설정하여 인물의 왼쪽 아래로 향하는 면에 음영을 표현하였다.

초보자들은 빛을 받는 면에 음영의 불규칙한 부분을 표현하는 실수를 흔히 저지르곤 한다. 머리 측면에 어두운 부분을 강조하여 얼굴에서 빛을 받는 면과 머리 측면이 분명하게 구분되도록 하자. 이를 통해 형태의 입체감을 느낄 수 있다. 모든 드로잉에서 머리의 덩어리를 이런 방식으로 구현하는 습관을 갖자. 모사 대상에서 형태를 구분하는 빛이 확연히 보이지 않더라도 드로잉에서는 삼차원적인 느낌을 부여하게 된다.

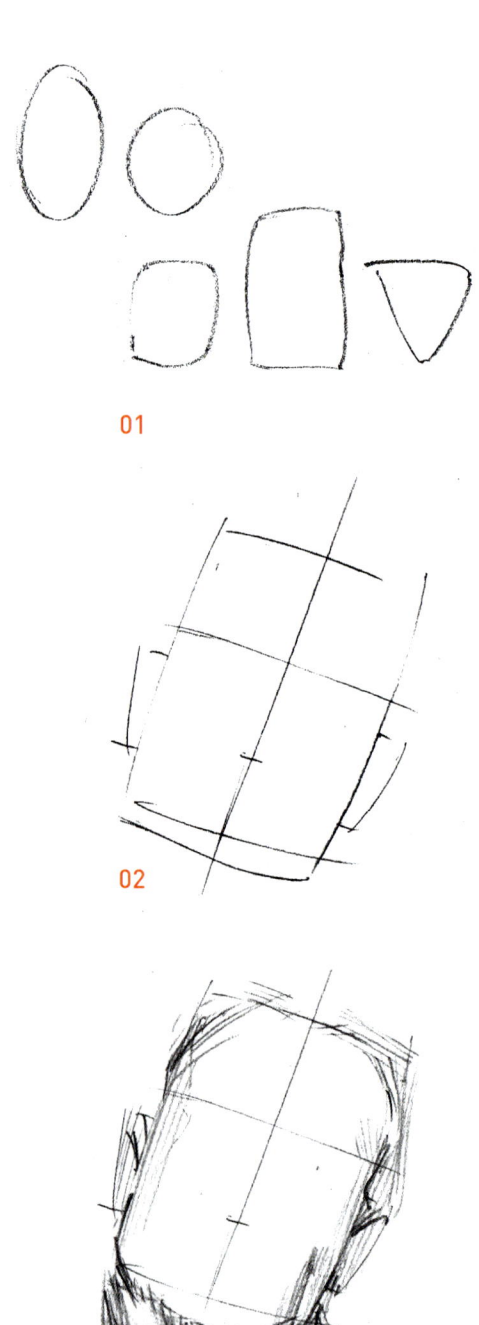

01

02

03

04

05

06

04 이제 눈가, 코끝, 윗입술, 아랫입술의 밑부분 등 어두운 면의 윤곽을 잡아주자. 드로잉을 진행할수록 수정하기 쉽게 간단히 표현하자. 눈의 안쪽과 바깥쪽 경계처럼 어두운 형태와 유용한 준거점을 이용해 안와(눈구멍)를 표시하자. 형태를 곡선으로 그리는 것보다는 일련의 직선들로 나눠 그리면 큰 형태를 쉽게 파악할 수 있다(삼각 측정법 사용, 35쪽 참조).

머리를 구성하는 다양한 형태를 구분하기에 코어 섀도는 특히 유용하다. 연필의 압력을 다르게 하여 어둡거나 옅은 선을 사용해 면의 분할을 강하게, 또는 부드럽게 표현하자. 이는 곧 명암을 나타내는 것이다.

모든 선은 중심축을 기준으로 양면에 적절하게 더해야 한다. 측정 방법을 이용하여 각 선의 위치가 정확한지 확인해보자. 가장 유용한 측정 방법은 실눈을 뜨고 보는 것인데, 명암의 미묘한 변화를 더 크고 통일된 형태로 단순화해서 확인할 수 있다.

05 얼굴 특징의 윤곽을 간단하게 표현했다면 이제 눈 등의 기준점을 정해 드로잉을 다듬어 나가자. 여기에서는 왼쪽 눈으로 진행하겠다.

안와 부분에서 눈꺼풀을 그릴 때 안구의 구 형태를 고려해서 선을 그려나가야 한다.

왼쪽 눈의 어두운 부분을 스스로 정확하다고 느낄 때까지 다듬도록 하자. 이 부분은 머리의 다른 모든 형태를 판단하는 기준점이 된다. 이 기준점이 정확하다고 생각된다면 이제 코나 미간 등의 근접한 부분으로 확장하여 그리자(확장 단계, 38쪽).

미간은 눈가 사이에서 아래를 향하는 면인데, 인물과의 유사성을 위한 매우 중요한 부분이다. 미간의 형태를 부정확하게(예를 들어 너무 넓거나 좁게) 그린다면 그림 속 인물은 완전히 다른 캐릭터로 보일 것이다.

06 코어 섀도로 눈썹과 코의 돌출된 느낌을 표현할 수 있는 점에 주목하자. 진한 선이나 어두운 덩어리로 코어 섀도를 나타내면 그 외에 어두운 부분은 자동으로 반사광을 받은 것처럼 보이며, 얼굴의 특징에 입체감을 부여한다.

머리카락은 안구와 같은 방식, 즉 무색의 입체 개념으로 생각해야 한다. 대상의 머리카락이 어떤 색이든 상관없다. 단지 머리의 덩어리에서 확장된 부분일 뿐이다. 따라서 머리의 주요 입체 형태에 따라 음영을 표현하도록 하자.

마지막으로, 두세 개의 진한 선을 이용해 인물에서 중점을 두고 싶은 부분을 강조해주자. 일반적으로 서양의 인물화에서는 왼쪽 눈에 중점을 둔다. 왼쪽부터 오른쪽으로 읽는 방식을 사용하므로 인물의 모습 역시 왼쪽 눈을 중심으로 '읽게' 되기 때문이다. 사람들이 대화를 나눌 때 주로 하듯, 한쪽 눈에 집중할 수 있도록 두 눈의 강조 정도를 다르게 나타내자.

거장의 습작 모사하기 – 여성의 머리

『*여성의 머리 습작*』 – 레오나르도 다 빈치

레오나르도 다 빈치의 이 미묘한 분위기의 아름다운 드로잉을 모사해보자. 레오나르도가 여성의 머리를 표현한 방식에 주의하면서 남성의 머리와 같은 단계(136~137쪽)로 진행하자. 틴토레토의 상대적으로 각진 남성의 머리에 비해 그림 속 여성의 머리는 좀 더 부드럽고 둥근 형태를 보인다.

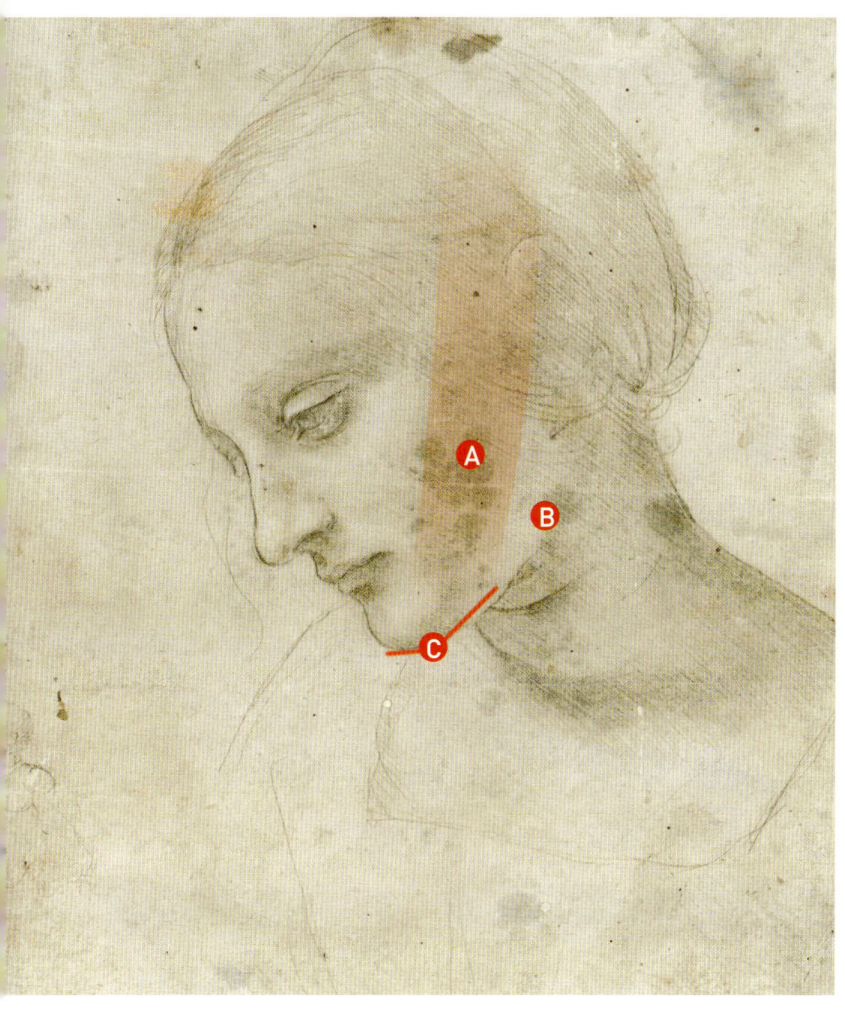

레오나르도의 그림 속 머리는 틴토레토의 사각형 머리 형태보다 더욱 구에 가까운 모습이다. 레오나르도는 머리의 입체감을 위해 수직선상으로 광대뼈 부분(A)에 코어 섀도를, 턱의 아랫부분(B)에 반사광을 표현하였다.

귀는 머리의 전체적인 형태와 유사한데, 빛을 받는 윗면만 상대적으로 또렷하게 보인다. 이 때문에 그림의 중심인 얼굴의 특징에 시선이 집중되는 효과를 일으킨다.

둥근 형태는 여성의 머리에서 볼 수 있는 일반적인 특징이다. 예를 들어 턱은 방향의 변화(C)를 통해 머리의 정면과 측면을 구분하는 요소인데, 주로 곡선으로 나타난다. 또한, 여성은 상대적으로 긴 목을 가지며 백조와 같은 느낌을 주고자 과장해서 표현하기도 한다. 레오나르도는 목의 양 측면에 흉쇄유돌근을 그리지 않아 훨씬 섬세한 느낌을 준다. 그뿐만 아니라 홍채 안에 동공을 나타내어 초점을 표현했다.

이 드로잉에서는 명도대비가 분명하지 않기 때문에 매우 섬세한 분위기를 느낄 수 있다. 실제 모델의 얼굴에는 코 양옆에서 입까지의 표정 주름 등 적어도 몇 개의 주름이 있었을 것이다. 주름을 강조해서 그리면 인물을 더욱 나이 들어 보이게 하므로 어린 아이를 그릴 때엔 아예 표현하지 않도록 하자.

게임 속에서의 머리와 목

『언차티드 2』: 엘레나 피셔 (SCE 제공)

엘레나의 머리는 둥근 형태를 보이지만, 정면과 측면에는 명암을 표현하여 삼차원적 입체감을 부여한다. 어두운 부분의 선을 따라 정면과 측면에 면 분할이 이루어지는데, 이마의 가장자리에서부터 광대뼈를 지나 턱까지 이어진다. 이러한 선은 얼굴 양 측면의 형태를 반영하고 있다.

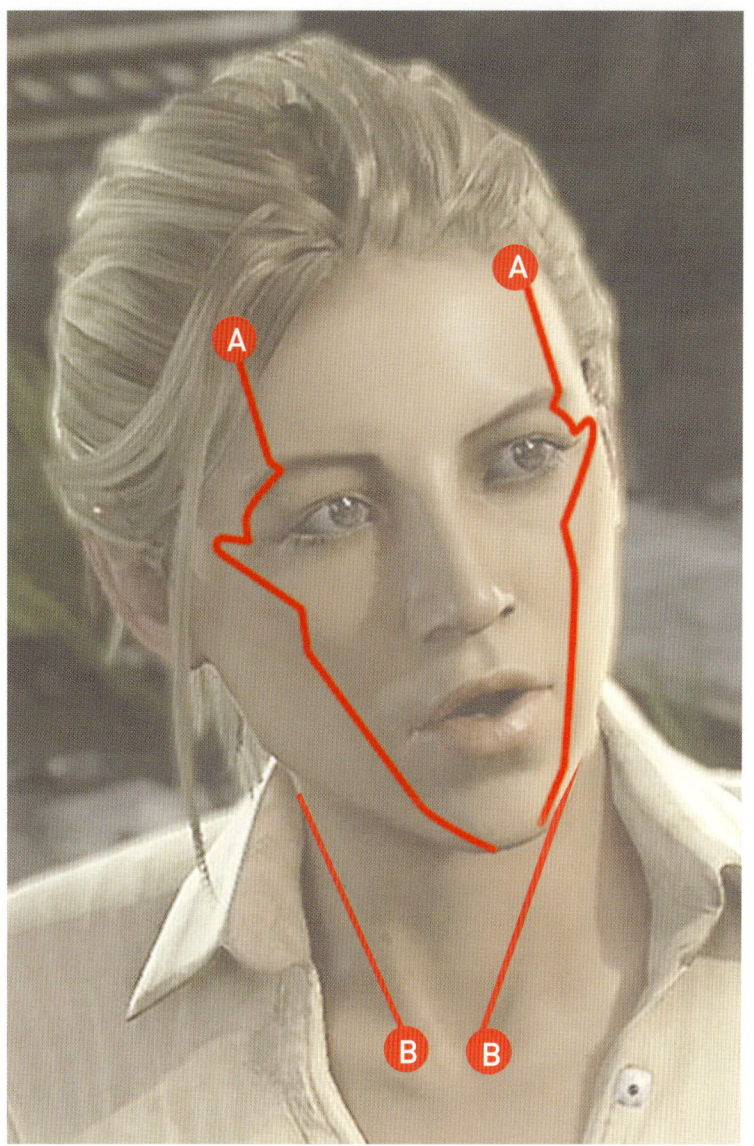

얼굴의 정면은 머리 선(A)에서 시작하여 이마의 양옆, 눈가, 광대를 지나 턱까지이다. 엘레나의 목 양 측면의 흉쇄유돌근은 쇄골의 안쪽 끝(B)까지 표현되었다. 이 장면에서 흉곽은 보이지 않지만, 쇄골과 연관된 머리와 턱의 위치 때문에 몸통과 연관된 머리의 방향 역시 확연하게 구분할 수 있다.

『팀포트리스 2』: 메딕의 콘셉트 아트

엘레나의 머리와 비교했을 때 『팀포트리스 2』 메딕의 머리는 특히 턱 부분에서 좀 더 각진 형태이다. 게임 속 빛이 고전 미술과 같은 방식으로 표현되었다는 점이 콘셉트 아트 단계에서도 이미 확연하게 드러나며, 이를 통해 머리의 정면과 측면이 틴토레토의 습작(136쪽)과 유사한 모습으로 구분되고 있다.

얼굴 표현

인간의 얼굴에는 근육이 조밀하게 집중되어 있어 크고 작은 감정이 분명하게 나타난다. 하지만,
캐릭터의 기본적인 감정은 얼굴에서 최소 네 개의 특정 부분을 통해 표현할 수 있다. 바로 이마,
눈썹, 눈, 입 부분이다.

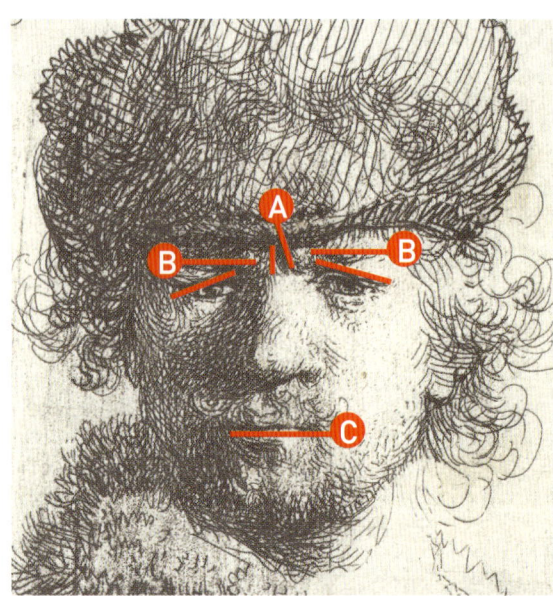

『찡그린 모습의 자화상』 – 렘브란트 반 레인(1606-1669)

렘브란트는 수많은 자화상을 통해 미묘한 얼굴 표현의 대가
로 거듭났다. 몇 개의 중요한 부분을 이용하여 화난 감정을
표현한 것에 주목하자. 즉, 미간을 찌푸린 부분(A), 평평한 눈
썹 부위(B), 아래로 처진 위 눈꺼풀, 넓적한 코의 주름, 오므
린 모습의 평평한 입술(C)이다.

렘브란트는 거울에 비친 모습을 스스로 관찰하며 이 습작을
완성했을 것이다. 현대의 아티스트들과 애니메이터들은 항
상 거울을 지니고 다니며 얼굴 표정의 참고를 위해 끊임없
이 관찰한다.

Sackboy/girl
character specs

Neutral

Happy

Sad

Angry

Worried

『리틀 빅 플래닛』: 색보이/색걸

『리틀 빅 플래닛』의 색보이와 색걸은 코와 눈꺼풀이 없음에도 넓은 범위의 감정을 표현한다. 눈썹 부위를 이용하여 다양한 형태로 찌푸릴 수 있기 때문이다. 각기 다른 눈과 입의 형태 역시 감정 표현을 위한 수단이 된다.

가능한 몇 개의 선만 사용하여 색보이의 다양한 표정을 그려보자(144쪽의 얼굴 표정 참고). 감정 표현을 위해 얼굴의 표정을 다양하게 그려보면 상상 속 캐릭터를 구현하는 데 도움이 될 것이다. 색보이는 비율적으로 큰 머리와 얼굴을 가졌기 때문에 표정도 더욱 강조되어 보인다. 사실적인 인체를 디자인할 때 역시 캐릭터의 중요한 부분을 과장해서 표현하는 것을 고려해보자.

HAPPINESS   SADNESS   SURPRISE

FEAR   ANGER   DISGUST

얼굴 표정: 『미술가를 위한 인체해부학』에서 발췌 – 엘리엇 골드핑거

142~143쪽에서 감정을 표현하는 얼굴의 특징(눈썹, 찡그린 부위, 입, 눈)에 대해 알아보았다. 골드핑거는 여기에 두 가지의 특징을 더했다. 바로 코에서 입술까지의 주름(표정 주름)과 이마의 주름이다. 골드핑거의 그림에서 나타난 것처럼 감정 표현을 위한 요소는 추상적인 선과 형태로 간단하게 생각할 수 있다.

LEVEL UP!

인체 해부학은 이 책에서 가장 무거운 주제였다. 따라서 이번 장의 모든 내용을 무사히 마친 것에 대해 스스로 박수를 보내자. 이로써 여러분은 일부 아티스트도 갖지 못한 특별한 지식을 얻게 되었다. 그뿐만 아니라 인물의 무게감과 움직임을 거장들처럼 실감 나게 표현하는 데 필요한 방법 역시 알게 되었다.

다음 장에서는 캐릭터와 배경을 디자인할 때, 그리고 플레이어에게 특정한 느낌을 전달할 때 필요한 디자인의 요소에 대해 알아보도록 하자.

LEVEL 05 [디자인 요소

우리는 '중력과 움직임'에서 선의 모양을 다양하게 조절하여 무게감과 움직임을 표현할 수 있다는 것을 알아보았다. 수 있었다. 고전 미술가들은 또한 화면 속 요소들을 구성하기 위한 기준으로도 선을 활용하였다. 이를 '구도'라고 부른다.

디자인에 대한 이러한 추상적인 접근 방법은 비주얼 그래머의 기본 요소를 통해 이루어진다. 이는 로고와 사용자 인터페이스에서부터 배경, 캐릭터, 애니메이션에 이르기까지 비디오 게임을 디자인할 때 방향을 제시하는 강력한 지표가 된다.

비주얼 그래머는 선, 형태, 입체감, 명도, 색이라는 다섯 가지 요소이지만 고전 미술 개념을 접목시켜 셀 수 없이 많은 방식으로 활용할 수 있다. 이를 통해 게임을 할 때 플레이어의 경험과 복합적인 감성을 불러 일으킬 수 있다. 비디오 게임에 적용되었던 다양한 방식에 대해 살펴보면서 이를 확인해보도록 하자.

『아이들의 놀이』 – 피터 브뤼헐(1525–1569)

프레임

고전 미술의 원리를 비디오 게임에 적용하기 위한 첫 번째 단계는 게임 속 카메라를 인식하고, 화면을 '클로즈업', '미디엄', '원거리 촬영(롱샷)'을 이용하여 적절하게 설정하는 것이다.

카메라 샷을 결정할 때는 실질적으로 고려해야 할 요소가 많다. 예를 들어, 플레이어가 게임 내에서 어떻게 움직일 것인지 결정하려면 플레이하고 있는 지역을 충분히 파악할 수 있어야 한다. 따라서 게임 플레이에 따라 카메라 샷이 결정되기도 한다. 하지만, 기술적인 요소뿐 아니라 플레이어에게 감성적 경험을 부여하려는 아티스트의 의도 역시 화면 구성을 위한 최종 결정에 지대한 영향을 미친다. 가장 이상적인 것은 카메라 샷을 통해 게임 플레이와 아티스트의 의도를 모두 충족시키면서 게임 속 상황에 적절하게 변화를 주는 것이다.

근거리(INTIMATE) ◄──────────────► 원거리(DISTANT)

관찰자가 화면 속 캐릭터에 얼마나 근접하게 인식하는가에 따라 초상화(왼쪽)나 정물화에서처럼 서로 가까이 있는 느낌을 받을 수도 있고 풍경화(오른쪽)에서처럼 동떨어진 듯한 느낌을 받을 수도 있다.

비디오 게임은 기존의 표현 매체에 비해 엄청난 이점이 있다. 이러한 근접 효과로 말미암아 플레이어와 캐릭터 사이에 감성적 관계가 형성되는데, 이 효과를 상황에 따라 역동적으로 변화시킬 수 있는 것이다. 클로즈업 샷은 캐릭터와 밀접한 느낌을 주게 되고 카메라가 멀어질수록 배경이 강조되며 플레이어와 캐릭터 간 떨어진 느낌을 주게 된다.

『헤비 레인』 (퀀틱 드림 제공)

『헤비 레인』은 클로즈업 샷을 효과적으로 활용하여 플레이어
에게 화면 속 대상과 밀접하게 연결된 듯한 느낌을 준다. 클
로즈업 샷은 고전 초상화나 정물화 속 구도의 법칙을 게임
에 적용한 것이다. 바로, 대상물이 프레임 속 많은 부분을 차
지하는 구도이다.

『저니』 (미디엄 샷)

『저니』 (원거리 촬영)

『저니』는 일반적으로 미디엄 샷을 사용한다. 이로 말미암아 플레이어의 캐릭터와 배경을 나타낼 때 클로즈업과 원거리 촬영 사이의 균형 잡힌 효과를 줄 수 있다. 게임 속 카메라는 프레임에 끊임없이 변화를 주는데, 상황에 따라 배경을 강조할 땐 원거리 촬영에 가깝게, 캐릭터를 강조할 땐 클로즈업 샷에 가깝게 이동한다.

『스타크래프트 II : 자유의 날개』 (블리자드 엔터테인먼트 제공)

『스타크래프트 II : 자유의 날개』에서는 주로 원거리 촬영이 사용된다. 플레이를 한눈에 확인할 수 있기 때문에 이 같은 실시간 전략 게임에서 원거리 촬영은 완벽한 선택이다. 이 전투 장면에서 보이는 거리감과 화면 속 대상물의 엄청난 수 때문에 플레이어는 어느 한 요소와 밀접한 관계를 느끼기 어렵다. 대신 간결하게 기능으로 분류한 많은 요소를 한눈에 파악하기가 쉽다.

『*ICO*』

플레이어는 게임 속 상호작용하는 요소들을 통해 자신이 움직이는 캐릭터와 일체감을 느끼게 된다. 따라서 카메라 샷으로 화면 속 대상과의 근접 정도를 표현하는 것뿐 아니라, 플레이어의 캐릭터와 다른 캐릭터들 사이의 거리 역시 고려해야만 한다.

『*ICO*』의 개발자들은 반복적으로 캐릭터들을 한 화면에 담은 뒤 서로 거리를 멀리 배치하였다. 이는 외로움과 거리감에 대조하여 친밀함과 밀접함에 대한 감성을 강조하려는 방법이었는데, 마침내 이코와 요르다의 거리가 밀접해진 순간에 이러한 감성이 극대화되었다.

카메라 앵글

앞서 '투시도법의 기초'(24~26쪽)에서 수평선의 중요성에 대해 간략하게 살펴보았다. 이제 게임 속 카메라와 관련된 수평선의 위치가 플레이어의 느낌에 어떤 영향을 미치는지 살펴보도록 하자.

『어새신 크리드 II』

『어새신 크리드 II』에서 플레이어는 건물 위 옥상까지 오를 수 있다. 옥상에 서면 프레임 속 수평선이 높게 위치하게 되어 주변 배경을 우월한 시선으로 바라볼 수 있게 된다.

수평선을 프레임 정 중앙에 두는 것은 피하도록 하자. 수평선 위, 아래의 균형 탓에 매우 중립적이고 고정된 구도를 갖게 한다. (의도적인 구도가 아니면 피하는 것이 좋다.)

『어새신 크리드 II』

같은 캐릭터가 지면에 위치하면 수평선이 프레임 중앙에 가까워져 좀 더 자연스러운 투시가 이루어진다. 이 게임에서 수평선이 높게 있는 경우와 중앙에 있는 경우 사이의 대비 효과로 말미암아 플레이어가 지면에서 받는 느낌이 강조된다. 더욱 노출되고 취약한 느낌을 받게 되는 것이다.

『완다와 거상』

팀 이코가 제작한 『완다와 거상』(영문명 Shadow of the Colossus)은 거대한 물체에 직면했을 때의 취약함을 표현하기 위해 로우 앵글(Low-angle) 샷을 효과적으로 활용했다. 카메라가 플레이어의 캐릭터 완다 뒤쪽 지면에 있는데, 이에 따라 플레이어는 게임 속에서 반드시 올라타야 할 거상의 존재를 올려다보게 되는 것이다.

『언차티드 3』

수평선을 사선 방향으로 기울이면 훨씬 역동적인 효과를 줄 수 있다.

『언차티드 3』는 게임에서 기울여진 투시를 활용하여 플레이어에게 방향 감각에 대한 혼란과 긴장감을 부여할 수 있었다. 특히 플레이어가 움직이는 캐릭터 나단 드레이크가 마약 성분이 있는 총을 맞았을 때나 이 스크린 샷처럼 챕터 15를 진행할 때 강조되었다.

『슈퍼브라더스: 스워드 & 소서리 EP』 (슈퍼브라더스 *Inc.* 제공)

『슈퍼브라더스: 스워드 & 소서리 EP』는 수평선을 중앙에 두어 중립적인 효과를 주었다. 수평선을 중앙보다 위나 아래에 두면 역동적인 구도가 완성되기 때문에 이 게임의 평온한 분위기와는 어울리지 않았을 것이다.

플레이어는 마치 스스로 상황을 경험하는 것처럼 캐릭터에 좀 더 감정이입을 하게 된다. 수평선의 위치 때문에 중립적인 효과가 발생하지만, 이 장면에서는 삼각형 적에 맞선 캐릭터의 위치 때문에 강한 긴장감을 느낄 수 있다. (카메라 앵글이 154쪽 『완다와 거상』과 유사하다)

『범피 로드』(시모고 제공)

수평선의 위치와 관련해 로우 앵글 또는 하이 앵글 샷을 사용했을 때 서로 다른 감성적인 효과를 줄 수 있다. 수평축을 따라 대상물을 배치할 때 역시 마찬가지다. 캐릭터를 프레임의 왼쪽, 가운데, 오른쪽 중 어디에 배치하는지에 따라 다른 느낌을 주는 것이다. 시모고가 제작한 『범피 로드』는 긴장감을 부여하기 위해 이러한 위치 효과를 활용한다. 자동차가 중간에 자리할 때 균형감이 생긴다. 자동차를 더 왼쪽이나 오른쪽에 둔다면 좀 더 역동적인 에너지를 느낄 수 있다.

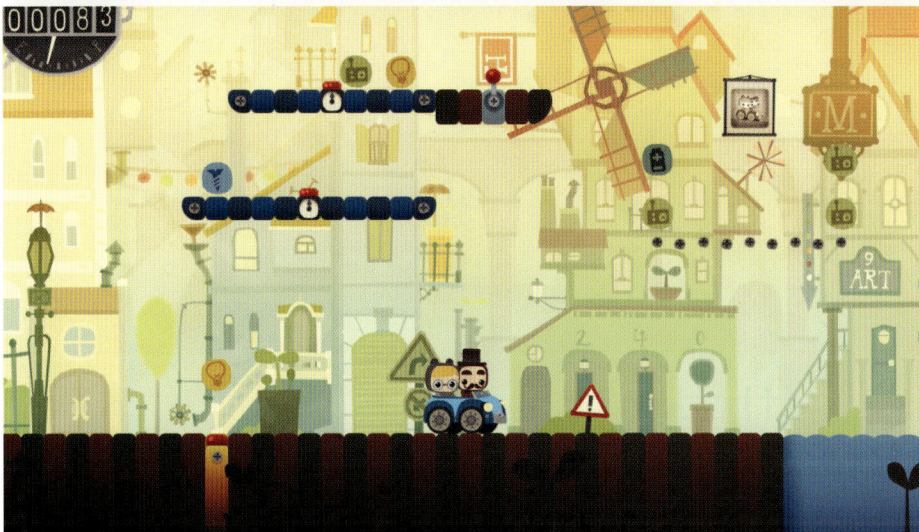

스케일

수평선의 위치와 투시는 서로 밀접한 관계이다. 이는 각 캐릭터의 크기, 그리고 캐릭터들과 배경과의 크기에 각각 영향을 미친다. 캐릭터의 상대적인 크기에 따라 플레이어는 취약함을 느낄 수도, 우월함을 느낄 수도 있다.

『앨리스: 매드니스 리턴즈』

『앨리스: 매드니스 리턴즈』는 비디오 게임의 이점을 완벽히 활용한다. 상황에 따라 앨리스의 크기를 변경하면서 구도를 역동적으로 변화하는 것이다. 플레이어는 이를 통해 다양한 감성을 느낄 수 있다. 앨리스의 크기가 작을 때는 배경을 좀 더 파악할 수 있으며, 크기가 커진 다음 플레이어는 더 강력해진 느낌을 받게 된다.

그룹화

숫자 3은 디자인에서 마법의 숫자라고 할 수 있다. 만약 화면에 세 개 이상(또는 그룹화된)의 요소가 등장한다면 플레이어는 시각적 혼란을 겪게 되어 점점 플레이의 방향성을 잃게 된다. 간결함을 유지하고 화면 속 요소의 수를 최소한으로 줄이려면 '그룹화'를 활용하면 된다.

『피크민』

피크민 시리즈에서 플레이어는 화면 속 최대 100개의 캐릭터를 제어할 수 있다. 받아들여야 할 정보로서는 어마어마한 숫자이다. 이 상황에서도 플레이어가 시각적 혼란을 겪지 않게 되는 이유는 이 모든 캐릭터를 기능과 색에 따라 커다란 덩어리로 그룹화했기 때문이다. 100개의 캐릭터를 개별적으로 접하기보다는 몇 개의 큰 그룹으로 받아들일 수 있으므로 플레이어는 게임 속에서 방향성을 유지할 수 있다.

『엠파이어: 토탈워』

『엠파이어: 토탈워』에는 전투를 위해 수백 명의 군사가 등 장하는데 플레이어는 이 모두를 제어해야만 한다. 이때 군 사들을 큰 그룹으로 정렬하면 시각적 혼란을 줄일 수 있다.

전투 시작 전 직사각형 형태로 정렬된 모습(왼쪽)과 돌격 장 면에서 검의 형태를 띤 모습(오른쪽)에 주목하자.

게임 디자이너는 이러한 개념을 활용하는 데 있어 수많은 가 능성을 고려해야 하며, 다양한 감성을 전달하기 위해 그룹의 형태를 역동적으로 변경할 수 있어야 한다. (176~183쪽 '형 태' 부분에서 더 자세히 알아보도록 하겠다.)

『아이들의 놀이』 – 피터 브뤼헐

시각적 혼란을 줄일 수 있는 또 다른 방법은 피터 브뤼헐이
아이들의 놀이에서 사용한 것처럼, 구성 요소를 구도 선에 맞
춰 배열하는 것이다. 이 그림에는 수많은 시각적 정보가 등장
하지만 큰 혼란을 주지는 않는다. 심지어 잘 보이지 않는 곳
에서조차 질서에 의해 구성되어 있기 때문이다.

브뤼헐은 구도 선(Composition Line)을 따라 사물을 정확하
게 배치하여 보는 이가 시각적 경로에 따라 그림을 분석할
수 있도록 하였다. 즉, 이 그림이 부여하는 느낌에 큰 영향을
끼치게 된 것이다.

빛

명도(Value Key)란 화면 속 색상의 밝고 어두운 정도를 의미한다. 대부분의 아트워크에서는 명도가 고르게 분포되어 있다. 낮에 실제 주변에서 볼 수 있는 것처럼 자연스럽게 균형을 이루는 것이다. 명도를 조절하여 전체 화면을 밝거나 어둡게 설정하면 게임 배경을 특별한 분위기로 연출할 수 있다.

『저니』

『저니』에서 이 사막 장면은 명도를 높게 설정하여 플레이어로 하여금 밝고 부드러운 느낌을 받게 한다. 배경 대부분은 명도의 단계를 높여 밝게 처리하고 캐릭터나 주요 지형은 낮은 명도로 어둡게 해서 강한 대비 효과를 준다.

『타운으로 놀러 가요: 동물의 숲』(Animal Crossing: City Folk)

이 게임에서는 사실상 그림자가 표현되지 않았다. 아동 대상의 게임에서는 은은한 조명에 그림자가 없는 환경을 흔히 볼 수 있다. 안전하면서도 현실적이지 않은 느낌이 들기 때문이다. 그림자가 없으면 또 한편으로 사물이 평면적으로 보이고 화면의 구성 요소 사이의 공간적인 관계를 파악하기 어려워지기도 한다(44쪽 '빛과 명도의 심화' 참고).

『앨런 웨이크』

『앨런 웨이크』에서의 밤은 명도 단계를 낮춰 전체적으로 어둡고 진하게 표현되었다. 빛을 뜻하는 하얀 점들은 불길한 그림자로 뒤덮인 다른 부분에 비해 더욱 강조되어 보인다.

이러한 설정으로 플레이어가 받게 되는 위협적인 느낌은 명도를 중간 단계(밝고 어두운 정도가 고르게 분포된 단계)로 설정한 낮 장면과의 대비를 통해 더욱 증폭된다.

선

지금까지 많은 연습을 하면서 드로잉의 기본에 대해 알아보았다. 여기에는 연필을 잡는 방법, 다양한 선을 그리는 법, 그리고 이렇게 다양한 선(두껍거나 가는 선, 희미하거나 진한 선, 곡선이나 직선 등)으로 보는 이에게 특정한 감성을 일으킬 수 있다는 점 등이 있다. 하지만, 이러한 상호작용으로 말미암아 비디오 게임의 플레이어는 아트워크의 구성에, 또한 화면의 시각효과에 깊은 연관성을 갖게 된다. 이제 아티스트가 선을 이용해 디자인할 때 받는 느낌을 플레이어가 게임을 할 때도 똑같이 느끼게 하려면 게임 속 요소를 어떻게 디자인해야 하는지 알아보도록 하자.

『다이애나와 시녀들』 – 요하네스 페르메이르(1632-1675)

페르메이르를 포함한 고전 미술가들의 일련의 선을 따라 구도를 잡는 방법은 보는 이에게 시선이 움직이는 시각적 경로를 제공하였다. 이를 통해 그림을 볼 때 느끼는 감정을 조절할 수 있었던 것이다. 고전 미술가들은 이러한 선의 흐름이 뚜렷하게 드러나지는 않게 하였는데, 미묘한 흐름으로 인해 잠재의식적으로 감정을 느끼게 하기 위해서였다. 페르메이르는 각 인물의 자세를 정확하게 그리고, 선의 흐름에 따라 팔, 다리와 의상의 위치를 조정하였다. 이 그림을 보면 평온한 느낌을 받게 된다. 완만한 곡선의 흐름에 따라 구도를 잡았기 때문이다.

『유아 대학살』 – 페테르 파울 루벤스

앞의 페르메이르의 그림과는 강한 대비를 이루는 루벤스의 『유아 대학살』에서는 구도를 이루는 주요 선이 서로 반대 방향의 삼각 형태를 띤다. 루벤스는 인물들을 각진 직선들에 배열하여 서로 충돌하는 공격적이고 위태로운 힘을 표현하고 있다.

이러한 구도를 나타낼 수 있었던 것은 상상을 통해 인물을 창조해내는 루벤스의 능력 덕분이었다. 그는 인물들을 어떤 방식으로든 원하는 대로 구성할 수 있었다. 아래쪽 삼각형 구도에 여성 인물들이 위치한 것에 주목하자. 위쪽 삼각형 구도의 남성 인물들에 의해 눌려 있는 모습이다. 이 그림을 간단히 따라 그려보자. 이 과정을 통해 구도를 이루는 또 다른 선들이 있는지를 확인해보기 바란다.

루벤스의『유아 대학살』확대도

페르메이르의『다이애나와 시녀들』확대도

페르메이르와 루벤스의 그림을 다시 살펴보면서 구도를 이루는 선들을 서로 바꿔 적용할 수 있을지 상상해보자. 각 그림에서 받게 되는 특정한 느낌이 세부적인 것이 아닌, 더 큰 구도적 틀에 의해 표현되는 것이라는 점을 이해할 수 있을 것이다. 또한, 선을 바꿔 적용해보면 아티스트가 전달하고자 하는 의도가 완전히 사라지게 된다. 디자인은 루벤스 그림에서의 검이나 페르메이르 그림에서의 식물과 같은 세부적인 구성 요소에 의해 큰 의미를 갖게 되는 것이 아니다. (이 두 요소는 얼핏 보면 매우 비슷한 형태로 보인다.)

좀 더 강력한 감성을 전하고자 고전 미술에서의 구도적 개념을 비디오 게임에 어떻게 옮길 수 있을까? 바로 고전 미술에서의 구도를 새로운 방식으로 적용하면 된다. 이를 위해 구도를 이루는 선들을 단순히 고정된 화면에서의 시각적 경로로 생각하지 말자. 반대로 이 선들을 상호작용하는 시각적 지도라고 생각해보자. 플레이어로 하여금 지도 위의 경로를 적극적으로 경험하게 하는 것이다.

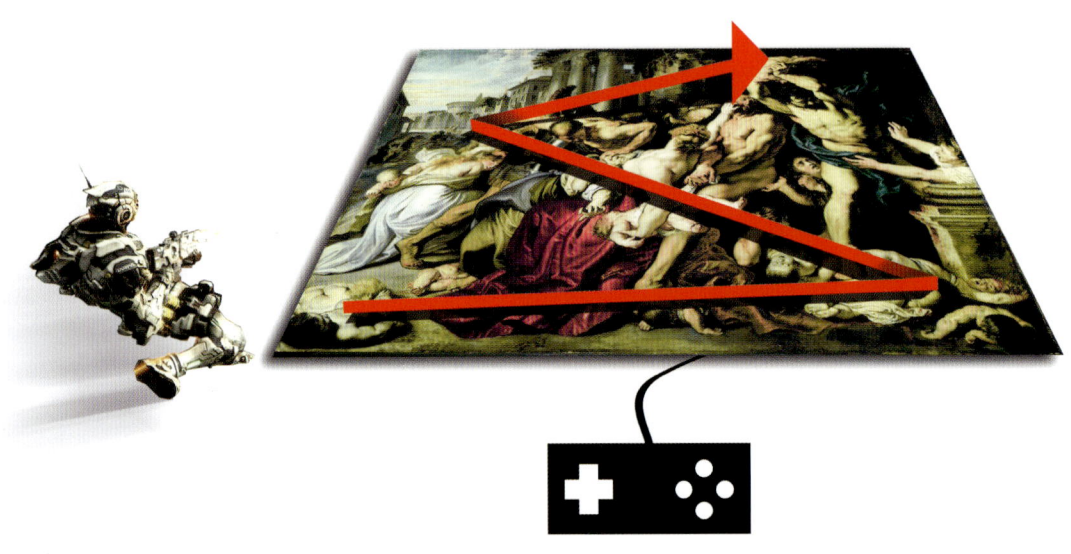

Race the Lost crew to the A.O.D. clubhouse.

INFERNUS
THE MEAT QUARTER

『그랜드 세프트 오토 IV』

『그랜드 세프트 오토 IV』에서 천천히 곡선을 따라 달릴 때와 각진 모퉁이에서 브레이크를 밟으며 달릴 때 플레이어가 받는 느낌을 생각해보자. 각 도로에 따라 달라지는 플레이 방식을 통해 곡선 도로에서 부드러운 느낌을, 각진 도로에서는 좀 더 위태로운 느낌을 받게 된다.

시각적인, 또한 상호작용적인 측면에서 봤을 때 곡선 도로는 페르메이르의 『다이애나와 시녀들』(164쪽)의 구도와 같은 효과를 갖는다. 또한, 각진 도로는 루벤스의 『유아 대학살』(165쪽)의 구도와 마찬가지로 위태로운 느낌을 준다. 즉, 배경 속 도로를 곡선과 직선으로 단순화해서 플레이어가 그 공간과 상호작용할 때 받는 느낌을 조절할 수 있다.

『마리오 카트 Wii』

비디오 게임 속의 표현을 글로 이해하는 것은 노랫말의 가사를 읽는 것과 마찬가지이다. 노래를 스스로 들어보지 않고 평가를 하는 일은 불가능하다. 읽었을 때와 들었을 때 서로 다른 느낌이 들기 때문이다. 고전 미술을 감상하기 위해 미술관에 가는 것처럼, 비디오 게임 아트와 디자인의 중요성을 완전히 이해하기 위해 스스로 다양한 게임을 해보아야 한다. 이를 통해 게임 속 표현을 직접 느끼고 이해할 수 있다.

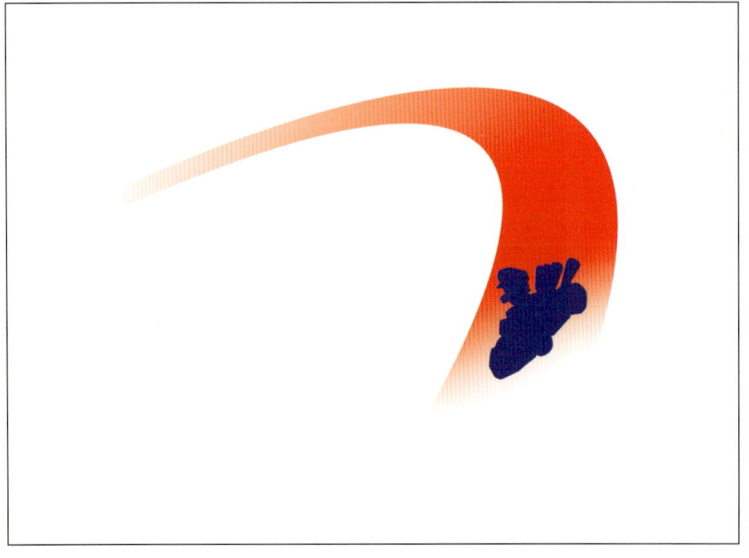

『트론: 에볼루션』

『마리오 카트 Wii』(앞장)의 트랙은 주로 완만한 곡선이며 차량의 조작감도 부드럽다. 반면 『트론: 에볼루션』 속 라이트 사이클(Light Cycles, 위)은 각도가 꺾이며 방향이 바뀌기 때문에 플레이어는 조작을 갑작스럽게 변경해가며 진행해야 한다.

모션 컨트롤을 이용한 비디오 게임을 할 때 플레이어는 삼차원 공간 속의 선을 따라 움직이는 느낌을 물리적으로 받게 된다. 마치 자신들이 보는 화면 속 구도를 직접 움직이며 만들어가는 듯한 느낌을 받게 되는 것이다. 고전 미술에서도 그러하듯이 비디오 게임에서 플레이어의 감성에 가장 큰 효과를 주는 것은 세부 묘사가 아니다. 바로 구도이다.

이렇게 플레이어에게 다양한 느낌을 전달하기 위해 중력이나 움직임같이 지금까지 배운 개념들을 폭넓게 활용해보자. 또한, 시각적 경로를 적용하여 플레이어가 게임 배경을 잘 읽어낼 수 있도록 이끌어보자. 또는 고정된 시각적 경로를 아예 표현하지 않는 방법도 있다(『저니』의 사막 배경처럼). 이에 따라 플레이어는 배경에서 자신만의 경로를 자유롭게 따라갈 수 있다.

『기어스 오브 워 2』(위)와 『헤일로 3』(오른쪽)

『헤일로』나 『기어스 오브 워』 등의 일인칭, 삼인칭 슈팅 게임
에서 역시 곡선 또는 각진 직선 구도에 기반을 두어 감성을
이끌어내는 개념을 확인할 수 있다.

『헤일로』에서 마스터 치프의 부드러운 점프와 움직임, 곡선
의 시각적 경로를 『기어스 오브 워』의 현실적인 분위기, 상대
적으로 각진 구도와 캐릭터 움직임에 비교해보자. 두 게임은
캐릭터의 동작과 능력 측면에서 플레이 방식이 매우 비슷하
지만, 『기어스 오브 워』는 전체적으로 각진 개념 덕분에 좀
더 파괴적인 느낌이 든다.

『슈퍼브라더스: 스워드 & 소서리 EP』

『슈퍼브라더스: 스워드 & 소서리 EP』는 곡선과 각진 직선 개념의 중간 단계에 있는 디자인을 선보였다. 이는 스키타이인들의 움직임을 수평과 수직 방향으로 제한한다.

게임 속 움직임의 진행 방향은 기존의 그림 속 구도와 같은 방식으로 영향을 미치게 된다. 플레이어들이 여러 추상적 선에 따라 구도를 이룬 배경을 접하게 되는 것이다. 기존의 구도 개념에 더해 비디오 게임에서는 플레이어가 캐릭터를 움직이면서 배경과 상호작용을 하게 된다. 이때 캐릭터는 이러한 추상적인 선 위에서 역동적으로 움직인다. 이렇게 시각적인, 또한 상호작용하는 요소들은 서로 결합하여 기존의 매체에서는 얻을 수 없는 감성을 전달하게 된다.

이 화면의 배경에 1점 투시에 의해 생긴 수평선과 수직선이 뚜렷하게 드러나 고요하고 평온한 분위기를 느낄 수 있다. 만약 이 게임의 아트디렉터인 크레이그 애덤스가 사선(역동적이고 힘있는 느낌을 강조)을 사용했다면 플레이어는 게임의 전체적인 콘셉트와는 어긋나는 느낌을 받았을 것이다.

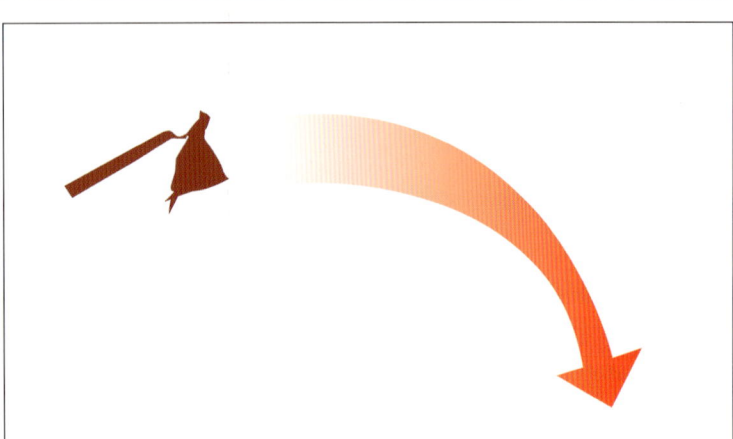

『저니』(앞장)와 『뱅퀴시』(위)

선의 개념을 캐릭터 애니메이션에 적용하는 방법으로도 플레이어의 감성을 일으킬 수도 있다. 『저니』의 캐릭터들은 사막을 지날 때 부드럽게 움직이는데, 플레이어는 버튼을 누르는 방법으로 쉽게 움직일 수 있다. 『저니』의 부드럽고 완만한 움직임은 캐릭터의 넘실대는 스카프 덕분에 더욱 강조되며 『뱅퀴시』의 캐릭터 샘 기데온의 위협적인 지그재그 움직임과 강하게 대비된다. 각 캐릭터의 전혀 다른 움직임은 두 개의 노래 멜로디에 비유할 수 있다. 즉, 하나는 부드럽고 유려하며 다른 하나는 갑작스럽고 들쭉날쭉하다.

『스타크래프트 II : 자유의 날개』 – 프로토스 유닛이 아래에서
부터 공격하고 있고 테란 유닛이 위에서 방어하고 있다. (블리
자드 엔터테인먼트)

『스타크래프트 II : 자유의 날개』는 게임 속에서 애니메이션
이 서로 분명히 구분되어야 한다는 점을 보여주고 있다. 플
레이어가 완전히 이해해야 할 시각적 정보가 매우 많이 등장
하면서 빠르게 진행되는 게임에서 특히 중요하다. 다양한 캐
릭터의 특성과 유닛 타입을 보여주는 애니메이션과 형태 구
분이 없으면 이러한 유형의 게임에서 플레이어가 상황을 이
해하고 제어하는 것은 거의 불가능하다.

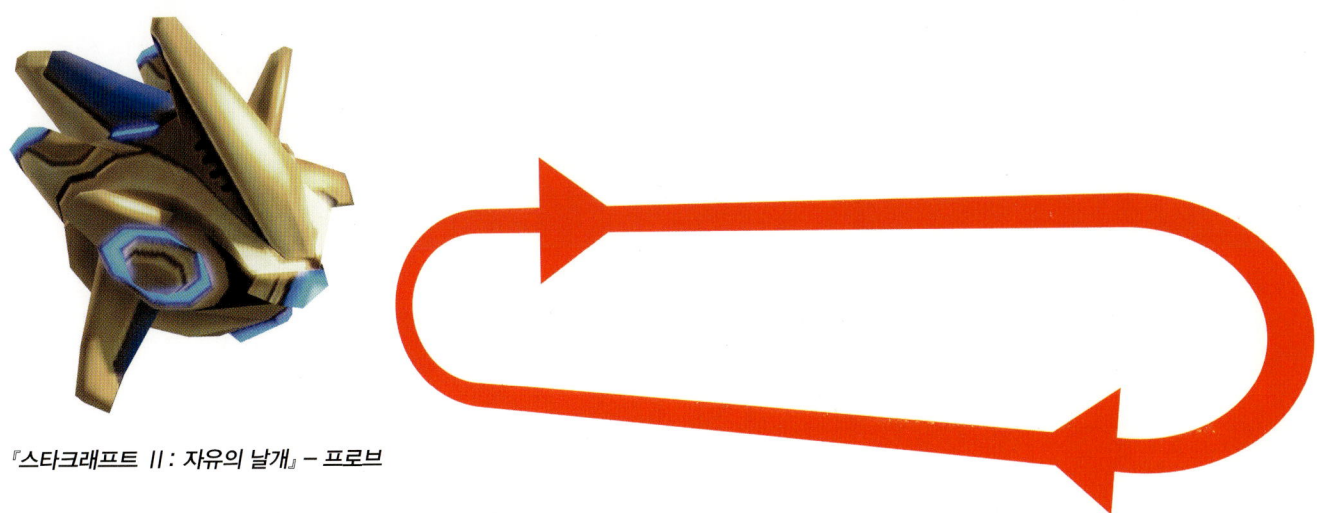

『스타크래프트 II : 자유의 날개』 – 프로브

『스타크래프트 II : 자유의 날개』 – 임모탈

『스타크래프트 II』에서 프로브는 자원을 생산하는 캐릭터인데, 화면 속에서 앞뒤 직선을 따라 오가며 부드럽게 움직인다. 반면 유닛을 공격하는 임모탈은 각이 진 선을 따라 빠르고 공격적으로 움직인다. 게임을 진행할 때 모든 시각적 정보를 충분히 판단할 여유가 없으므로 플레이어는 캐릭터가 움직이는 분명한 선을 통해 공격적인 유닛과 그렇지 않은 유닛을 무의식적으로 판단할 수 있다. 또한, 각 종족의 독특한 형태 덕분에 이러한 시각적 차이가 강조된다.

형태

미술사에서 선은 구도 이론의 가장 중요한 특징이었지만, 150년 전 화가들이 사진을 통해 작업하기 시작하면서 상황이 급변했다. 바로 이 시기에 일어난 진화가 비디오 게임의 발전을 가속하는 토대가 되었다. 에드가르 드가와 같은 화가들은 이제 선이 아니라 형태를 고려하기 시작했다. 이들 역시 카메라와 인간의 눈처럼 사물을 빛과 어둠의 형태로 기록하는 방식을 연구하고 있었기 때문이었다. 그 당시에는 그림에 대한 혁명적인 접근이라고 할 수 있었다. 아래 드가의 그림과 페르메이르와 루벤스의 그림(164~165쪽)을 통해 그림 속 원형과 각진 요소가 각각 주는 느낌을 확인할 수 있다.

폴크스바겐 비틀(왼쪽), 레인지 로버(가운데), 람보르기니 갈라도(오른쪽)

형태의 추상적인 표현은 모든 분야의 디자인에서 매우 보편적으로 나타난다. (왼쪽부터 오른쪽으로) 폴크스바겐 비틀은 재미있고 친근한 느낌을 주고자 전체적으로 둥근 형태를 띤다. 레인지 로버의 사각 형태는 자신감과 안정감, 안전한 느낌 등을 전달한다. 이와는 달리 람보르기니의 삼각 형태는 아주 빠른 속도감을 표현한다.

앞장 『*기다림*』 – *에드가르 드가 (장 폴 게티 미술관)*

인상주의 화가인 에드가르 드가는 고전주의 미술과 근대미술 사이의 연결고리 역할을 하였다. 드가는 장 오귀스트 도미니크 앵그르에게 강한 존경심을 갖고 있었다. 앵그르는 젊은 드가에게 "선에 충실하라, 젊은이여. 또한, 더욱 많이 그려 보아라. 삶과 기억 모두를 통하여 그려라. 그러면 좋은 화가가 될 것이다."라는 조언을 하기도 했다. 드가는 이후 수많은 선을 그렸으나 사진이 발명된 이후 그림을 형태로 단순화하기 시작했다.

비록 드가의 이 파스텔화에서 인물의 얼굴이 완전히 드러나지는 않지만, 원과 삼각 형태의 대비 덕분에 긴장감이 부여된다. 드가는 흑백의 명도 대비를 통해 이러한 효과를 더욱 강조하였다.

『반지의 제왕』 (3부작 영화): 호빗과 사우론

『반지의 제왕』의 이 스틸컷을 보면 주요 형태로 말미암아 느낌이 어떻게 달라지는지 확인할 수 있다. 먼저 온화한 성격의 호빗들을 보자(왼쪽). 곱슬머리와 둥근 단추와 어깨선, 호빗 마을의 둥근 건물과 지형까지, 모든 디테일에서 원형 개념이 반복적으로 등장한다.

반면 사악한 사우론(위)은 장갑의 뾰족한 손가락에서부터 배경의 화산까지, 전체적으로 위협적인 삼각 형태로 표현된다.

『반지의 제왕』의 전체적인 이야기 역시 형태로 풀어갈 수 있다. 온화하고 둥근 모습의 호빗이 안전하고 둥근 지형에서 위험한 삼각 형태의 환경으로 긴 여정을 떠나게 된 것이다. 여기에 적절한 색과 질감은 각 캐릭터에게서 받는 느낌을 더욱 강조하게 된다.

독특한 형태 = 독특한 느낌

형태를 이용한 디자인은 한때 고전 미술 이론에서 완전히 벗어난 것으로 여겨지기도 했다. 하지만, 선과 형태는 매우 밀접하게 관련되어 있다. 즉, 원은 곡선과 관련이 있고, 사각형은 수평. 수직선과 삼각형은 사선과 각진 선에 관련이 있는 것이다. 또한, 다양한 느낌을 전달하는 기본적인 형태와 선의 쓰임새는 놀랍게도 현실에 기초를 두고 있다. 지금부터 살펴보도록 하자.

둥근 형태와 각진 형태의 개념은 어디에서 비롯된 걸까? 바로 우리 주변의 모든 것이다. 우리는 둥근 형태를 볼 때 안전함을 느끼지만, 날카롭고 각진 삼각 형태를 볼 때는 조심해야 한다는 감정을 자연스럽게 느낀다. 이러한 본능적인 반응은 촉감에서 기초한다. 비주얼 아트에서 이러한 물리적인 느낌은 사라지지만, 관찰자는 실제 경험을 바탕으로 형태에 반응하게 된다.

세 가지 기본적인 형태를 정렬하여 각각의 느낌을 판단해보
자. 긍정적이고 젊은 에너지(원), 강한 힘과 안정감(사각형),
공격적이고 위태로운 느낌(삼각형)을 각각 느낄 수 있다. 일
반적으로 원과 곡선을 사용하면 여성스러움을. 사각형과 각
진 선을 사용하면 남성스러움을 표현할 수도 있다.

왼쪽의 잘 알려진 '착한' 캐릭터들을 원에 기반을 두어 디자
인한 점에 주목하자. 반면 오른쪽 줄의 악당 캐릭터들은 주로
삼각형에 기반을 둔 모습이다. 이렇게 실루엣으로 보면 캐릭
터를 디자인할 때 세부 형태가 아닌 큰 형태에 집중해야 한
다는 점을 분명하게 알 수 있다.

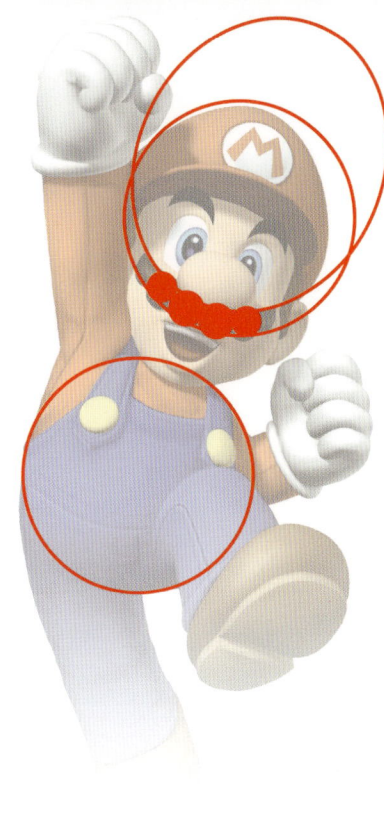

마리오

일단 캐릭터의 외형을 정한 다음 세부 형태를 통해 캐릭터의 전체적인 디자인 콘셉트와 그를 통해 플레이어가 느끼게 되는 감정을 강조할 수 있다. 마리오의 모든 구성 요소는 실질적으로 친숙한 원형의 모습을 띤다. 두 개의 겹쳐진 원과 주위의 작은 원으로 이루어진 콧수염도 마찬가지이다. 마리오의 몸통 역시 원을 삼차원으로 나타낸 구의 형태를 띤다.

워리오(왼쪽), 굼바(위)

만약 마리오를 원형 대신 삼각 형태로 디자인했다면, 그 캐릭터는 더는 마리오가 아니다. 바로 워리오가 된다. 닌텐도의 아티스트들은 몇 개의 선들을 날카롭게 바꾸는 방법으로 친근한 캐릭터를 악당으로 변신시켰다. 마리오의 적인 굼바의 모습은 공격적인 삼각 형태를 기본으로 하지만 가장자리는 둥글게 처리하였다. 이를 통해 마리오 세계의 전체적으로 친숙한 분위기를 유지할 수 있다. 이 세 개의 캐릭터는 게임의 전체적인 스타일을 어떻게 유지할 것인지 보여주는 예라고 할 수 있다.

『신발끈을 묶는 무용수들』 – 에드가르 드가

형태와 움직임의 반복을 통해 조화를 이끌어낼 수 있다. 에드가르 드가의 이 그림 속 아름다운 발레리나의 모습을 살펴보자. 드가는 같은 자세를 다른 각도에서 그렸는데, 이처럼 구성 요소를 아주 조금 변화시켜도 움직임의 조화로운 느낌을 주게 된다.

앞장 『꽃』

부드럽고 둥근 형태는 고유의 아름다운 배경을 디자인하기 위한 최고의 선택이다. 하지만, 플레이어로 하여금 배경의 긍정적인 느낌을 완전히 받아들이게 하려면 대비되는 요소를 포함해 그 아름다움이 드러나도록 하는 것이 좋다. 이 그림에는 다채로운 들판, 햇살, 완만한 언덕에 대비하여 어두운 날씨, 날카로운 바위, 인공 구조물이 등장한다. 이를 통해 자연적인 아름다움이 더욱 두드러진다.

『저니』

『저니』의 이 스크린 샷에서도 드가의 『신발끈을 묶는 무용수들』과 같은 조화로움이 느껴진다. 플레이어가 조작하는 캐릭터가 다른 플레이어의 캐릭터와 거의 흡사한 모습이기 때문이다. 캐릭터의 부드러운 움직임과 입은 의상 역시 섬세한 조화를 이루게 된다.

거꾸로 생각하기

원, 사각형, 삼각형의 주요 형태를 선 혹은 악, 소극적이거나 적극적, 역동적이거나 고정적인 에너지 등을 표현하는 일반적인 형식으로 생각해보자. 이러한 형식은 게임 디자인을 위한 유용한 선택이라고 할 수 있다. 플레이어가 게임 환경을 가능한 한 빨리 이해하는 것이 종종 필요하기 때문이다.

그러나 그 반대의 예도 있다. 플레이어가 구성 요소를 충분히 파악할 여유가 있는 게임이거나 아티스트가 예상치 못한 것으로 플레이어를 놀라게 하고 싶을 때 그러하다. 플레이어는 일반적으로 원형에게 친근함을, 날카로운 형태에는 위협을 기대한다. 이때 정반대의 경우로 디자인하면 플레이어에게 미스터리하고 놀라운 감정을 선사할 수 있다. 아래의 비디오 게임이 가장 대표적인 예라고 할 수 있다. 이 게임들은 기존의 디자인에서 벗어나 새롭고 독특한 느낌을 부여한다.

사무스 아란 – 『메트로이드 프라임』 (왼쪽), 제이드 – 『비욘드 굿 앤 이블』 (오른쪽)

사무스 아란과 제이드는 기존의 남성 중심적인 영웅에서 벗어난 캐릭터로서 높이 알려졌다. 여자다움이 지나치게 강조된 수많은 캐릭터 가운데 이러한 관습을 깬 여성 캐릭터들을 보면 참신하고 인상적인 느낌을 받게 된다. 흥미롭게도, 게임이 끝날 때까지 사무스의 성별은 밝혀지지 않는다. 그동안 남성 캐릭터가 조종하고 있다고 생각한 플레이어는 이후에 큰 반전을 느낀다. 이런 효과를 위해 아티스트는 성의 고정관념뿐 아니라 인종과 사회적 소수에 관련해서도 혁신적인 디자인을 할 수 있다.

『**식인 거대독수리 토리코**』 *(The Last Guardian – 위, 아래)*

『식인 거대독수리 토리코』의 주인공은 작은 소년(위 사진의 왼쪽 아랫부분)과 잡종 개의 모습을 한 이상한 생물이다. 시각적으로 두 캐릭터의 우정을 상상하기란 불가능에 가깝다. 이 생물의 거대한 크기와 더불어 공격적으로 보이는 발톱과 코의 모양 때문이다. 생물의 각진 형태로부터 받는 위협적인 느낌을 부드럽게 하기 위한 노력 대신 디자이너들은 선악의 행동 개념을 표현하였다. 예를 들어, 어느 부분에서 이 생물은

소년을 입으로 들어 올려서 그가 앞으로 진행할 수 있도록 도와주곤 한다.

위 『비너스의 탄생』 - 산드로 보티첼리(피렌체 우피치 미술관)

왼쪽 『포탈 2』

『포탈』의 악당 캐릭터는 관습을 깨고 거꾸로 생각한 좋은 예이다. 글라도스(GLaDOS)를 디자인할 때 밸브 소프트웨어의 아트팀은 악당을 공격적인 남성 캐릭터로 표현하는 고정관념을 깨고 산드로 보티첼리의 『비너스의 탄생』에서 영감을 얻었다. 그들은 비너스의 몸에서 우아하게 드러나는 곡선을 글라도스의 뒤집힌 몸통에 적용하였다. 여성의 아름다움을 대변하는 르네상스의 상징을 완전히 뒤집어서 생각한 것이다. 이를 통해 지금까지 가장 인상적이고 복합적인 느낌의 캐릭터가 탄생하게 되었다.

『바이오쇼크: 랩쳐』(이레이셔널 게임즈 제공)

『바이오쇼크』의 캐릭터는 매우 흥미롭다. 랩쳐라는 위험한
수중도시에 사는 리틀 시스터들은 순수한 소녀처럼 보인다.
이렇게 위험한 환경에서 무엇을 마주칠지에 대한 플레이어
의 예상과는 전혀 다른 모습이다. 이 소녀들의 모습은 게임
속의 폭력적인 상황과 대비하여 강한 감정을 이끌어낸다.

LEVEL UP!

모든 아티스트는 이번 장에서 다룬 디자인 개념을 확실히 이해해야 한다. 아
직 더 배워야 할 내용이 많으므로 책의 뒷부분에 있는 참고 자료를 통해 더
자세히 알아보는 것도 좋다. 하지만, 이제 5장을 모두 마쳤으니 이미 자신만
의 캐릭터와 배경을 창조해 낼 충분한 능력을 갖추게 되었을 것이다. 미술이
론에 대한 이해를 통해 여기까지 발전하였다면, 이제 상상력과 자신만의 표
현 방법을 활용하는 법을 배울 필요가 있다. 앞으로 다룰 부분에서 이에 필
요한 기법에 대해 알아보도록 하자.

LEVEL 06 [캐릭터 디자인

혼히 창의력은 타고나는 것이라고 말한다. 물론 다른 사람들에 비해 더욱 재능 있는 사람들도 있을 수 있다. 하지만, 누구나 창의력과 그를 통한 상상의 발현을 익히고 발전시킬 수 있다. 이번 장에서는 창의적인 프로세스에 대해 알아볼 것이다. 캐릭터를 디자인할 때 다양한 아이디어 사이에서 헤매지 않기 위한 과정이다. (배경 디자인, 게임 디자인 등 모든 분야의 디자인에도 마찬가지로 적용할 수 있다.) 캐릭터를 만들어 나가기 전 디자인 목표를 먼저 분명히 밝히는 과정을 통해서도 디자인의 방향을 바르게 잡아갈 수 있으며, 이에 따라 특정한 아이디어와 감성을 표현할 수 있다.

『월드 오브 워크래프트』(블리자드 엔터테인먼트 제공)

바람직한 스튜디오 운영

유명한 개발사 중 일부는 프로그래머, 마케팅팀, 프로듀서, 아티스트 등 백 명 이상의 개발자로 구성되어 있다. 이들은 게임 개발을 위해 고유의 임무를 맡게 되는데, 이는 곧 수많은 아이디어와 자아의 균형이 이루어져야 한다는 점을 의미한다. 따라서 창의적인 프로세스에 대해 살펴보기 전, 바람직한 스튜디오 운영을 위한 몇 가지 제안에 대해 알아보자.

01 한가지 측면에 집중하기보다는 여러 부분을 진행해보자. 이것은 캐릭터나 배경을 하나씩 완성하는 것이 아니라, 모든 범위의 캐릭터와 배경을 한 번에 진행하는 것을 의미한다. 데모 게임 단계처럼 전체적인 부분을 빨리 구성할수록 넓은 범위에서 판단하기 쉬우며 비교를 통해 선택을 해 나갈 수 있다.

02 팀원들에게 작업한 부분을 매일 보여주자. 아티스트들은 매일 경과 발표를 하는 일을 불편하고 의미 없는 일로 여기곤 한다. 불완전한 작품을 보여주고 싶지 않아서다. 하지만, 이러한 과정은 반복되는 간단한 발표와 피드백을 통해 미리 주요 콘셉트를 개선할 수 있다는 큰 장점이 있다. 디테일을 가다듬기 전 소중한 시간을 절약할 수 있는 것이다.

03 자신의 아트워크를 시각화하자. 회의를 마칠 때 모든 팀원이 다 같은 생각을 하고 있다고 절대 추측하지 말자. 그 생각을 그려내자. 최근의 작업을 벽에 걸어 자신들이 제작하는 작품을 모두가 눈으로 볼 수 있도록 하자.

『리틀 빅 플래닛』의 개발사 미디어 몰큘은 한 단계 나아가 스튜디오의 한 부분을 팬들의 그림으로 장식하였다. 또한, 게임의 핸드메이드 콘셉트를 나타내는 독특한 가구를 배치하였다. (사진 제공 – 미디어 몰큘)

브레인스토밍과 캐릭터 콘셉트

이번에는 여러분에게 필요한 창의력을 계발하는 방법들에 대해 알아보자. 자신의 디자인 프로세스에서 이 방법들을 반사적으로 수행할 수 있도록 하면 아이디어들 틈에서 혼란을 겪는 일은 일어나지 않을 것이다.

스스로 혹은 팀과 함께 떠올려야 할 첫 번째 질문은 "어떤 게임을 만들어야 할까?" 또는 "어떻게 게임을 만들까?"가 아니다. 창의적인 시도를 위해 해야 할 질문은 "플레이어에게 어떤 감정을 느끼게 하고 싶은가?"이다. '하이 콘셉트(High Concept)'는 바로 이러한 목적을 위해 존재한다.

하이 콘셉트란 디자인 목표를 분명하고 확실하게 구분 짓는 간단한 문장이다. 비디오 게임 패키지의 뒷면에 쓰인 게임 설명이라고도 생각할 수 있다. 하이 콘셉트에 대한 정의는 주체에 따라 달라진다.

게임 퍼블리셔는 아마 하이 콘셉트의 개요를 개발팀에 전달할 것이다.

개발팀은 아마 그들 고유의 하이 콘셉트를 제작할 것이다.

하이 콘셉트는 책, 영화, 실제 있었던 일이나 겪은 일 등 실존하는 이야기에 기초할 수 있다.

프로젝트의 규모나 계획이 어떻든 상관없이 작업을 시작하기 전 의도에 따른 디자인을 할 수 있도록 먼저 하이 콘셉트를 설정하는 습관을 갖도록 하자. 게임 전체를 위한 하이 콘셉트를 설정하고 나면 게임에 등장하는 각 캐릭터와 그룹 또는 인종, 배경에 대한 비슷한 콘셉트를 설정하는 시간을 갖자.

하이 콘셉트는 브레인스토밍 과정에서 탄생한 '키워드'를 한데 모은 것이며, 키워드란 전체 콘셉트를 설명하는 형용사들의 작은 모음이라고 할 수 있다.

브레인스토밍 과정을 수월하게 진행하기 위해 다음의 체크리스트를 적어 내려가 보자. 다음 예는 주요 디자인 콘셉트에 관한 것으로, 이를 고려하여 키워드를 결정할 수 있다.

감정	질감	크기
색	선	반대되는 콘셉트
형태	속도	

이제 가상 게임 속에서 상상 속의 동·식물로 가득 찬 상상 속의 환경을 탐험하는 캐릭터를 창조해야 한다고 생각해보자. 자신에게 물어야 할 질문은 다음과 같다. 즉, 캐릭터는 어떤 감정을 전달해야 할까? 캐릭터와 배경에는 어떤 색들이 어울릴까? 상상 속의 동·식물에는 어떤 형태를 적용해야 할까? 이와 같은 질문을 모든 콘셉트 과정을 통틀어 떠올려야 한다. 열대지역에서 이국적인 휴가를 즐길 때 본 것이든 또는 뒤뜰의 식물이든 마음속에 떠오르는 것은 뭐든지 적어 보자.

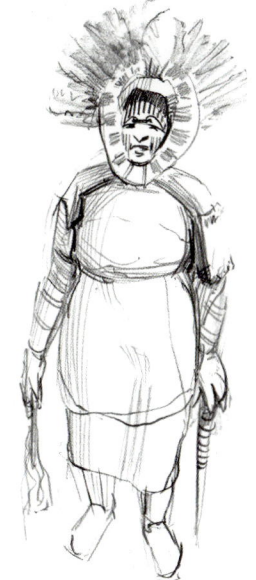

키워드는 명사가 아니라 형용사여야 한다. 왜냐하면 '친근한', '이상한', '위험한' 등 형용사는 감정을 묘사하기 때문이다. 이렇게 형용사 키워드를 비주얼 리서치를 위한 검색어로 사용하면 특정 대상을 찾는 것보다 더 광범위하고 새로운 결과를 얻을 수 있을 것이다.

또한, 메인 테마와 반대되는 개념의 키워드도 포함하자. '거꾸로 생각하기'(184~187쪽)에서 알아보았듯 시각적인 대비 효과도 함께 디자인하면 더 깊고 다양한 느낌을 전달할 수 있다.

아이디어 프로세스를 무사히 진행하였다면 이제 키워드를 제작하고 싶은 캐릭터와 배경을 요약하는 하이 콘셉트로 명확하게 표현해보자. 다음 예시처럼 선택한 키워드를 강조하여 나타내자. 비주얼 리서치를 하기 위한 첫 걸음이 될 것이다.

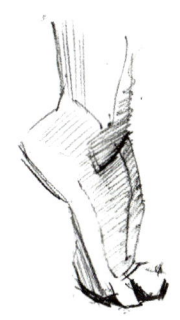

[캐릭터 이름]을 위한 캐릭터 콘셉트

[...] 종족은 이질적이고 자연미가 있으며 위엄 있다. 이 종족의 선과 형태, 색은 지형과도 잘 어울린다. 이 종족은 섬세하고, 부드러우며, 조용한 특성을 보이는데, 근방에 사는 암울하고 공격적인 [...] 종족과 대비를 이룬다.

메인 키워드
반대 개념의 키워드

하이 콘셉트와 캐릭터나 배경 콘셉트를 다듬어 나가면 함께 작업하는 모든 팀원은 제작에 대한 공통적인 방향으로의 이정표를 얻게 된다. 디자인 목표를 결정한다는 것은 곧 캐릭터 개발 프로세스를 시작할 준비가 되었다는 의미이다. 하지만, 리서치 즉, 개발의 첫 단계에 나서기 전 반드시 이해해야 할 것이 있다. 바로, 하이 콘셉트를 이미지로 옮기는 과정이 사실상 어떻게 작용하는 가이다. 이는 '시각적 메타포(Visual Metaphors)'를 통해 알 수 있다.

시각적 메타포

문학에서도 메타포(비유적 표현)가 자주 등장한다. '얼음 같은 시선'이나 '햇살 같은 미소'와 같은 메타포를 통해 사물이나 행위에 감정을 불어넣는 것이다. 비주얼 아티스트는 이와 비슷한 방식으로 메타포를 활용할 수 있는데, 때로 전혀 뜻밖의 상황에서 영감을 받기도 한다. 리서치 단계에서 찾는 모든 이미지는 시각적 메타포로 쓰일 수 있다.

우리는 매일 시선을 사로잡는 대상과 마주하게 된다. 그것이 중력을 거스르는 듯한 높이이든 마천루이든, 그리고 쭈글쭈글한 모양의 오싹한 죽은 거미이든, 그 모든 것은 게임 캐릭터나 배경으로 얼마든지 발전할 수 있다.

흥미를 자극하는 것을 보게 된다면 스케치북에 연필이나 검은 펜으로 간단히 옮기는 습관을 갖도록 하자. 이를 섬네일 스케치라고 하며, 왼쪽의 스케치처럼 대상의 주요 형태가 드러나도록 해야 한다.

흑백 실루엣으로 단순하게 그리면 대상물의 독자성이 가려질 수도 있다. 원래 형태가 드러나도록 특징을 파악해서 그리게 되면 그 대상에 대한 상상을 넓혀가기 수월하다.

오른쪽 위 거미의 특징적인 형태는 거미 모양의 으스스한 헤어스타일에 적용할 수 있고, 마천루는 강인하고 인상적인 캐릭터의 모습으로 바꿀 수도 있다. 보는 이는 바탕이 된 원래 형태를 인식하지 못할 수도 있지만, 그와 관련된 감정은 여전히 느끼게 될 것이다.

거미나 마천루를 캐릭터의 형태에 적용하여도 '자연미가 있는'이나 '밝은'과 같은 키워드로 구성된 하이 콘셉트와는 어울리지 않는다. 거미나 마천루에서 받는 느낌이 아니기 때문이다. 따라서 이 드로잉들은 미래의 좀 더 적합한 프로젝트를 위해 아껴두자.

마인드맵, 리서치, 무드보드

리서치는 아트워크에 전문적인 특색을 주기 위한 필수 요소 중 하나이다. 전문적인 아티스트가 되는 것이 목표라면 독창적인 느낌을 주는 캐릭터와 배경을 실감 나게 만들어낼 수 있어야 한다. 만약 장소나 실물 드로잉 등 직접 리서치를 할 시간이 있다면 그 기회를 최대한 활용하도록 하자.

플레이어에게 어떤 느낌을 주고 싶은지 정했다면 시각적 메타포의 형태로 이러한 느낌을 표현하는 이미지에 대해 리서치를 시작하자. 마인드맵은 다양한 콘셉트와 이미지를 찾는 데 도움이 될 것이다. 또한, 마음속에 떠올린 첫 번째 생각을 그대로 옮겨 버리는 것을 방지할 수 있다.

캐릭터 콘셉트는 원하는 감정을 묘사하는 형용사를 바탕으로 하고, 마인드맵은 캐릭터 콘셉트를 큰 단위로 분류한 명사를 이용한다. 캐릭터를 위한 리서치와 개발 과정을 함께 살펴보도록 하자.

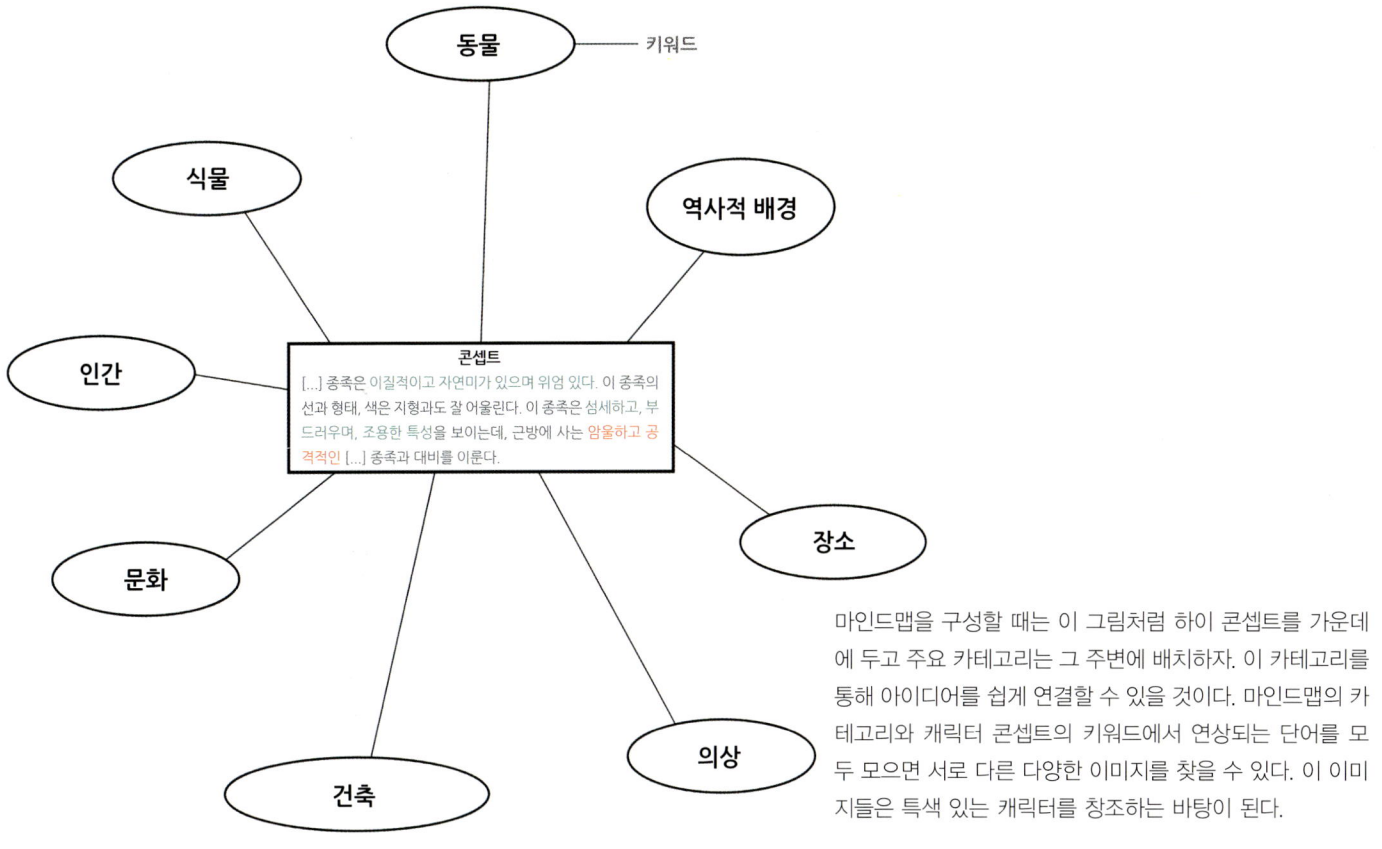

마인드맵을 구성할 때는 이 그림처럼 하이 콘셉트를 가운데에 두고 주요 카테고리는 그 주변에 배치하자. 이 카테고리를 통해 아이디어를 쉽게 연결할 수 있을 것이다. 마인드맵의 카테고리와 캐릭터 콘셉트의 키워드에서 연상되는 단어를 모두 모으면 서로 다른 다양한 이미지를 찾을 수 있다. 이 이미지들은 특색 있는 캐릭터를 창조하는 바탕이 된다.

한 페이지에 다양한 스케치를 하게 되면 손바닥 밑에 깨끗한 종이를 깔고 그리는 것도 좋은 방법이다. 다음 페이지로 넘어갈 때쯤 스케치가 뭉개지게 되는 것을 방지할 수 있다.

'섬세한'과 '자연미가 있는'이라는 캐릭터 키워드는 식물, 나뭇잎, 나무에 대한 비주얼 리서치로 이어진다. 각 리서치 이미지를 그릴 때에는 디테일을 간단한 실루엣으로 나타내자. 캐릭터 콘셉트의 키워드를 표현하는 주요 형태만 파악하면 되기 때문이다.

흥미를 끄는 모든 사진을 그리는 과정을 통해 이후 캐릭터 디자인에 적용하게 될 선과 형태에 대한 정확한 느낌을 가다듬을 수 있다. 일반적으로 캐릭터는 이렇게 리서치와 스케치라는 반복적인 과정을 거치면서 자연스럽게 발전하게 된다.

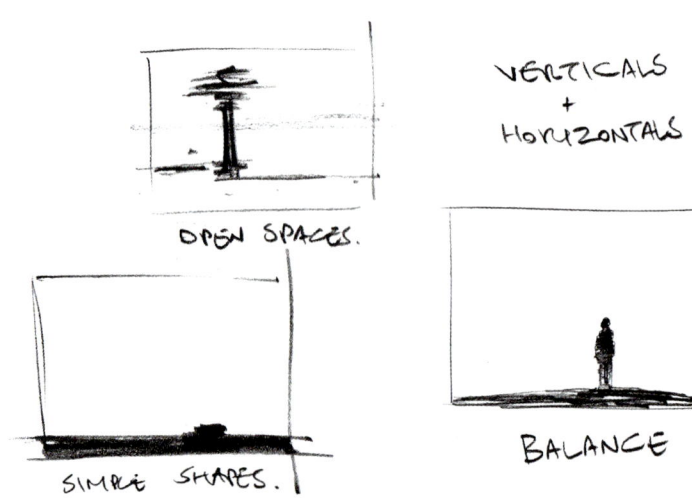

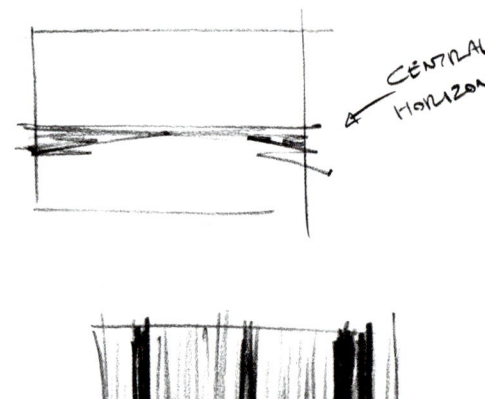

'조용한'이라는 캐릭터 키워드를 두고 리서치를 하면 수직선과 수평선으로 이루어진 흔치 않으면서도 간단한 구성 요소의 이미지로 연결된다. 따라서 이러한 특정 캐릭터를 디자인할 때에는 지나치게 많은 사선이나 곡선, 디테일의 사용을 최대한 줄여야 한다. 필요하다면 드로잉에 얼마든지 주를 달자. 이로써 최종 디자인에 반영하고 싶은 주요 요소를 강조할 수 있다.

캐릭터의 의상에 관해서는 게임 속 환경에 적합한 재료와 직물을 고려해야 한다. 여기 나온 예를 보면 자연미에 대한 캐릭터 콘셉트는 아프리카 부족의 리서치로 이어졌다. 물론 다른 민족이나 지형에 대한 리서치를 할 수도 있다.

흥미로우면서 적합한 참고 이미지를 우연히 발견하는 때도 있다. 여기에서는 남아프리카공화국의 은데벨레 족의 의상이 그러하다. 그들의 의상은 소박한 디자인 패턴과 실루엣을 보이므로 디자인 목표인 단순한 캐릭터의 구현에 도움이 될 것이다.

리서치한 이미지를 참고하여 스케치한 다음에는 참고 이미지들을 컴퓨터 폴더에 저장하여 다음에도 활용할 수 있도록 하자. (8장에서 이를 활용해 연습도 해볼 것이다)

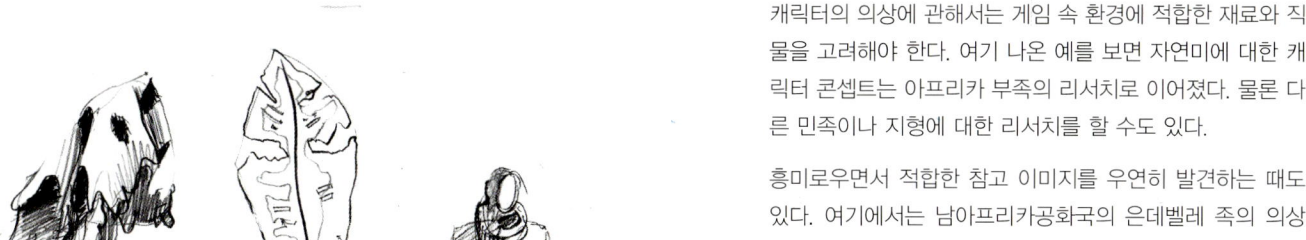

'섬세한'이라는 키워드의 시각적 메타포는 '말라 죽어가는 잎'에서 찾을 수 있다. 이는 판초와 닮았으므로 다시 판초에 대한 리서치로 이어진다. 이처럼 리서치를 통한 스케치는 완벽할 필요가 없다는 점을 기억하자. 참고하기 위한 개인적인 자료일 뿐이다. 원하는 부분의 주요 형태를 파악할 수 있을 정도로만 그리고 나머지 디테일은 신경 쓰지 말자.

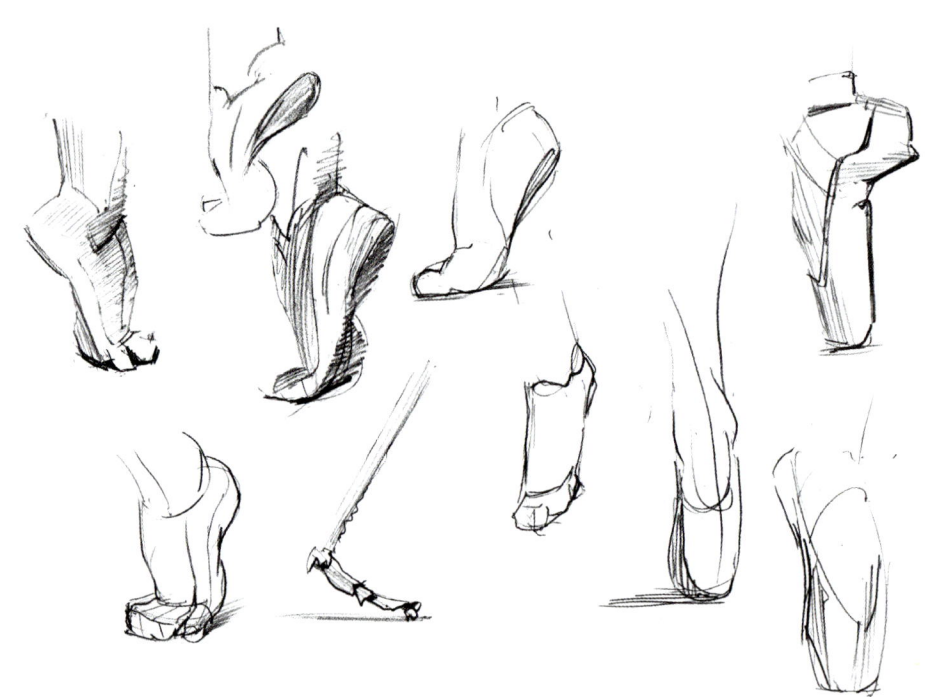

가장 영감을 주는 리서치 드로잉과 캐릭터 콘셉트, 이미지들을 작업 공간 주위 게시판에 진열하여 모든 팀과 참고 자료를 공유할 수 있도록 하자. 이런 게시판을 '무드 보드(Mood Board)'라 한다.

'가벼운'과 '부드러운'이라는 키워드는 캐릭터의 발을 위한 리서치에도 영향을 주게 된다. 먼저 '발끝'이라는 검색어는 가벼운 모습에는 충분하지 않아 보인다. 따라서 이제 '발레 발동작'으로 리서치를 하고 '메뚜기 다리'로도 간단히 찾아보자. 시각적 메타포를 언제 어디에서 찾게 될지 절대 예상하지는 말자. 그러면 마음속에 떠오르는 모든 것을 찾아보는 과정이 더욱 가치 있게 되고, 그 과정을 통해 흥미진진하고 색다른 방향으로 디자인할 수 있을 것이다.

여기에서 캐릭터의 눈 디자인을 위한 리서치는 『데코레이티드 스킨』(Decorated Skin: A World Survey of Body Art, 칼 그뢰닝 지음, 테임즈&허드슨 출판사)이라는 책에 실린 스케치로 먼저 시작하였다. 하지만, 키워드보다 너무 생동감 있고 복잡해 보여서 다시 '조용한 얼굴'이라는 검색어로 찾아보니 '고대 중국 조각상'의 사진을 볼 수 있었다. 키워드와 더욱 적합한 모습이다. 눈의 모양이 캐릭터의 나뭇잎 콘셉트와 비슷하다는 것에 주목하자.

섬네일의 활용

인터넷에서 이미지를 찾고 빠르게 스케치로 옮길 수 있기 때문에, 단 몇 분 만에 일련의 시각적 아이디어를 쉽게 떠올릴 수 있다. 이와 더불어 무작위의 대상 속에서 의미 있는 형태를 인식하는 능력을 기르면 빠른 속도의 색다른 자신만의 프로세스를 확립할 수 있게 된다. 활용할 만한 흥미로운 정보들이 수없이 많으므로 그중에서 영감을 주는 적절한 정보를 골라내자. 그런 다음 다양한 비주얼 콘셉트를 이용해 일관성 있는 캐릭터를 디자인하자.

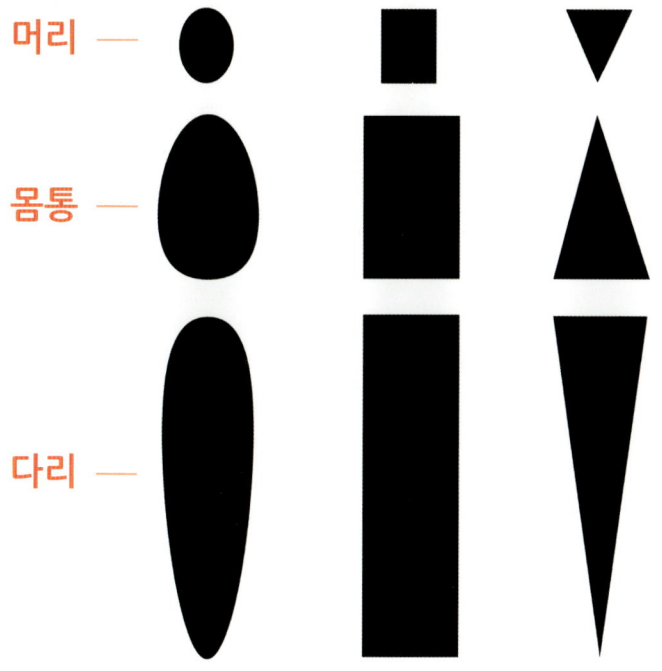

머리

몸통

다리

캐릭터의 형태를 결정하기 위해 비주얼 리서치를 바탕으로 한 스케치를 검토하고 분석하자. 이 중에서 캐릭터 콘셉트와 가장 어울리는 형태를 선택하도록 하자.

캐릭터의 형태를 보다 분명하게 나타내기 위한 첫 번째 단계는 머리와 몸통, 다리의 비율을 정하는 것이다. 세세하게 결정할 필요는 없다. 원, 사각형, 삼각형의 주요 형태는 감정을 표현하는 핵심적인 역할을 하므로, 이번 단계에서 하이 콘셉트와 가장 어울리는 형태를 고려해야 한다. 섬네일 스케치에서 그린 전체적인 형태를 구현해보자.

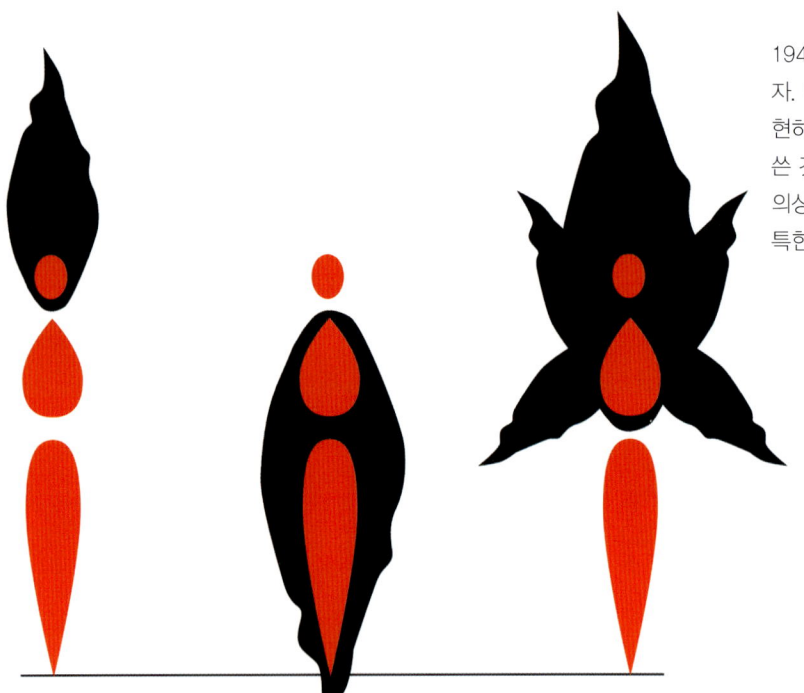

194쪽의 나뭇잎 스케치를 기본적인 몸의 형태에 적용해보자. 여기에 묘사한 것처럼 몸에 나뭇잎의 뾰족한 모양을 표현하자. 왼쪽부터 오른쪽으로: 머리에 나뭇잎 모양의 모자를 쓴 것처럼 표현할 수 있다. 또는 길게 늘여서 거꾸로 하여 긴 의상처럼 표현할 수 있다. 옆으로 돌리거나 뒤집으면 더욱 독특한 형태를 표현할 수 있다.

리서치한 요소를 몸의 형태에 적용하기 위해 먼저 단순한 선과 형태로 시작하자. 드로잉을 가능한 단순하게 유지하면 수정을 크게 할 때도 보다 적극적으로 할 수 있다. 또한, 디테일하게 그렸을 때보다 비율 조정을 다양하게 시도할 수 있다.

옆의 그림은 나뭇잎의 기본 형태와 다양한 리서치 스케치 (194~197쪽)가 결합한 모습이다. 은데벨레 족의 의상과 마른 나뭇잎, 고대 중국 조각상의 얼굴과 판초를 포함하고 있다.

이 스케치를 다양한 비주얼 아이디어를 시도할 수 있는 마네킹이라 생각해보자.

또한, 캐릭터의 디자인을 통해 스스로에게 질문하며 콘셉트와 관련하여 결정을 내려보자. 캐릭터 콘셉트에서 '위엄 있는'이나 '이질적인'이라는 키워드를 어떻게 표현할 것인가? 여기 있는 10등신 캐릭터는 두 키워드를 표현하기 위한 결과물이다.

의상 속 체형과 기본 골격은 어떤 모습으로 할 것인가? 캐릭터는 어떤 모습으로 움직일까? 생동감을 표현하기 위해 캐릭터의 몸을 서로 번갈아 가며 나타나는 곡선으로 나타내자. '중력과 움직임'(60쪽)에서 알아보았듯 이러한 곡선 없이는 움직임을 실감 나게 표현할 수 없다. 필요하다면 리서치를 자주 하자. 손의 표현을 위해서는 '섬세한 손'이라는 검색어를 이용하는 것도 좋겠다.

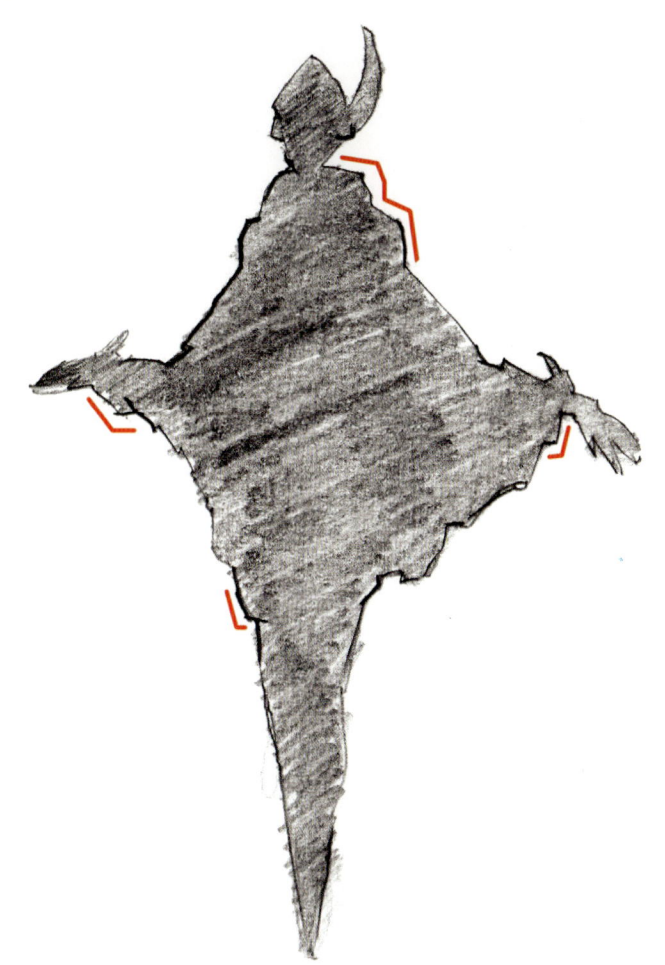

이제 주요 형태가 잘 드러나는지 캐릭터의 실루엣을 통해 검토해보자. 새 종이를 겹쳐 그리거나 따라 그린 후 한 가지 명도의 음영으로 가득 채우자. 뒤로 물러나서 보았을 때 캐릭터의 형태가 여전히 또렷하게 보이는가? 실루엣은 캐릭터 콘셉트의 키워드를 충분히 표현하고 있는가?

낮은 해상도에서 보면 미묘한 각도 차이가 보이지 않게 된다. 그러므로 실루엣의 요소를 과장해서 나타내는 것이 좋다. 예를 들어, 두 개의 요소가 겹쳐졌을 때 둘 사이의 각도를 과장해서 표현하면 각자 별개의 요소로 보이게 할 수 있다(붉은 선 참고).

『팀 포트리스 2』(밸브 코퍼레이션)

『팀 포트리스 2』의 아트팀은 캐릭터를 창조하는 데 뛰어난 능력을 발휘하였다. 각 캐릭터의 실루엣은 디테일 없이도 각각의 특성이 명확하게 드러나 서로 구분하기 쉽다. 부츠의 모양이나 바지의 밑단처럼 캐릭터의 각 요소의 각도가 분명하게 드러난다는 점에 주목하자. 이를 통해 캐릭터가 작은 크기로 보임에도 시각적으로 명확하게 나타난다.

캐릭터 드로잉의 최종 단계와 모델 시트

지금까지 섬네일 스케치의 다음 단계로서 캐릭터 디자인의 가장 어려운 단계, 즉 캐릭터 콘셉트를 실루엣으로 표현해보는 과정에 대해 알아보았다. 이 시점에서 다른 캐릭터와 배경의 실루엣으로 넘어가 게임 비주얼을 전체적으로 확인하고 비교해 볼 수 있다. 이는 캐릭터의 최종 디자인을 결정하는데 영향을 미칠 것이다.

'디자인의 요소'(145쪽)에서 우리는 하이 콘셉트를 디테일을 통해 효과적으로 표현한 게임들의 예를 확인할 수 있었다. 이번 장에서는 캐릭터를 창조할 때 '자연적인', '조용한', '섬세한', '가벼운' 등의 키워드를 실루엣을 통해 시각적으로 표현하는 법을 알아보았다. 몸의 각 부분, 꾸밈새, 질감 등의 디테일은 또한 캐릭터의 전체적인 콘셉트를 나타내거나, 대비를 통해 더욱 강조하게 된다.

디테일을 더하는 것이 이제까지 디자인한 형태를 훼손하는 것이라고는 생각하지 말자. 디테일은 디자인에 융화되는 것이지 디자인을 아예 바꿔버리는 것이 아니다.

198쪽의 러프 스케치를 새 종이에 옮겨보자. 머리와 손, 발이 모두 보이도록 종이에 맞게 드로잉을 해야 한다. 191, 193쪽의 캐릭터 콘셉트를 검토하여 디자인이 키워드(조용한 얼굴, 섬세한 손, 조용함을 표현하는 직선과 수직선)를 모두 포함하는지 확인하고 시각적 혼란을 줄이고자 질감은 표현하지 말자.

캐릭터 디자인에 영향을 준 대상의 고유 형태가 분명하게 드러나지 않도록 하자. 루벤스와 페르메이르와 같은 거장들이 그림에서 구도를 이루는 선을 희미하게 처리한 것과 같은 이유이다. 예를 들어 플레이어가 나뭇잎 형태를 인식하게 된다면 디자인을 봤을 때 느끼는 감정에 큰 영향을 미칠 것이다.

얼굴의 경우, '얼굴 표현을 위한 선'(142~144쪽)을 참고하자. 이를 통해 기분 상태와 성별, 나이를 다양하게 조절할 수 있다.

마지막으로 캐릭터의 모습에서 밝고 어두운 정도를 고려해야 한다. 이 캐릭터는 '가벼운' 콘셉트이기 때문에 명도를 그에 맞춰 조절해야 한다.

Will User Female Hero

leather hat with silk scarf and buckle

cotton collar and ruff

pewter vanbraces

leather undersleeve

leather and cotton jacket with battered velvet collar in red

leather belt with brass buckle

leather underskirt with blue silk surplus and red velvet strips to match collar

trousers fasten with leather ties

leather trousers

leather boots

magik symbols example...... feel free to improvise!

long tapered hood fastened to back of jacket

all red strips to have same sybols on them

『페이블 3』의 모델 시트 (마이크로소프트 게임 스튜디오 제작, 2010)

다른 팀원들이 주요 참고 자료로 쓸 수 있도록 최종 드로잉을 모델 시트(Model Sheet)로 제작해야 한다. 여기 나온 예는 『페이블 3』의 모델 시트이다. 모델 시트에는 섬유나 질감 등의 정보를 주석으로 달 수 있어 다른 팀원들에게도 도움이 될 것이다. 서로 겹쳐져서 불명확한 디테일은 따로 떼어내 그릴 수도 있다.

LEVEL UP!

참고 이미지를 찾는 것은 상대적으로 쉬운 일이다. 하지만, 이 이미지를 이용해 캐릭터를 창조하는 것은 몇 시간, 며칠, 몇 주, 심지어 몇 달이 걸릴 수도 있다. 누구든 디자인을 할 때는 언제나 좀 더 많은 시간이 있기를 간절히 바란다. 하지만, 자신의 콘셉트를 팀에게 되도록 일찍 보여주는 것이 낫다. 물론 팀은 그 디자인을 마음에 들어 할 수도, 혹은 일부 디테일의 수정을 원할 수도 있다. 아니면 기술적인 이유로 아예 거부할 수도 있다. 하지만, 다행히도 이제 리서치와 디자인을 빠르게 진행할 수 있는 방법을 배웠으니 어떠한 제안과 피드백도 신속히 반영할 수 있을 것이다. 팀이 그 디자인을 3D로 구현하기 위해 시간과 비용을 투자하기 전에 말이다.

캐릭터 개발을 위한 4단계(콘셉트 정하기, 콘셉트와 키워드 리서치, 섬네일 스케치, 디자인 다듬어 나가기)를 반복하여 완전히 익숙해지도록 하자. 이렇게 하면 디자인할 때 창의력을 유지할 수도 있고 새롭고 색다른 방식으로 영감을 받을 수도 있다.

LEVEL 07 [배경 디자인

배경과 소품 디자인 프로세스는 캐릭터 디자인 프로세스와 거의 마찬가지이다. 캐릭터 『ICO』
들과 그들이 사는 배경이 통일감을 이룬다면 같은 하이 콘셉트와 마인드맵을 바탕으로
게임 구성 요소(캐릭터, 애니메이션, 배경, 소품, 게임 메뉴, 표지 디자인)의 모든 콘셉트
를 결정해야 한다. 캐릭터와 마찬가지로 배경의 형태는 편안하거나 위협적인, 또는 중
립적인 느낌을 주는 데 엄청난 영향을 미친다. 예를 들어 구조물을 그저 무생물 구조물
이 아닌 살아있는 사물처럼 생각하여 디자인하면 캐릭터와 마찬가지로 다양한 느낌을
플레이어에게 부여할 수 있다.

캐릭터/배경의 형태

특정 게임에 가장 적합한 캐릭터/배경의 형태는 하이 콘셉트와 더불어 플레이어에게 전달하고
싶은 느낌에 따라 달라진다. 캐릭터/배경의 관계는 플레이어가 받는 느낌이 게임의 전개에 따
라 달라지면서 역동적으로 변화할 수 있다. 『반지의 제왕』시리즈(178쪽)의 프로도와 샘의 여정
이 그 예이다.

조화(HARMONY)

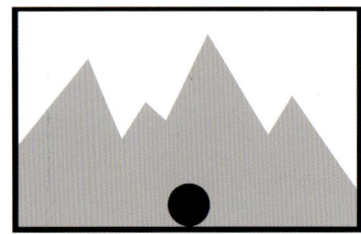

부조화(DISSONANCE)

부조화(DISSONANCE)

조화(HARMONY)

각 그림의 형태(왼쪽)는 캐릭터와 배경을 의미한다. 캐릭터의
기본 형태를 배경에서 반복하게 되면 캐릭터와 배경의 조화
를 이끌어내게 된다. 같은 캐릭터를 반대 형태의 배경에 위
치시키면 부조화가 느껴진다.

왼쪽 위 그림과 오른쪽 아래 그림은 모두 조화를 이루는 형
태이지만, 구성하는 형태 때문에 서로 전혀 다른 느낌을 전
달한다. 왼쪽 위 그림은 역동적이고 긍정적인 느낌을 일으
키고 삼각형 배경의 오른쪽 아래 그림은 좀 더 위협적인 느
낌이 든다.

부조화의 두 그림에서 받는 느낌 역시 서로 구별된다. 오른
쪽 위 그림 속 원형 캐릭터는 삼각형 배경 때문에 약해 보인
다. 왼쪽 아래 그림의 삼각형 캐릭터는 소극적인 배경에 비
해 더 공격적으로 보인다.

『슈퍼마리오 갤럭시』

캐릭터와 배경의 조화로운 관계는 마리오 게임 시리즈에서 흔히 볼 수 있다. 마리오의 임무가 그의 둥근 세상에서 공격적인 삼각 캐릭터를 없애고 조화를 되찾는 것이라고 개념화하여 생각해보자.

『저니』

『저니』에서는 삼각 배경에 삼각 캐릭터가 등장한다. 캐릭터와 배경의 조화로운 관계를 보여주는 또 하나의 예라고 할 수 있다. 하지만 『저니』의 배경을 봤을 때 느끼는 감정은 마리오의 배경과는 확연히 다른데, 근본적인 기본 형태의 차이 때문이다.

『모프』

브라우저를 기반으로 한 게임 『모프』에서는 조화와 부조화를 이루는 형태들이 각각 등장한다. 형태만으로 플레이어와 감정을 이끌어낸다는 효과를 분석하기 위해서다. 이 게임은 www.solarskistudio.com에서 플레이할 수 있다.

구조물의 표현

컴퓨터만 있으면 디지털 오브젝트를 수학적으로 완벽하게 생성할 수 있다. 자동 정렬 시스템을 이용해 구조물을 빠르게 구현한다는 것은 사실 꽤 솔깃한 일임이 틀림없다. 하지만, 현실을 가상공간과 구분하는 가장 큰 차이점은 바로 '불완전함'이다. 현실에서 시간이 흐르면 집들은 내려앉기 시작하고 지붕은 기울며 다시 자연으로 돌아가고자 한다.

이러한 무게감과 내려앉는 현상은 게임 아티스트에게 매우 흥미로운 요소이다. 현실에서 사람이 실제 건물 앞에 서면 손을 뻗어 만질 수도 있고 견고함을 느낄 수도 있다. 또한, 주위를 걷거나 실내와 실외를 오갈 수도 있다. 하지만, 비디오 게임에서 플레이어는 자신이 보는 것을 물리적으로 경험할 수 없으므로 연관성을 상실하고 혼란을 겪게 된다.

따라서 게임 배경에서 시각적 단서를 활용하여 무게감과 견고함에 대한 느낌을 강조하는 것이 아티스트의 임무이다. 이 단서는 직접 한 리서치 결과와 '중력과 움직임'(60~67쪽)에서 연구한 중력의 개념을 바탕으로 한 경험과 관찰을 통해 확립할 수 있다.

유난히 복잡한 배경이나 구조물, 또는 내부를 드로잉하고 있다면 구글의 스케치 업(http://sketchup.google.com)과 같은 3D 모델링 프로그램을 이용하여 투시를 진행하고 싶을 것이다. 이때 기본 입체를 이용하여(조명이나 질감은 신경 쓰지 않고) 장면을 3D로 빠르게 옮기고 나서 스크린 샷을 출력하자. 그리고 그 3D 화면을 새 종이에 베껴 그리면 된다. 그다음 아이디어를 가다듬는 작업은 손으로 직접 하자. 하지만, 이러한 방법이 투시에 대한 지식을 대신할 수 없다는 것을 반드시 기억하자.

TAVERN

FABLE 2

『페이블 2』: 테이번 (마이크로소프트 게임 스튜디오 제작, 2008)

우리는 이미 캐릭터 디자인을 위해 해부에 대하여 알아보았다. 인체를 지탱해주는 중요한 골격을 이해하기 위해서였다. 아티스트는 배경 디자인을 위해서 역시 구조물의 골조와 이를 지탱하는 힘을 이해해야만 한다.

역사적인 구조물들은 오랜 시간 동안 중력의 힘을 받아 생긴 변화가 자연스럽게 나타난다. 『페이블 2』의 테이번의 구조에서도 확연히 드러난다. 구조를 지탱하는 요소들 사이가 불균형하고 늘어진 모습인데, 이를 통해 무게감과 시간의 흐름을 느끼게 된다.

왼쪽 헤라 신전의 도리아 양식 기둥(이탈리아 파에스툼)

도리아 양식의 그리스 기둥은 완벽한 직선으로 설계되지 않았다. 이 기둥들은 사실 약간 옆으로 휜 모양인데, 무게를 지탱하는 긴장감을 느낄 수 있다. 마치 우람한 근육의 팔을 높이 들어 신전 지붕을 받치는 모습과도 같다.

아래 어느 곳에서든 가능하다면 건물의 골조를 나타내는 것이 좋다. 그 골조가 어떻게 중력의 힘에 맞서 수직으로 설 수 있는지 고려하는 데 도움이 된다.

상상 속의 무게를 표현하기 위해 골조의 형태를 얼마든지 바꿀 수 있다. 현실에 기반을 둔 배경을 만들 때도 마찬가지이다. 그렇지 않으면 그 골조의 건물은 무게가 없는 가상 물체로만 보이게 될 것이다.

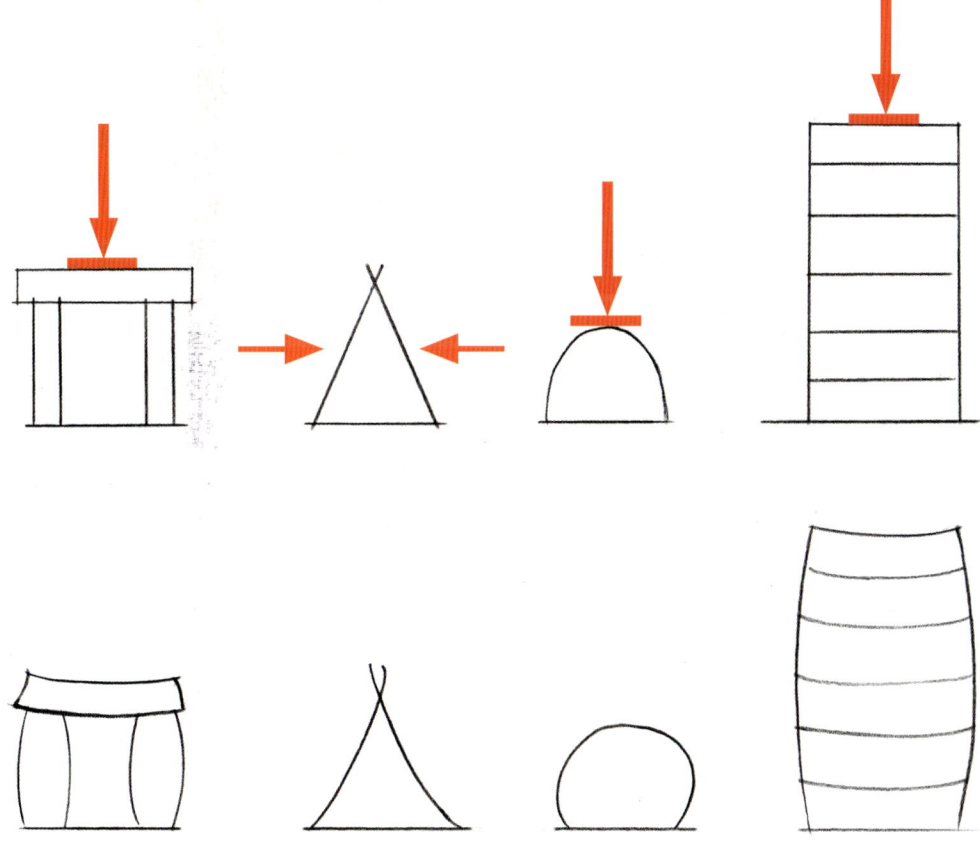

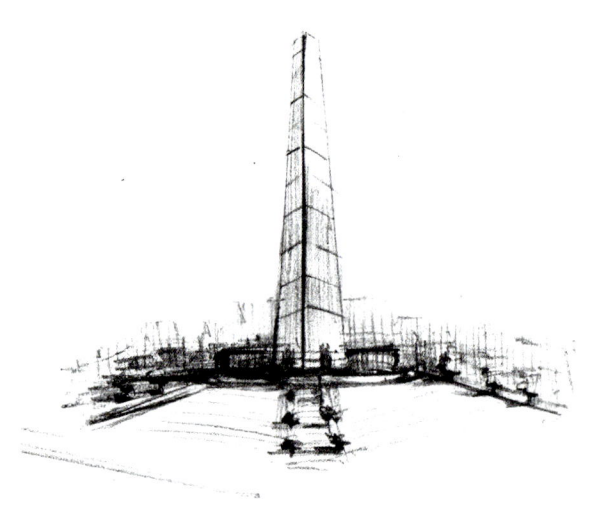

건물, 특히 고층 건물을 디자인할 때 지면에 맞닿도록 하는 것은 아주 중요하다. 이러한 대형 구조물에 견고함과 안정감이 표현되지 않으면 사람들이 심리적인 불안을 겪는다는 점을 건축가들은 깊이 이해하고 있다.

고대 그리스 로마 건축물에서는 건축물의 기반이나 계단이 지면에 가까워질수록 점점 변화하는 방법을 통해 이러한 시각적 문제를 해결하였다. 현대 건축가들은 건축물과 지면의 접합점을 주변환경과 시각적으로 조합하여 건축물의 무게로 말미암아 주변이 영향을 받는다는 착시 효과를 이끌어냈다.

『미러스 에지』

배경을 디자인할 때 고려해야 할 또 다른 점은 사람이 이용하는 건물이라는 느낌을 만들고 싶다면 그 건물에 생명력을 표현해야 한다는 것이다. 외부 형태를 어떻게 해야 누군가 혹은 무언가 그 안에 산다는 느낌을 줄 수 있을지 고려해야 한다.

『미러스 에지』는 내부의 기능이 외부에 어떻게 나타나는 지 보여주는 좋은 예이다. 액션의 주무대인 고층 건물의 평면적 옥상에는 에어컨 환풍기, 엘리베이터 통풍구, 케이블 선 등이 가득하다. 구조물들을 살아있는 유기체로 생각하여 캐릭터와 같은 방식으로 생명을 불어넣어 주자.

이 장면을 연필로 드로잉해보자. 높은 시점과 건물의 크기를 고려하여 3점 투시도법(24~25쪽)을 사용해야 한다. 일단 각 건물을 나타내는 단순한 상자 형태를 그리고 나면 더 작은 형태로 다듬고 디테일을 더하는 작업이 수월해질 것이다.

캐릭터 중심 배경 디자인

게임의 배경 디자인을 할 때 일반적으로 두 가지의 접근법을 사용한다. 각 접근법은 새로운 환경을 실제 현실 공간에 더할 것인지, 혹은 아예 처음부터 새로운 환경을 창조할 것인지에 따라 달라진다.

그중에서 캐릭터를 중심으로 한 접근법을 살펴보자. 이 경우 게임 비주얼의 방향은 이미 결정되었으며 아티스트가 할 일은 이 가상공간에 적합한 새로운 배경을 만들어 내는 것이다. 이러한 접근을 위해 배경과 큰 구성 요소를 디자인하기 전 먼저 6장 캐릭터 디자인(188~202쪽)에서 배운 프로세스에 따라 캐릭터를 창조하자. 아티스트의 직관과는 어긋나 보일 수도 있으나, 이러한 접근은 환경의 형태가 그 안에 존재하는 캐릭터에 의해 영향을 받았다는 가정을 토대로 하는 것이다.

『페이블 3』: 오로라 여성과 오로라 인이 사는 집 콘셉트 아트 (마이크로소프트 게임 스튜디오 제작, 2010)

『페이블 3』의 이 캐릭터와 구조물 콘셉트 아트를 보면 주거 환경을 통해 캐릭터의 콘셉트가 반복해서 표현되었다는 점을 알 수 있다. 오로라 인들의 캐릭터 특성을 디자인한 다음 그들의 의상을 차용하여 구조물을 디자인한 것이다. 구조물의 형태는 오로라 인들이 사는 울퉁불퉁한 지형을 반영한 모습이다.

『월드 오브 워크래프트』: 블러드 엘프(블리자드 엔터테인먼트 제공)

『월드 오브 워크래프트(WoW)』의 아트팀은 새 시리즈에 새로운 종족을 추가하는 작업을 맡게 되었다. 이 작업은 기존의 캐릭터와 배경과는 다른 새로운 캐릭터 디자인으로 먼저 출발하였는데, 새 종족의 소품과 등장 환경 역시 이 캐릭터 디자인을 모티브로 하여 표현해야만 했다. 따라서 캐릭터를 디자인한 다음 특징을 반영하여 소품과 환경을 디자인하는 과정으로 진행하였다.

블러드 엘프 종족은 나선형 나뭇가지들의 형태를 모티브로 하여 붉은색, 금색, 청록색으로 표현했다. 이 종족의 상징은 문양을 통해 표현되며, 소품과 이들이 사는 환경 역시 캐릭터의 특징을 반복적으로 보여준다.

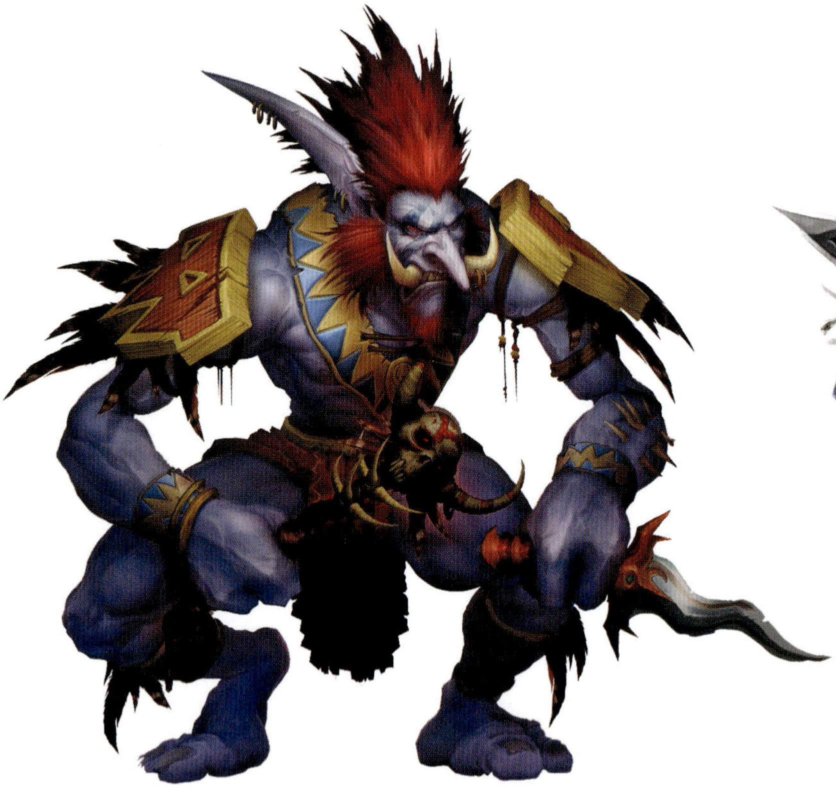

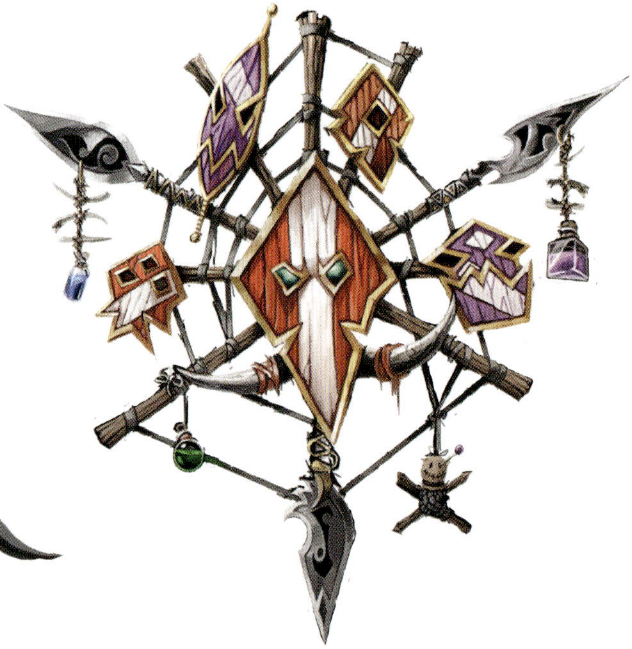

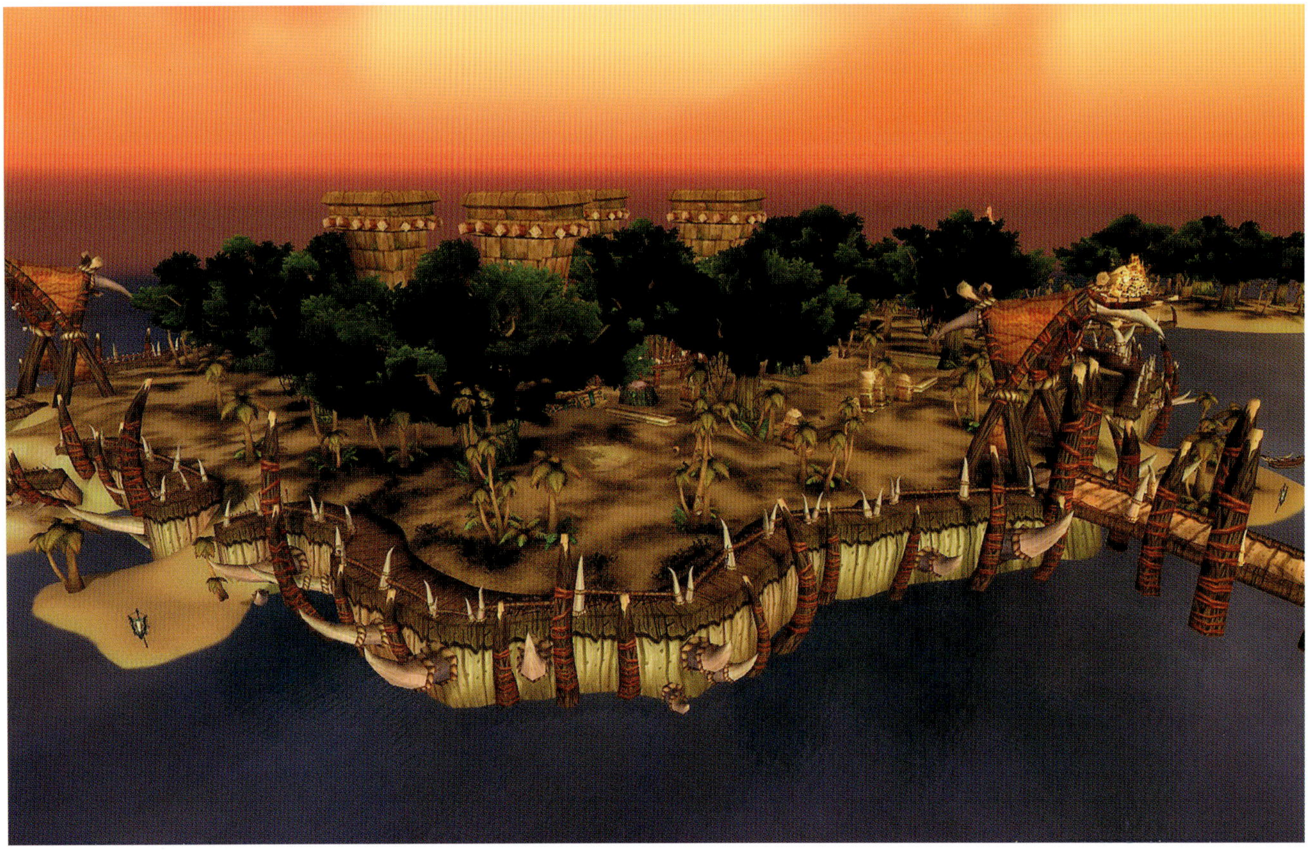

앞장 『월드 오브 워크래프트』: 트롤(블리자드 엔터테인먼트 제공)

트롤 종족은 독특한 형태와 색 덕분에 블러드 엘프 뿐 아니라 WoW의 다른 종족들과도 확연히 구분된다. 트롤은 길게 발달한 어금니와 거친 나뭇결의 형태를 모티브로 한 디자인에 보라색과 붉은색을 띠고 있다. 또한, 블러드 엘프에 비해 윤곽 내부의 여백이 상대적으로 많이 보이는데, 이 역시 그들이 거주하는 환경 형태에 반영되었다.

아래 『젤다의 전설』: 황혼의 공주: 링크의 집

어떤 형태이든 캐릭터 디자인(198쪽)에서 머리, 몸통, 다리에 적용한 것과 똑같은 방식을 통해 구조물에 적용할 수 있다.

구조물을 디자인할 때에는 일반적인 건물의 구성 요소(출입문, 창문, 지붕, 출입문으로 이어진 길 등)와 함께 이야기의 진행 단계를 고려해야 한다. 모든 요소를 세세하게 묘사할 필요는 없다. 하지만, 출입문이 안쪽에 누가 또는 무엇이 있을지 나타내는 상징적 의미가 있다면 그 점을 반영하여 문의 모양을 디자인해야 한다.

하향식 배경 디자인

새로운 게임을 디자인해야 한다면 하향식(Top-down) 접근 방법이 가장 적합하다. 이러한 접근을 통해 세부적인 구성 요소를 디자인하기 전 게임의 전체적인 디자인 방향을 설정할 수 있다. 먼저 190~191 쪽의 프로세스를 통해 하이 콘셉트를 정하도록 하자. 이로써 디자인의 목표를 세울 수 있고 이 목표에 따라 앞으로의 모든 디자인이 결정될 것이다.

디자인 목표를 문장으로 표현함과 동시에 자신에게 영감을 주는 비주얼 소스를 찾아보도록 하자. 이는 플레이어에게 전달하고 싶은 느낌을 함축하는 소스여야만 한다. 이러한 비주얼 소스를 글로 표현하는 일 역시 중요하다는 점을 기억하자. 이를 통해 디자인과 관련 없는 분야의 팀원들에게도 이 소스의 주요 의미를 전달할 수 있다. 이번 장에서는 두 가지 게임에 대해 알아보도록 하자. 이 두 게임의 아티스트들은 하이 콘셉트와 자신들이 받은 영감을 디자인에서 효과적으로 표현하여 플레이어에게 다양한 느낌을 성공적으로 전달한다.

게임을 통해 어떤 느낌을 전달하고 싶다면 그 느낌을 함축한 이미지를 찾거나 창조해보자. 팀원 간의 아이디어 공유뿐 아니라 고전 미술 작품이나 음악 역시 도움이 된다. 이제 7장까지 무사히 왔으니 게임에 표현하기 위한 비주얼 소스를 어려움 없이 분석할 수 있을 것이다.

앞장. 『거리의 우울과 신비』 (1914) — 지오르지오 데 키리코(1888-1978), 『ICO』 (2001): 표지 디자인
위 『ICO』: 게임 그래픽

하향식 접근은 다음 질문에서부터 출발한다. "플레이어에게 어떤 느낌을 전달하고 싶은가?" 비평가들의 극찬을 받는 게임 『ICO』의 감독이자 선임 디자이너인 후미토 우에다는 『거리의 우울과 신비』와 같은 지오르지오 데 키리코의 작품에서 영감을 받았다.

비주얼 그래머 측면에서 봤을 때 데 키리코의 이 그림은 구성 요소의 중요성을 확실하게 보여 주고 있다. 먼저, 사물과 높은 벽들 사이 또렷한 경계선 때문에 시간이 멈춘 듯하며 공간이 분리된 듯한 느낌을 받게 된다. 또한, 가려져서 보이지 않는 사물의 존재는 긴 그림자와 중앙의 삼각 형태 덕분에 묘하게 위협적으로 보인다.

『ICO』의 비주얼이 데 키리코의 작품 특징을 그대로 옮긴 것은 아니지만, 우에다는 그림 속 비주얼적 요소를 게임 플레이의 특성에 결합시켜 그림과 똑같은 감정을 효과적으로 이끌어 냈다.

『거리의 우울과 신비』 속 소녀는 이제 게임 속에서 주인공(이코)이 이끄는 방향으로 여정을 떠난다. 이는 곧 게임과 플레이어가 상호작용하여 데 키리코의 쓸쓸하고 스산한 그림 속 사물들을 그림 밖으로 이끌 수 있다는 점을 상징적으로 보여주는 것이다. 그림에서 불길한 그림자는 게임 속 검은 유령이 되며 소녀 요르다를 잡아가려 매 순간 플레이어를 위협한다. 또한, 그림의 정지된 공간은 게임에서 성이라는 제한된 장소의 수직적 형태로 표현된다.

이러한 비주얼 요소는 보는 이와 플레이어의 감성을 구체화하는 역할을 한다. 따라서 감성을 매우 효과적으로 전달하기 위해 이 역할을 확실하게 이해하는 것이 중요하다.

위 『저니』 콘셉트 아트 – 제노바 첸

앞쪽 『저니』 스크린 샷

댓게임컴퍼니의 공동 창업자이자 크리에이티브 디렉터인 제노바 첸은 NASA 우주 비행사에게 우주공간에서 지구를 바라본 경험을 이야기한 다음, 그 경험에서 느낀 숭엄함을 『저니』 플레이어들에게도 전달하고 싶다고 생각했다. 이러한 감정은 일반적으로 자연의 힘이나 웅장한 규모와 맞닥뜨렸을 때 일어난다.

첸은 위와 같은 콘셉트 스케치를 그려 자신의 아이디어를 구체화했다. 이 스케치는 그가 게임 배경에서 표현하고 싶은 숭엄함을 잘 전달하고 있다. 콘셉트 스케치와 완성된 게임에서 모두 거대한 수직 절벽이 등장하는데, 플레이어는 이 배경을 통해 이러한 감정을 느끼게 된다.

게임 플레이 맵

게임에서의 맵은 게임 속 환경의 평면도라고 할 수 있는데, 마치 보물지도처럼 공간마다 표시가 되어 있다.

게임 맵은 고전 회화 작품 속 구도와 가장 관련이 깊다. 65쪽의 루벤스 그림은 보는 이의 시각적 경로가 되는 두 개의 선에 따라 구도가 이루어졌다. 이러한 점이 바로 게임 맵이 플레이어에게 하는 역할이다. 그뿐만 아니라 플레이어가 이동할 수 있는 삼차원 공간에 대한 루트를 보여주기도 한다. 게임 환경에서의 이동 경로를 구성하는 방식(곡선, 직선, 각진 선 등을 이용할 수도 있다)은 플레이어가 그 환경에서 느끼는 감정에 큰 영향을 미치게 될 것이다.

『기어 오브 워』: 게임 플레이 맵과 로고

『기어 오브 워』는 프랙털(작은 구조가 전체 구조와 비슷한 형태로 끝없이 되풀이되는 구조) 디자인을 보여주는 훌륭한 예이다. 게임의 전체적인 콘셉트가 로고에서부터 캐릭터와 맵 디자인까지 모든 디테일에서 반복해서 표현된다.

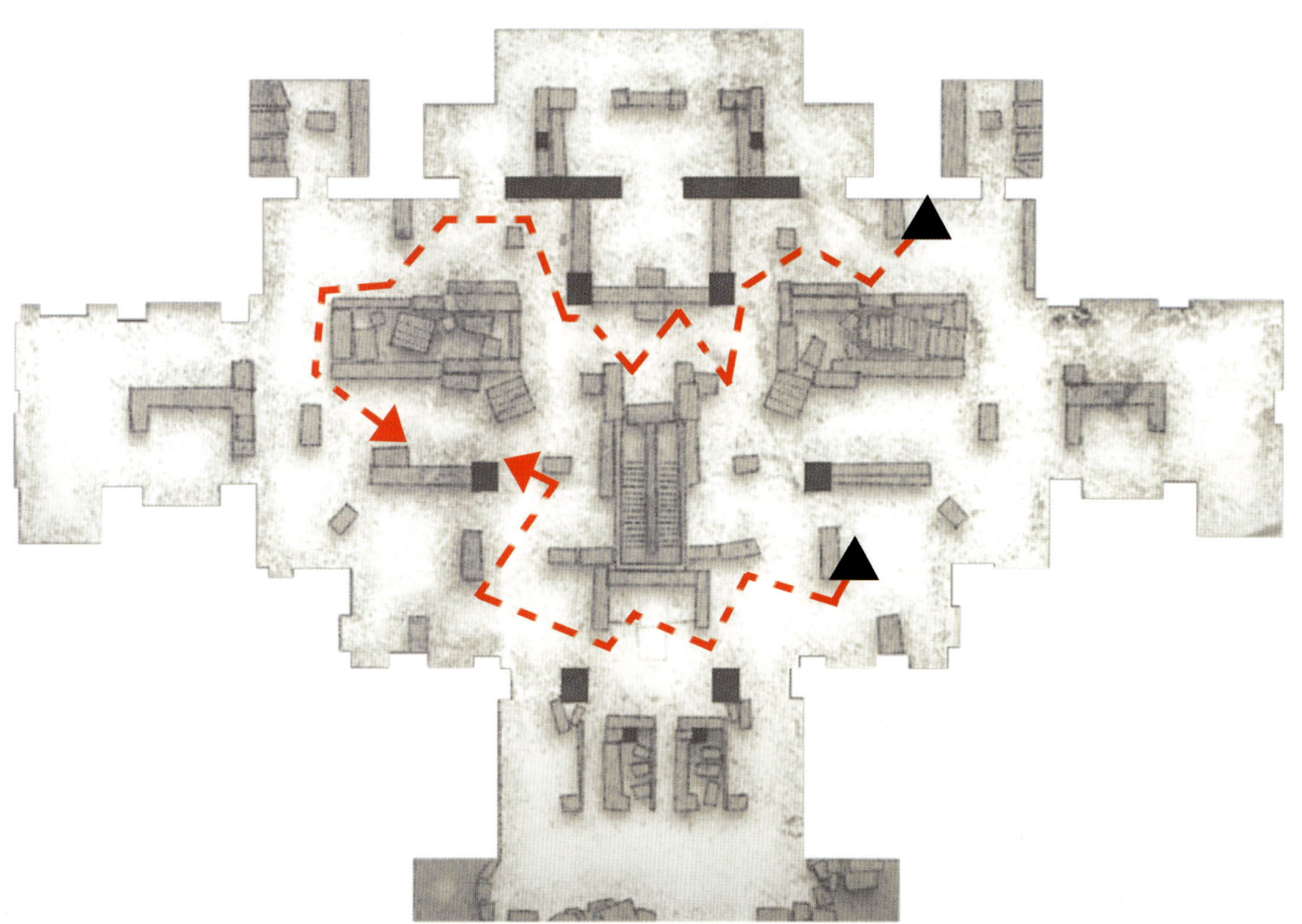

『기어 오브 워』: 맵을 확대한 모습

『기어 오브 워』 시리즈의 모든 맵은 게임의 로고이기도 한 두개골 모양을 모티브로 하였다. 플레이어가 게임 도중에 이러한 디자인을 전체적으로 인식할 수 있는 것은 아니지만, 캐릭터의 이동 경로 형태를 통해 감정적으로 큰 영향을 미치게 된다. 『기어 오브 워』의 모든 구성 요소는 일관적인 테마로 디자인되었으며, 이로 말미암아 플레이어에게 더욱 실감 나는 느낌을 전달한다.

게임 플레이 맵은 이동 경로와 더불어 출입지점, 각 구역, 주요 지형지물, 특정 아이템과 이벤트를 포함한다.

『슈퍼마리오 갤럭시 2』

하향식 배경 디자인 프로세스와 게임 플레이 맵은 아티스트에게 게임의 특정 디테일로부터 한걸음 물러서 바라볼 기회를 제공한다. 이에 따라 플레이어에게 전달하고 싶은 감정을 넓은 범위에서 생각할 수 있다.

뒤로 물러나 구성 요소를 가능한 전체적으로 파악할수록 더욱 쉽게 적절한 디테일을 더할 수 있을 것이다.

LEVEL UP!

이 책을 통해 알아본 비주얼 그래머의 네 가지 요소(명도, 선, 형태, 입체감)는 곧 시각적 언어가 된다. 이 간단한 요소들은 우리의 의도에 따라 디자인을 할 수 있는 수단이 되고, 그것이 전달하는 감정을 더욱 강조하게 된다.

이제 비주얼 그래머의 마지막 요소인 색에 대해 알아볼 것이다. 하지만, 들어가기 전 1장에서 7장까지의 여정을 무사히 마쳤다는 점을 마음껏 즐기도록 하자.

LEVEL 08 [색과 디지털 도구

지금까지 우리는 모든 미술의 근본이 되는 드로잉에 중점을 두어왔다.   그와 더불어 모든
게임 아티스트가 갖춰야 할 또 다른 전문 능력은 바로 색에 대한 이해력과 어도비 포토
샵, 코렐 페인터와 같은 디지털 도구의 활용 능력이다. 이는 다방면에 뛰어난 전문 아티
스트로 거듭나게 하는 밑거름이 된다.

이번 장에서는 색상환, 색의 온도, 조화 색과 대조 색의 개념 등 기본적인 색의 개념에
대해 알아보도록 하겠다. 이 장을 통해 색에 대한 자신감과 캐릭터나 배경을 디자인할
때 적절한 색의 적용 능력을 키울 수 있을 것이다.

또한, 포토샵이나 페인터를 이용해 스케치에 색을 더하는 매우 간단한 과정에 대해서
도 알아볼 것이다.

색

색은 감정을 표현하는 매우 원초적인 수단이다. 색의 상징이 문화에 따라 달라지긴 하지만, 색을 통해 디자인이 주는 감정을 더욱 강조할 수 있다는 점은 변하지 않는 사실이다.

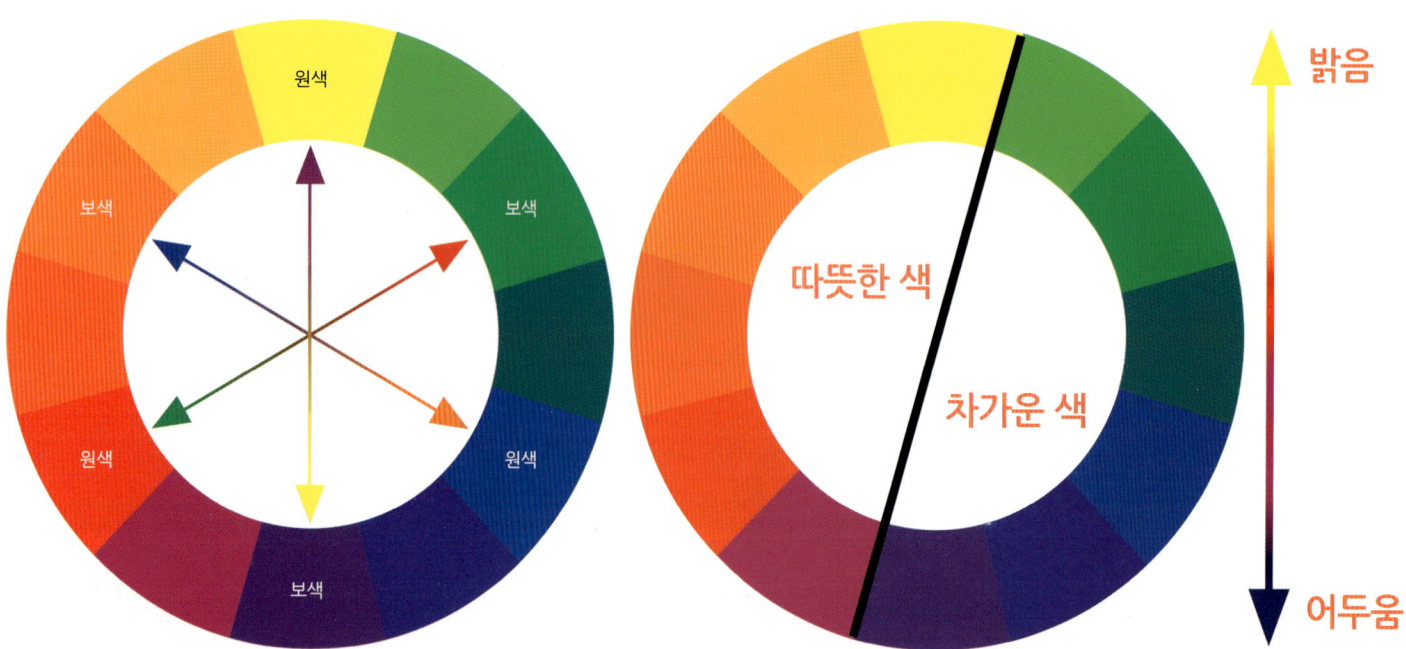

'색상환'의 주요 기능 중 하나는 원색(빨강, 노랑, 파랑)과 그와 마주하는 보색(초록, 보라, 주황)을 둥근 모양으로 배열하는 것이다.

또한, 색의 온도 측면에서도 색상환을 반으로 나눠 볼 수 있다. 한쪽은 주황이 있는 따뜻한 색, 나머지 한쪽은 주황의 보색인 파랑이 있는 차가운 색을 나타낸다.

색상환은 또한 명도 단계를 나타내기도 하는데, 밝은 노랑, 주황에서부터 어두운 보라까지 명도의 변화 차이를 단계별로 보여준다. 이것은 인상주의 화가들이 가장 선호하던 개념이기도 하다. 그들은 검은색의 사용을 꺼렸으며 빛과 어두움을 색으로 표현하는 것을 즐겼다.

YELLOW + **RED** = **ORANGE**

노랑(원색)　　　　　빨강(원색)　　　　　주황(2차 색)

단지 3원색만을 이용하여 모든 색을 혼합할 수 있다는 점에서 원색은 이론적으로 중요한 역할을 한다. 원색을 서로 혼합하여 나온 색이 바로 2차 색이다. 예를 들어 노랑과 빨강을 혼합하면 2차 색인 주황이 나오게 된다.

보색은 색상환에서 서로 마주 보는 색으로, 보색을 나란히 배열하면 서로의 색을 더욱 강조하게 된다. 주황이 보색인 파랑 배경에 있으면 빨강 배경에 있을 때보다 더욱 밝고 강렬해 보이는 점에 주목하자. 보색은 검정과 흰색처럼 서로 대비하여 시선을 끄는 효과를 가지므로 어떤 사물에 보는 이의 관심을 집중시키고 싶을 때 사용하게 된다.

『저니』

왼쪽 『저니』는 미묘한 감정을 일으키도록 색상 대비 효과를 활용하였다. 처음 사막 부분에서 배경과 캐릭터는 색상환 표에서 서로 근접한 위치의 따뜻한 색으로 표현된다. 밀접하게 관련된 색을 이용하여 조화로운 느낌을 받게 된다.

『저니』

아래 긴장되고 불안한 상황을 연출하기 위해 빨강과 주황 계열의 캐릭터가 보색인 초록과 파랑의 배경과 서로 대비되어 보인다. 또한, 명도 역시 높은 값에서 낮은 값으로 변화하였다.

대상의 색뿐만 아니라 색의 밝기 역시 고려해야 한다. 색은 빛의 파장에 따라 달라진다. 태양이 빨강, 주황, 노랑 계열의 따뜻한 색을 방사하면 그 빛을 받은 물체는 마찬가지로 따뜻한 색으로 보인다. 만약 구름 때문에 빛이 산란하여 하늘이 어두워 보일 경우 같은 물체라도 이제 좀 더 차가운 색으로 보이게 된다. 따라서, 화면에서 색 온도를 결정하는 것은 바로 빛의 정도이다. 또한, 화면에서 조화로운 색의 표현을 위해 참고해야 할 것은 전체적인 밝기를 결정하는 것이다.

색에 대해 점점 알아갈수록 온도 측면에서 좀 더 미묘한 차이를 발견하게 될 것이다. 차가운 빨강이나 따뜻한 파랑은 가능한 일이다. 예를 들어 왼쪽 두 개의 파랑 계열 색은 서로 근접한 자리에 있다. 맨 오른쪽 색 역시 비슷한 계열인 세 번째 색 옆에 위치하여 좀 더 따뜻하게 보인다. 반면 세 번째 색은 오히려 좀 더 차갑게 보이는데, 왼쪽의 파랑 계열과 근접해 있기 때문이다.

색의 조합을 어떻게 결정할 것인가는 화면 속 전체적인 분위기에 따라 달라진다.

왼쪽 『주라산의 물길』(1872~73) – 구스타프 쿠르베(1819-1877))

아래 『주라산의 풍경』(1870) – 구스타프 쿠르베

구스타프 쿠르베가 빛에 따른 색의 온도 변화에 심취했던 사실은 이 두 그림을 통해 여실히 알 수 있다. 두 그림 모두 주라산맥이라는 같은 장소를 배경으로 하지만 색 온도는 전혀 다르게 표현되었다. 왼쪽 그림은 아래 그림보다 더 차갑게 느껴진다. 쿠르베는 그림에서 대기 상태와 시간대, 계절에 의해 달라진 빛의 상태를 묘사하였으며, 이로 말미암아 배경의 색 역시 서로 달라졌다. 태양을 직접적으로 받은 사물은 따뜻한 색이며(아래), 구름 낀 날의 사물은 더 차갑고 어스름한 색이다(왼쪽).

오른쪽 『클라라 세레나의 초상』 (1616) – 페테르 파울 루벤스

아래 『기도하는 손』 (1600) – 페테르 파울 루벤스

인물화에서 따뜻하고 차가운 색의 개념은 인물의 생명감과 온기를 강조하게 된다. 루벤스의 이 두 그림은 각각 인물의 한 부분을 나타내는데, 온기를 표현하기 위해 빨강 계열이 사용되었다. 일반적으로 혈관과 가까운 부분인 뺨, 코, 귀, 손가락, 무릎, 발 등에서 사용된다. 차가운 색은 주로 뼈대가 두드러진 부분에 사용된다. 눈의 '흰색' 역시 차가운 온도를 갖는다.

디지털 도구를 이용한 컬러링

어도비 포토샵과 코렐 페인터는 디지털 2D 아트 업계에서 기준이 되는 프로그램이다. 환상적인 이 두 가지 프로그램을 이용하여 드로잉에 색을 입힐 수 있다.

개인적으로 드로잉 태블릿과 펜을 추천하고 싶다. 드로잉을 위한 최고의 대안이라고 할 수 있다. 컴퓨터 마우스를 사용하면 손으로 직접 그릴 때만큼의 품질이 나오지 않는다.

포토샵과 페인터의 가장 큰 장점은 바로 레이어 기능이다. 레이어 기능 덕분에 각 단계를 분리하여 훨씬 수월하게 진행할 수 있다. 이것은 사실 기존의 회화를 그릴 때 완성된 드로잉에 색을 더하기 전 먼저 흑백으로 표현하는 단계를 반영한 것이기도 하다.

여기에서는 포토샵을 이용하여 색을 입히는 단계(컬러링)를 알아보도록 하자. 이 과정을 잘 이해한다면 페인터 사용에서도 별 무리가 없을 것이다. 두 프로그램은 맥과 윈도우 등을 지원하며 공통 키보드 단축키를 탑재하고 있다. 예를 들어 〈Ctrl〉/〈Cmd〉는 윈도우의 〈Ctrl〉과 맥의 〈Cmd〉이 서로 대응한다.

이번 단계는 포토샵에 대한 기본적인 지식을 바탕으로 한다. 기본 설정에 대해 이해가 되지 않는 점이 있다면 프로그램의 '도움말'을 참고하도록 하자.

포토샵과 페인터는 디지털 페인팅에 최적화된 프로그램이다. 아티스트에 따라 두 프로그램을 모두 사용하여 각각의 장점을 활용하기도 하고 한 가지 프로그램만 사용하기도 한다. 사진 편집 기능은 페인터가 포토샵보다 좀 더 제한적이지만, 드로잉을 표현할 때에는 그 반대이다. 부드러운 수채화 브러시나 진한 라운드 팁 펜 등 여러 가지 도구를 사용하여 캐릭터와 배경의 경계선에 적절한 효과를 줄 수도 있다.

6장에서 만든 캐릭터(188~201쪽)를 활용하여 다음 장의 디지털 컬러링 연습을 진행해보자.

워크플로의 경우 포토샵만큼 페인터에서도 필수적이다. 자주 쓰는 기능의 키보드 단축키를 외워두면 메뉴를 헤매는 시간이 줄어들어 아트워크에 더욱 집중할 수 있다.

페인터와 포토샵의 가장 뛰어난 점은 사용 방식에 옳고 그름이 정해져 있지 않다는 사실이다. 다양한 시도를 통해 자신만의 워크플로를 발전시킬 수 있을 것이다.

자주 쓰는 포토샵 단축키 13개

스크린 모드 변경(F)

이미지 변경(Ctrl/Cmd + Tab)

한 단계 실행 취소 (Ctrl/Cmd + Alt + Z)

선택 영역 숨기기(Ctrl/Cmd + H)

브러시(B)

전경색/배경색 전환(X)

기본 팔레트(D)

브러시 선택 상태에서 색 추출(Alt 누른 채로 LMB)

확대(Ctrl/Cmd + Space + LMB)

축소(ALT + Space + LMB)

회전하기(Space + LMB 클릭하고 드래그)

브러시 크기 조절 ([작게,] 크게)

브러시 투명도 조절(0, 1, 2, 3, …, 7, 8, 9)

자주 쓰는 페인터 단축키 10개

지우개(N)

확대(Ctrl/Cmd + Space + LMB)

축소(ALT + Space + LMB)

회전하기(Space + LMB 클릭하고 드래그)

캔버스 회전(E)

캔버스 되돌리기(E 누른 채로 LMB)

브러시 크기 조절 ([작게,] 크게)

브러시 투명도 조절(0, 1, 2, 3, …, 7, 8, 9)

직선 긋기(Shift 누른 채로 LMB 클릭하고 드래그)

전경색/배경색 전환(Shift + X)

종이 위에 연필로 그리는 것처럼 디지털 프로그램에서 자유롭게 그리고 싶다면 단축키에 익숙해져야 한다. 단축키를 기억하고 있으면 키보드를 계속 내려다보거나 도움말을 찾아볼 필요 없이 아트워크에 집중할 수 있다.

가장 자주 쓰이는 포토샵 단축키 13개에 익숙해지면 제작 과정을 좀 더 수월하게 진행할 수 있다. 페인터 단축키 역시 매우 유사하다. 선택한 도구에 따라 커서가 변하는 것에 주목하자.

LMB는 마우스 왼쪽 버튼을 의미한다. 태블릿을 이용하고 있다면 펜으로 태블릿을 짧게 두드리는 것이 마우스 왼쪽 버튼을 클릭하는 것과 같다.

포토샵을 이용한 디지털 페인팅

이번 연습을 위해 캐릭터 디자인(201쪽)의 드로잉을 사용하자. 그림을 300DPI의 높은 해상도로
스캔하고 포토샵을 실행한 다음 PSD 형식으로 저장하도록 하자.

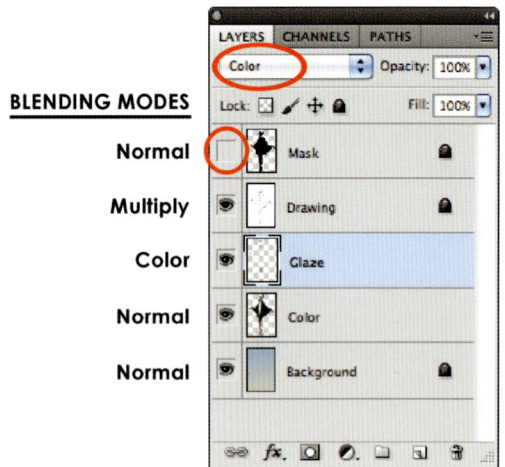

BLENDING MODES

Normal

Multiply

Color

Normal

Normal

레이어 팔레트에서 다섯 개의 레이어를 만들자. 각 레이어에는 반드시 각각에 맞는 블렌딩 모드를 설정해야 한다. 블렌딩 모드를 바꾸려면 다른 레이어가 선택된 상태에서 상단 빨간 원안의 메뉴를 클릭하자. 'Mask'라는 이름의 레이어가 보이지 않게 설정된 것과 일부 레이어가 잠긴(Lock) 상태라는 것에 주목하자.

각 레이어에 이름을 설정하여 위에서부터 정확하게 정렬되어 있는지 확인하는 것이 좋다. 컴퓨터에 예상치 못한 문제가 생길 경우를 대비하여 파일을 자주 저장해주도록 하자 (Ctrl/Cmd + S).

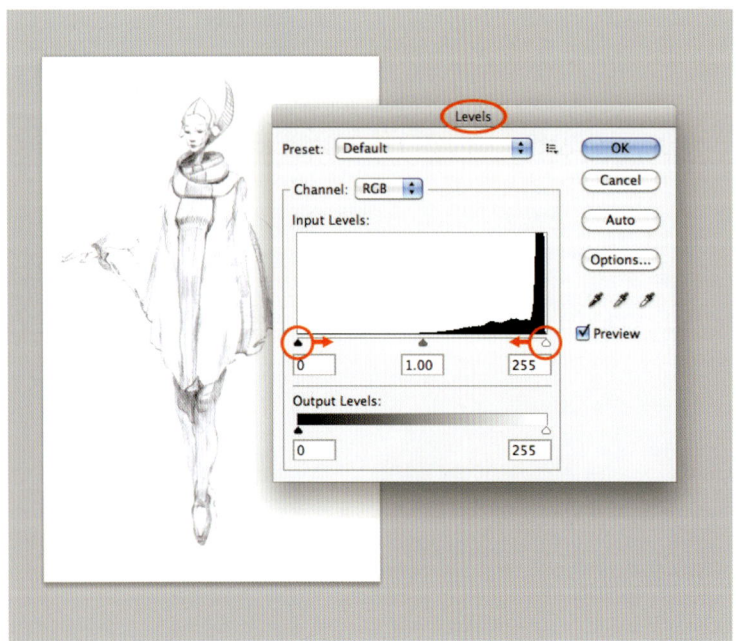

드로잉 레이어 스캔한 스케치 레이어의 이름을 'Drawing'이라고 변경하면 다른 레이어와 쉽게 구분할 수 있다. 이 레이어의 블렌딩 모드를 Normal에서 Multiply로 변경하자.

이때 종이에 드러나는 질감을 지워서 배경이 완전한 흰색이 되도록 하는 것이 중요하다. 레벨(Ctrl/Cmd + L)이나 커브(Ctrl/Cmd + M)를 사용하여 콘트라스트를 조절하면 된다. 마지막으로, 이 레이어 위에 실수해서 그리지 않도록 전체 잠금을 선택하자.

마스크 레이어(왼쪽), 선택 영역 활성화(오른쪽) 'Mask'라고 이름을 변경한 레이어에서는 기본 스케치를 기준으로 검은 실루엣을 만드는데(왼쪽), 반대 부분은 아무 디테일도 없게 해야 한다. 끝이 뾰족한 브러시(B)를 사용하여 윤곽을 채워준 후 레이어를 보이지 않게 설정하자.

마스크 레이어는 레이어 위에 마스크를 씌운 것과 같으므로 캐릭터의 경계선 바깥까지 입히는 실수 없이 윤곽선 안쪽으로만 색을 입힐 수 있게 된다. 브러시를 칠한 부분을 활성화하려면 〈Ctrl〉/〈Cmd〉를 누른 채로 레이어 팔레트의 섬네일을 선택하면 된다. 선택 영역은 마치 '개미 무리'처럼 보이게 된다(오른쪽). 브러시로 색을 입힌 부분은 이제 이 영역으로 제한되었다. 선택 영역은 단축키를 이용하여 숨길 수 있다. (Ctrl/Cmd + H).

이 영역 바깥 부분에 색을 입히고 싶다면 선택 영역을 해제하면 된다(Ctrl/Cmd + D).

머리, 다리, 손 등 각각의 요소에 이러한 방식으로 마스크를 입히면 쉽게 선택 영역을 활성화할 수 있게 된다.

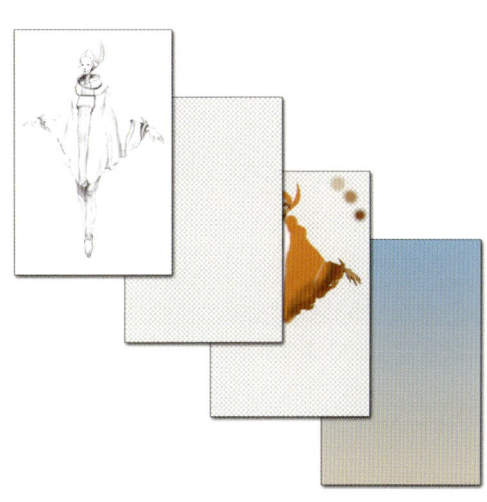

병합 캔버스의 흰색을 완화하려면 그러디언트(G)를 사용하여 중간 톤의 배경을 만들고 'Background'라고 이름을 변경하자. 마스크 레이어의 선택 영역을 활성화한 다음 'Color'라는 이름의 레이어를 선택하면 이제 색을 입히기 위한 준비를 모두 마친 것이다.

여기에서 'Drawing'이라는 레이어를 Multiply 모드로 설정한 이유를 분명히 알 수 있다. Multiply 모드는 흰 부분을 투명하게 보이게 하여 레이어를 겹쳤을 때 배경의 흰색은 사라지고 오직 연필 선만 보이게 되는 것이다. 따라서 원본에 아무런 효과를 주지 않으면서도 밑에 겹친 레이어에 다양한 색을 적용해 볼 수 있다.

컬러 레이어 컬러 레이어에서는 넓은 부분에 색을 입힐 때 크기가 크고 부드러운 브러시를 사용하는 게 좋다. 이를 통해 더 많은 색을 빠른 시간 안에 입힐 수 있다. 작고 날카로운 브러시는 마지막 세부 묘사에서 사용해야 한다.

단색을 이용하면 빛을 설정하는 것에 더욱 집중할 수 있는데, 코어 섀도와 반사광을 표현하여 입체감을 부여할 수 있다.

오른쪽 위의 세 가지 색은 피부 질감을 위해 사용한 각기 다른 명도를 의미한다. ('빛과 명도의 심화'(46쪽)에서 알아보았듯 세 가지 명도면 형태를 구현하기에 충분하다.)

이미지의 색을 브러시를 이용해 빠르게 추출하려면 원하는 색 위에 커서를 위치하고 〈Alt〉를 누른 상태에서 마우스 왼쪽 버튼을 클릭하자. 브러시 색이 자동으로 바뀌며 계속 색을 입힐 수 있다. 색은 팀원들과 공유한 리서치의 색을 참고해서 선택하도록 하자. 이러한 방식으로 참고한 이미지에 있는 색을 직접 추출하여 캐릭터에 적용해도 좋다.

글레이즈 레이어 마지막 단계로, 'Glaze'라는 이름의 레이어에 미묘한 색감을 더하자. 이 레이어를 이용하면 전 단계에서 입힌 색에 아무런 영향을 주지 않을 수 있다.

브러시의 투명도를 10~20% 정도로 낮게 설정한 다음 따뜻한 빨강으로 코, 귀, 손 등에 발그레한 색조를 더하도록 하자. 캐릭터에 살아있는 듯한 온기를 표현하는 것이다. 그와 대비되는 효과를 주려면 차가운 색조 역시 더할 수도 있다.

마무리를 위해 각각 가까이 위치한 오브젝트에 색을 겹쳐서 표현하면 서로의 색을 반사하는 것처럼 보이게 된다. 이러한 효과를 '컬러 블리딩(Color Bleeding)'이라고 한다.

최종 병합 이제까지 작업한 드로잉과 배경, 컬러 레이어, 글레이즈 레이어를 모두 겹친 상태이다.

LEVEL UP!

이 책에서 가장 기술적인 부분을 다뤘던 8장을 무사히 마쳤다! 이제 여러분은 드로잉과 게임 디자인에 훨씬 더 풍부한 감정을 표현할 수 있는 다양한 능력을 갖추게 되었다. 1장부터 8장까지 배운 내용을 꾸준히 연습하자. 수백 번 이상 실제로 다뤄봐야 완전히 습득할 수 있다. 이러한 과정을 통해 상상 속의 그 어떠한 것이라도 빠르게 구현하여 창조해낼 수 있을 것이다.

전문적인 포트폴리오와 취업

기존의 드로잉을 이용하여 제작한 포트폴리오는 디지털 콘텐츠 관련 업계에서 여전히 높은 평가를 받는다. 뛰어난 드로잉과 디자인 능력을 보여주는 포트폴리오는 디지털 아트워크로 무장한 다른 포트폴리오들 사이에서 빛을 발할 것이다. 일부 스튜디오들은 제스처 드로잉(실제 사물의 동작, 대중 속의 인물, 동물 등을 스케치 당 10~30초 사이로 빠르게 습작한 것)에 특별한 관심을 보인다. 현실을 드로잉한 결과물이 곧 아티스트의 진정한 실력을 의미하기 때문이다. 오랜 시간에 걸쳐 정리한 드로잉에서는 아티스트의 실질적인 능력을 완전히 파악할 수 없기 때문이기도 하다.

이번 장을 통해 게임 개발업계에 진입하기 위한 여러 가지 방법에 대해 알아보도록 하자. 여기에는 포트폴리오 제작, 자기 홍보, 구직 활동을 위한 조언, 구직 활동을 하는 동안 예술적인 감각을 유지하는 법 등이 포함되어 있다. 이러한 조언들은 게임회사에서 꿈을 펼치는 데 필요한 길잡이가 되어 줄 것이다.

게임업계에 취업하기

여러분이 이제 막 공부를 마쳤다면 일을 어떻게 구해야 할지 막막하게 느낄 수도 있다. 하지만, 걱정하지 말자. 길은 항상 열려 있다.

취업이 수업의 마지막이라고 생각하자. 전문가처럼 준비된 자세가 필요하다. 다른 분야에서 일하거나 아직 직업이 없는 상태라면 마음이 흐트러지기 쉽다. 스스로 시간 계획을 세워야 하기 때문이다. 자신만의 목표와 일정을 설정하여 어느 정도의 시간 동안 어떤 작업을 할 것인지 정확하게 계획을 세워보자. 스스로 일정을 관리하여 마음을 다잡으면 이 분야에 대한 공부에 계속 집중할 수 있고, 따라서 좀 더 매력적인 지원자로 발전할 수 있다. 매월 새로운 작품을 제작해서 게임 취업 에이전시에 보내면 헤드헌터에게 자신을 각인시킬 수 있을 것이다.

함께 공부한 친구들과 새로운 작업을 시작해도 좋고, 인터넷을 통해 같은 목표를 가진 전문가들을 찾아 시작해도 좋다. 세계 게임 개발자 협회(International Game Developers Association)에서도 업계의 새로운 정보를 바로 얻을 수 있다(www.igda.org/breakingin 참조).

취업을 위한 필수 요소

게임 개발사나 취업 에이전시에 문의하기 전에 다음의 준비물이 필요하다.

포트폴리오 모든 창작물을 담으려 하지 말자. 전체적인 질, 세부 묘사, 다양한 장르에 대한 자신의 능력을 보여줄 수 있는 이미지를 10장 정도로 선택하자. 이러한 이미지들은 JPG(또는 유사한 형식)로 저장한 디지털 양식과 프린트한 양식(면접에 필요) 모두 갖추고 있어야 한다.

취업 에이전시에 등록하였다면 특정 분야에 어떤 포트폴리오가 적합한지 담당자의 조언을 구하고 싶을 수도 있다. 담당자 역시 일을 연결해주고자 조언을 아끼지 않을 것이다. 따라서 담당자의 경험과 피드백을 적절히 활용하고, 이를 토대로 자신만의 계획을 세우자. 또한, 포트폴리오를 개선하는 방향으로 제안한다 해도 기꺼이 받아들이자.

명함 업계 행사나 미팅에서 자신을 알리려면 명함이 필수적이다. 직접 디자인하여 출력한 간단한 명함이면 충분하다.
명함에는 다음 요소를 포함하자.

이메일	집 전화번호	주소
웹 사이트	휴대전화번호	

이메일 서명 인사담당자로 하여금 여러분의 연락처를 쉽고 빠르게 찾을 수 있도록 해야 한다. 따라서 자신의 이메일에 이메일 서명(메일 하단에 텍스트나 이미지 형태로 정보를 자동으로 나열하는 것)을 추가하도록 하자. 놀라울 정도로 많은 지원자가 이러한 필수 정보를 빠트리곤 한다. 이메일 서명에는 명함에 포함된 정보와 더불어 링크드인이나 트위터처럼 SNS 주소를 추가해도 좋다.

이력서와 자기소개서 이력서는 한 장으로 하고 불필요한 이력은 지우도록 하자. 이력서가 학력과 전문적인 이력, 경험과 능력 등에 집중하여 작성한 것이라면, 자기소개서에는 자신을 상대적으로 자유롭게 소개하면 되는데, 지원 배경이나 포부 등도 포함해서 작성하자.

JULIE SMITH

CONCEPT ART
ILLUSTRATION
PHOTOGRAPHY
WEB DESIGN

나쁜 예: 작업할 수 있는 모든 분야를 나열하는 것은 좋지 않다.

JULIE SMITH

CONCEPT ARTIST
email
website
telephone number

좋은 예: 인사담당자는 한가지 분야에 특화된 지원자를 선호하므로 선별하여 적도록 하자.

웹 사이트 웹 사이트나 블로그는 뛰어난 홍보수단이 된다. 구성을 간단하게 하면 아트워크를 좀 더 돋보이게 할 수도 있다. 웹 사이트는 단순한 레이아웃으로 디자인하여 아트워크와 연락처가 눈에 잘 띄도록 구성하자.

방문자가 여러분의 사이트에서 플러그인을 내려받지 않아도 되거나 스마트폰으로도 접속할 수 있게 하면 더욱 좋다. 이력이나 개인 활동 등 모든 정보를 한눈에 볼 수 있도록 구성하자. 매일, 또는 매주 새로운 내용을 올리는 것 역시 작업 활동을 홍보할 수 있는 수단이 된다.

게임 취업 에이전시

모든 것이 준비되었다면, 일을 찾기 위한 빠른 방법의 하나는 게임 개발 분야의 취업 에이전시에 등록하는 것이다. 전 세계의 일자리를 소개하는 에이전시들이 많으므로 국내 에이전시에만 국한하지 말자. 게임회사들은 다양한 나라에 분포되어 있다. 따라서 다른 나라에서도 일할 마음이 있다면 더욱 수월하게 찾을 수 있을 것이다.

미국과 영국의 취업 에이전시 목록

Datascope Recruitment Ltd., www.datascope.co.uk

Women in Games Jobs, www.womeningamesjobs.com

Aardvark Swift, www.aswift.com

Games Recruit, www.gamesrecruit.co.uk

Change Job, www.change-job.com

Wired Talent, www.wiredtalent.com

Game Recruiter, www.gamerecruiter.com

게임 개발사와 취업정보 사이트

일부 개발사는 취업 에이전시를 통하지 않고 자사 웹 사이트에 구인 공고를 올리기도 한다. 따라서 자신이 좋아하는 개발사의 웹 사이트 또는 취업정보 사이트를 방문해 보도록 하자.

Gamasutra, www.gamasutra.com/jobs

ConceptArt.org, http://jobs.conceptart.org

EDGE, http://jobs.next-gen.biz

GamesIndustry.biz, www.gamesindustry.biz/jobs

GameJobHunter, www.gamejobhunter.com

Game Industry Grunts, www.gameindustrygrunts.com

LEVEL UP!

게임 개발사에 직접 이력서를 보낼 기회가 있다면 첫 메일은 짧고 명료해야 한다. 대부분은 간단한 메일을 받는 것을 선호한다. 그 짧은 일에 자기소개와 자신의 웹 사이트로 연결하는 링크를 포함하자. 인터넷 보안 방화벽에 걸릴 수도 있으므로 이미지를 첨부하여 보내는 것은 좋지 않다.

될 수 있으면 많은 회사에 연락할수록 기회를 얻을 확률이 높아진다. 모든 회사가 답을 해주는 것은 아니기 때문이다. 일부는 여러 번 메일을 보내야 답을 하는 때도 있으므로 첫 메일 또는 면접 이후 이 주 정도 이내에도 답이 없다면 짧은 메일을 다시 보내보자.

그와 동시에 자신만의 게임 개발 프로젝트를 시작하는 것도 고려해보자. 오늘날의 기술을 이용해 누구나 큰 비용을 들이지 않고 게임을 개발할 수 있기 때문에 자신만의 팀을 꾸려 능력을 발휘하는 것도 더는 꿈이 아니다. 특히 모바일 게임 개발은 상대적으로 더욱 수월하다.

행운을 빈다!

참고 자료

BOOKS

Aristides, Juliette. **Classical Drawing Atelier: A Contemporary Guide to Traditional Studio Practice.** Watson-Guptill (2006).

Bammes, Gottfried. **Die Gestalt des Menschen: Lehr- und Handbuch der Künstleranatomie.** E. A. Seeman (1964).

Bresman, Jonathan. **The Art of Star Wars: Episode 1, The Phantom Menace.** Random House (1999).

Bridgman, George Brant. **Bridgman's Life Drawing.** Dover (1971).

Carlson, John F. **Carlson's Guide to Landscape Drawing.** Dover (1973).

Chekhov, Michael. **To the Actor.** Harper & Row (1953).

Goldfinger, Eliot. **Human Anatomy for Artists.** Oxford University Press (1991).

Graves, Maitland. **The Art of Color and Design.** McGraw-Hill Book Company, Inc. (1951).

Gröning, Karl. **Decorated Skin: A World Survey of Body Art.** Thames & Hudson (1997).

Hale, Robert Beverly. **Drawing Lessons from the Great Masters.** Watson-Guptill (1989).

Hale, Robert Beverly. **Master Class in Figure Drawing.** Watson-Guptill (1991).

Hauser, Tim. **The Art of UP.** Chronicle Books (2009).

Itten, Johannes. **The Elements of Color: A Treatise on the Color System of Johannes Itten, Based on His Book "The Art of Color."** Van Nostrand Reinhold Company (1970).

Kandinsky, Wassily. **Point and Line to Plane.** Dover (1979).

Loomis, Andrew. **Drawing the Head and Hands.** Viking Press (1956).

Lynch, Kevin. **The Image of the City.** The MIT Press (1960).

Navarro, Joe. **What Every Body Is Saying: An Ex-FBI Agent's Guide to Speed-reading People.** William Morrow Paperbacks (2008).

Mattesi, Michael D. **Force: The Key to Capturing Life Through Drawing.** iUniverse Star (2004).

Quiller, Stephen. **Color Choices: Making Color Sense Out of Color Theory.** Watson-Guptill (1989).

Rhyder, Anthony. **The Artist's Complete Guide to Figure Drawing: A Contemporary Perspective on the Classical Tradition.** Watson-Guptill (1999).

Richer, Dr. Paul, and Hale, Robert Beverly. **Artistic Anatomy.** Watson-Guptill (1971).

Ruskin, John. **The Elements of Drawing.** J. M. Dent & Sons (1907).

Schmid, Richard. **Alla Prima: Everything I Know About Painting.** Stove Prairie Press (1998).

Speed, Harold. **The Practice & Science of Drawing.** Dover (1972).

Tolkien, John Robert Reuel. **The Art of the Hobbit.** HarperCollins (2011).

DVDs

Levy, David. **From Speedpainting to Concept Art: Adobe Photoshop Custom Brush Techniques with David Levy.** Gnomon Workshop (2006).

McCaig, Iain. **Visual Story Telling With Iain McCaig 1: Anatomy of a Story.** Gnomon Workshop (2005).

Mead, Syd. **The Techniques of Syd Mead 1: Thumbnail Sketching and Line Drawing.** Gnomon Workshop (2004).

Robertson, Scott. **The Techniques of Scott Robertson 5: Creating Unique Environments.** Gnomon Workshop (2005).

Vickery, Jeremy. **Practical Light and Color: Theory and Application with Jeremy Vickery.** Gnomon Workshop (2007).

Vilppu, Glenn. **Drawing Manual Lecture Series Set.** Vilppu LLC (1994).

Watts, Jeffrey. **Drawing from the Model with Jeffrey Watts.** Liliedahl Video Productions (2008).

Zhu, Feng. **Concept Design 2: Sketching Environments.** Gnomon Workshop (2003).

지은이 **크리스 솔라스키(Chris Solarski)**

대학에서 컴퓨터 애니메이션을 전공했으며, 소니 컴퓨터 엔터테인먼트 런던 스튜디오의 3D 배경과 캐릭터 아티스트로 게임 업계에 입문했다. 이후 바르샤바 예술학교에서 미술을 공부하였고, 이때 고전 미술 기법과 비디오 게임 디자인 사이의 흥미로운 연관 관계를 발견하였다. 현재 그는 솔라스키 스튜디오(Solarski Studio)를 설립하여 비디오 게임을 개발 중이며 스위스에 있는 신생 게임회사 방가(Gbanga)에서 크리에이티브 디렉터로도 활동 중이다. 또한, 취리히에 있는 SAE/Qantm 대학에서 강의도 맡고 있다.

옮긴이 **유안나**

상명대학교 무대미술학과를 졸업 후 동국대 대학원에서 영어통번역을 전공하였다. 다년간 통역을 하였으며 현재 번역 에이전시 엔터스코리아에서 출판 기획 및 전문 번역가로 활동하고 있다.

성공하는 비디오 게임 디자인을 위한
고전 기법부터 최신 아트 테크닉까지

드로잉의 기초와 비디오 게임 아트

초판 발행 2015년 1월 22일

지은이 크리스 솔라스키
옮긴이 유안나
발행인 최홍석

발행처 (주)프리렉
출판신고 2000년 3월 7일 제 13-634호
주소 경기도 부천시 원미구 길주로 77번길 33 나루빌딩 401호
전화 032-326-7282(代) **팩스** 032-326-5866
URL www.freelec.co.kr

기 획 안동현
편 집 안동현
디자인 김혜정
ISBN 978-89-6540-087-5